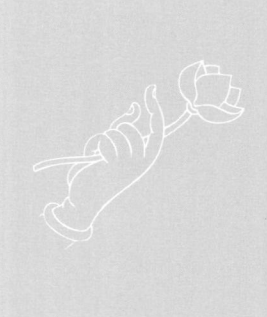

"十四五"时期国家重点图书

中国禅宗典籍丛刊

僧宝正续传
南宋元明禅林僧宝传

〔宋〕祖琇 〔清〕自融 撰 性磊 补辑
吕有祥 点校

中州古籍出版社
·郑州·

图书在版编目（CIP）数据

僧宝正续传　南宋元明禅林僧宝传 /（宋）祖琇,（清）自融撰；性磊补辑；吕有祥点校．—郑州：中州古籍出版社，2022.9
（中国禅宗典籍丛刊）
ISBN 978-7-5348-9975-1

Ⅰ.①僧…　Ⅱ.①祖…②自…③性…④吕…　Ⅲ.①僧侣－生平事迹－中国－古代　Ⅳ.① B949.92

中国版本图书馆 CIP 数据核字（2021）第 249268 号

SENGBAO ZHENG-XUZHUAN　NANSONG-YUAN-MING CHANLIN SENGBAO ZHUAN
僧宝正续传　南宋元明禅林僧宝传

出 版 人	许绍山
策划编辑	刘　晓
责任编辑	刘　晓
责任校对	唐志辉
装帧设计	曾晶晶

出 版 社	中州古籍出版社（地址：郑州市郑东新区祥盛街 27 号 6 层　邮编：450016　电话：0371-65723280）
发行单位	河南省新华书店发行集团有限公司
承印单位	郑州市毛庄印刷有限公司
开　　本	890 mm×1240 mm　1/32
印　　张	11.625
字　　数	260 千字
印　　数	1—1 000 册
版　　次	2022 年 9 月第 1 版
印　　次	2022 年 9 月第 1 次印刷
定　　价	39.00 元

本书如有印装质量问题，请与出版社调换。

总 序

在中国传统文化中，儒学、佛教和道教鼎足而立，是三个最主要的组成部分。它们在相互排斥的同时又相互吸收，共同丰富和发展了中华民族的文化。

佛教本是从印度传来的外来宗教，然而它在中国这块辽阔丰饶的具有悠久历史文化的国土上传播，经过漫长岁月，已经与中国传统文化和宗教习俗密切结合，演变成中国的民族的主要的宗教。隋唐时期具有民族特色的佛教宗派的创立，标志着佛教中国化历程的基本结束，此后进入中国佛教的持续发展时期。在这些佛教宗派中，天台宗、华严宗和禅宗是最富有民族特色的宗派。在它们的蕴涵深刻哲学思辨内容的教义理论中，有说色空、色心和体用相即的宇宙存在论，有论善恶、净染的心性论，有讲出世不离世间的修行解脱论，有用以沟通色空、色心和体用的"不二"的方法论……这些在中国历史文化，特别是在哲学思想领域都产生过极为深远的影响。研究中国历史文化，研究中国哲学思想都离不开对佛教的考察和研究，这早已成为人们的共识。

禅宗虽奉北魏时期来华的印度僧菩提达摩为初祖，但从历史真实情况考察，实际创立者应是被后世禅宗奉为四祖、五祖的道信（580~651）和弘忍（601~675）。在弘忍去世之后，他的门下形成以神秀（约606~706）及其弟子普寂（651~739）为代表的北宗，以惠能（638~713）及其弟子神会（668或686~760）、行思（671~740）、怀让（677~744）为代表的南宗。在"安史之乱"（755~763）后，北宗逐渐衰微以至湮灭无闻，而南宗则迅速传遍大江南北，日益昌盛，并在唐末五代形成禅门五宗——临济宗、沩仰宗、曹洞宗、云门宗、法眼宗。进入宋代，临济宗又分成杨岐、黄龙二派。两宋是禅宗发展史上的鼎盛时期，它一跃而成为中国佛教宗派中的主流派，在当时社会的各个阶层和文化思想领域都有很大的影响。此后，中国儒、释、道三教日益会通融合，佛教内部各宗也互相融通，禅宗与净土念佛信仰的结合最为密切，以至形成"念佛禅"。

  禅宗虽标榜"以心传心，不立文字"，但从实际情况来看，它的文字著述最多，形式也多种多样，其中禅法语录最多。记录惠能言行的语录有《六祖坛经》，记录神会言行的语录有《菩提达摩南宗定是非论》等，此后怀让、马祖、怀海、希运以及禅门五宗的创始人义玄、灵祐和慧寂、良价和本寂、文偃、文益，后世各宗著名禅师几乎都有语录行世。语录有别集，有合集。在语录集子中既有禅师在开堂、上堂、小参、普说等各种场合的说法记录，也有师徒间的答问；有对前人公案的评说——拈古，也有评述这些公案的偈颂——颂古；有代前人回答质询的代语，也有在前人答语之外另作答语的别语；还有书信、法语、序跋、碑铭、题赞、札记、遗表等。在语录中，有贴近当时民众的通俗白话，有含意清丽玄远的诗偈；在语录外，有卷帙浩繁的史传，包括以语录为主的灯史、以记事为主的传记、按编年记述的通史。此外，还有论议、杂著、清规等。这些数量庞大的禅宗文献，无疑是我国宝贵的文化遗产。

我国在20世纪70年代末实行改革开放政策以后，随着社会科学界对宗教研究的深入展开，在对佛教文献的研究和整理、出版方面也取得很大的成绩，为从事佛教研究的人员和社会上广大读者提供了不少经过校订注释的有价值的佛教参考资料。然而在大量佛教文献面前，为了让研究者和读者使用方便，有必要按类别选择其中最重要的文献进行研究和整理，分阶段地作校勘、标点和注释出版。

现在奉献在诸位面前的《中国禅宗典籍丛刊》是一套中国禅宗系列的文献选编，其中收录了中国禅宗的部分重要史书、语录和清规等文献，皆请学者依据较好的版本作了校勘、分段和标点，并且一律改用现在通用的简化字。虽然所收文献的数量不是很大，但在目前公开出版的禅宗著述较少的情况下，这一套丛书的出版一定会给从事佛教禅宗研究和中国哲学、文史研究的学者和广大读者带来不少方便。我们深知此项工作并非轻而易举，希望边工作边改进，谨望读者今后经常给我们提出建议，不吝赐教，以便把这一工作做得更好。

杨曾文

1998年2月9日

珍贵的禅宗史书

——《僧宝正续传》《南宋元明禅林僧宝传》

南宋祖琇编撰《僧宝正续传》和清自融撰、性磊补辑《南宋元明禅林僧宝传》是考察和研究中国自北宋末至明朝后期禅宗传播情况的重要史书。现据笔者所掌握的资料,对这两部既重记事又重记言的史书的作者和书的内容作概要介绍。

一、祖琇与《僧宝正续传》

祖琇,南宋初期僧人,史无传记,其籍贯、俗姓、所属宗派法系及生卒年不详。佛教《大藏经》中仅见几处涉及祖琇属地。南宋晓莹(字仲温)《云卧纪谭》:"江西近有一僧撰《隆兴佛运统纪》,凡两巨编印行。"南宋志磐《佛祖统纪》:"祖琇,隆兴初,居龙门,撰《佛运统纪》,放左氏,寓褒贬法。"元念常(1281~1341)《佛祖历代通载》:"甲申,沙门祖琇,号石室,撰《隆兴佛运通论》成,行于世。"元熙仲《历朝释氏资鉴》卷第六夹注:"蜀祖琇《佛教通论》。"由此来看,祖琇号石室,蜀人,曾居住活动于江西、龙门。龙门,一般指河南洛阳龙门。

按佛教资料记载，祖琇的著述有《僧宝正续传》《佛运统纪》《释氏通鉴》《隆兴佛教编年通论》。

祖琇在《僧宝正续传》卷五"云居真牧正贤禅师"条"赞"中提到："愚（祖琇）初著《佛运》《通鉴》二书成，即以呈师。"正贤禅师回信云："比览《佛运》，甚详。《通鉴》亦有史体。承谕有劝，吾兄将为三教统纪。鄙意辄究之，虽及年代治乱迁革，以至儒宗、道教贤哲出没之迹，然非纪二教，但约其时以明佛运耳。拙意欲吾兄去却图字，标为《佛运统纪》，以对《释氏通鉴》，不亦宜乎！"从正贤禅师的回信中可以看出《佛运》一书的志趣概貌，即不仅包含佛教的流传，而且涉及年代治乱迁革和儒、道二教，其目的是揭示佛教的命运。因此建议其把书名改为《佛运统纪》《释氏通鉴》。正贤禅师的回信又说："深喜吾兄此段有补于宗教，至矣。大率佛祖闲邪御侮，不必与之竟，但伸自理，彼自破矣。"即对祖琇加以鼓励，同时指出其可能会遭到诋毁抨击，要祖琇不必去反驳、一争高低，只要阐明自理，对方就会不攻自破。

《佛运统纪》果然受到当时及后人的诟病。与祖琇同时代的晓莹，认为书中所记初祖迦叶活动年代与《景德传灯录》所载年代"其差紊二十八年"，同时书中"兼述篡弑、反叛、灾异之事"并加以褒贬，此与"佛运"无关。南宋志磐《佛祖统纪》亦引永嘉薛泊叙《释迦谱》云："琇师《统纪》多附小机所见，学最上乘者尚深病之。"也许因此之故，此书未收入佛教《大藏经》。

《释氏通鉴》亦未见于佛教《大藏经》，书成后是否印行过，其内容如何，不得而知。与祖琇《释氏通鉴》同名的有宋本觉撰

《释氏通鉴》，全称《历代编年释氏通鉴》，成书具体年代不知，南宋咸淳六年（1270）荐福用错为之作序。收于《卍续藏经》，它为一编年体佛教通史，始于周昭王甲寅年，迄于宋太祖建隆元年（960），凡一千九百余年间有关佛教之史实。

《隆兴佛教编年通论》收于《卍续藏经》，署为隆兴府石室沙门祖琇撰。念常《佛祖历代通载》说，甲申（1164）祖琇撰《隆兴佛运通论》行于世。然而，与念常同时代的觉岸在《释氏稽古略》卷四则谓："重和元年（1118）……蜀郡汉州雒县僧祖秀……作《佛运编年通论》，祖琇者作《统纪》，并为己有之。"祖秀生卒年不详，其活动时间早于祖琇。按照觉岸的说法，《佛运编年通论》原为祖秀所作，而祖琇把祖秀的《通论》和自己著的《统纪》合并，为己有之。祖琇的《隆兴佛教编年通论》比祖秀的《佛运编年通论》晚46年。但是，陈垣《中国佛教史籍概论》说觉岸是把祖琇的《通论》"误认为紫芝祖秀之书"，不知根据何在。

《隆兴佛教编年通论》，二十九卷。本书以编年体记述东汉明帝永平八年（65）至南宋孝宗隆兴元年（1163）约1100年间佛教在中土的传播史实，并进行评论。正文二十八卷，附录宋太宗、真宗、仁宗、徽宗等御制序一卷。《隆兴佛教编年通论》一至二十卷（东汉至唐）的记事与评论，被念常《佛祖历代通载》所摘录，有的"论"几乎全部照抄前书。由此可见，念常是认可祖琇的评论的。

《僧宝正续传》，书成于《佛运》《通鉴》二书之后，书成后祖琇寄给云居正贤禅师，正贤禅师答曰："辱寄《僧宝正续》，即勉病披味。足见吾兄孜孜于此道，前传所遗而能拾以补之，亦法门之大者，更俟参味其间妙处，当以为师也。"正贤禅师在病中披览此书，并给予很高的评价，认为此书弥补了以往僧传（指惠洪的《禅林僧宝传》）遗漏的重要禅师传记，往后要参究体会其妙处，把它作为自己的老师。

　　祖琇没有自述编集《僧宝正续传》的缘由，但从书名和体例可知，此书是为了补续《禅林僧宝传》而作。祖琇在此书中收录了惠洪的传记，赞赏惠洪的才华和对佛教的弘扬与忠贞。说惠洪"少归释氏，长而博极群书"，"出入禅教，议论精博，其才实高"，"发挥经论，光辅丛林"；虽然"陷于难"，"出九死而仅生，垂二十年，重削发，无一辞叛佛而改图，此其为贤者也"。同时对惠洪"工呵古人而拙于用己，不能全身远害，峻戒节以自高，数陷无辜之罪，抑其恃才暴耀太过而自取之"而深为惋惜！但是，在《僧宝正续传》卷末附录《代古塔主与洪觉范书》中，祖琇以古塔主的口气，对《僧宝正续传》提出了批评，认为《僧宝正续传》"方一过目，烂然华丽"，但进一步仔细阅读，"考核事实，则知足下树志浅矣"，而且忽视事实，随意评论。这与前面"出入禅教，议论精博"的说法虽然有些矛盾，但也许这正是祖琇编集《僧宝正续传》的原因。即一方面按照《禅林僧宝传》的体例①，对未收录的高僧传记加以补续；一方面注重"事实"，传记取自正统实录，评论公正合乎实际。

　　惠洪《禅林僧宝传》收录禅师传记，始于唐末曹山本寂禅师

---

① 《禅林僧宝传》的编辑体例有三：第一，对于禅师传记，"既载其语言，则当兼记其行事"，记言与记事兼顾并重。第二，"依仿史传，各为赞辞"，在人物传记后作一简要评语。第三，全书禅师传记的排列顺序，不是按宗派的嗣法世系排列，而是按禅师的生卒年代排列。

(840～901），迄于北宋末年黄龙惟清禅师（？～1117）。《僧宝正续传》辑录的禅师传记，按有生卒年代记载的，最早为卒于北宋末年的圆通道旻禅师（1046～1114），最晚为卒于南宋初期的径山宗杲禅师（1089～1163），属于两宋之际百年间的禅师，所以是对惠洪《禅林僧宝传》的补续。此书初写于1159年以前，因为曾寄给正贤禅师（？～1159）审阅。正贤、宗杲、道震的传则是后来增入。全书的完成时间应在宗杲禅师卒后，即1163年后。

《僧宝正续传》前六卷，收录青原下十二世曹洞宗禅师一人传记、南岳下十二世至十五世临济宗禅师二十七人传记；第七卷二人，作者得之于无尽藏"异书"，视之为唐末传奇僧人，故"特撰次之"。卷末附《代古塔主与洪觉范书》，驳斥觉范认为古塔主有"三失"，为古塔主辩解。

二、自融、性磊与《南宋元明禅林僧宝传》

自融（1615～1691），南岳下三十五世，清初临济宗僧，新安人，俗姓程，字巨灵，一字幻津。清永超《五灯全书》卷第七十三载其语录，清潘耒《遂初堂别集》卷二《广润巨灵禅师塔铭》述其行事法语。

自融半岁丧父，由母亲抚养成人，弱冠欲入佛门，母亲阻止未果。他先投庐山圆觉沙门剃发，后于回峰寺受具足戒。因在听讲中"辨难惊人"，讲师惊叹："子非吾宗人也！"勉励他出外参访。自融先至夹山，参林皋本豫禅师（？～1646）；后至天童，参密云圆悟禅师（1566～1642）；圆悟卒后，弘觉道忞禅师（1596～1674）继席，自融依其座下，不久得悟。密云圆悟为南岳下第三十三世，弘觉道忞为第三十四世，自融为第三十五世。其后，自融跟随弘觉道忞，居五磊，游匡庐武陵，阅藏鹿城，闭关虞山，辗转绍兴大能仁、宁海瑞云山广润、仙居紫箨山广度寺，复建广度寺，两度重建广润道场。顺治辛卯（1651）春继席广润，晚年隐居紫箨山。康熙辛未（1691）润七月示寂，说《辞世偈》曰："人死一七月，我今两七月，泥牛斗入海，啮破半边缺。"入灭阇维，顶骨心齿不坏。世寿七十七，僧腊六十五，得法弟子性磊、性化等十余人，塔于紫箨山之凤亭冈。

自融的著述，超永《五灯全书》提到自融"自作《幻津头陀传》"，但潘耒《广润巨灵禅师塔铭》中未提及，可能没有流传，查无此传。流传于世的是《南宋元明禅林僧宝传》。

《南宋元明禅林僧宝传》十五卷，自融撰，弟子性磊补辑。自融作《南宋元明僧宝传序》，性磊作《南宋元明僧宝传后叙》。自融在《南宋元明僧宝传序》中明确地叙述了编辑此书的缘由。佛教传入中国，禅宗兴起以后，各种《传灯》之书迭出，但"其文不一且繁"，于是有普济会通诸《传灯》，简明扼要编辑成《五灯会元》，"《会元》之出，灯史定矣"，各种疑惑涣然冰释。又有惠洪从千百禅师中选择八十一人编著成《禅林僧宝传》，"记言"与"记事"兼顾并重，提纲挈领，由此可以明见"祖师大统不易之道"（禅宗历代祖师心心相传一以贯之的宗旨）。但是，经过南宋，到了明代，又有《继灯录》（明元贤辑）、《续传灯录》（明圆极居顶撰）、《五灯严统》（明通容编）等相继刻出，"参差疑滞，似又莫能释而定之"。再经过多次转写，已出现明显的错讹。如万峰禅师卒于1381年，海舟永慈生于1396年，近刻本却

"以海舟慈先参万峰",又"以海舟名普慈",年代错乱,人名混淆,大家却坚信不疑。直到看到"海舟永慈禅师道行碑",才真相大白。为了正本清源,所以接续惠洪《禅林僧宝传》,历经"二十余年","采考宋建炎,以至明末五百岁尊宿,不可唐捐之实录"①,编辑成册,交付弟子性磊加以拾遗补辑,名为《南宋元明僧宝传》。

《南宋元明僧宝传》所收录南宋、元、明三代禅师的人数,自融《南宋元明僧宝传序》中称九十七人。性磊在《南宋元明僧宝传后叙》中说,自融所集者五十三人,磊所补者四十一人,合为九十四人。这是因为卷二"祖、奇二首座"二人合传,卷十的"楚石、愚庵、梦堂三禅师"三人合传,所以比自融说的九十七人少了三人。严格地说,是九十四篇,九十七人。如果加上最后"拾遗"一人,全书实际收录九十八人传记。② 性磊说"四十一人",目录明标为补辑者仅二十七篇二十八人,可见目录有漏标,未标明"补辑"的传记除"拾遗"一人应该是性磊增加的以外,其他传记不知哪篇是自融编撰,哪篇是性磊补辑。

此书收录的九十八人中,南岳下十五世至三十三世凡十九代临济宗尊宿八十七人,青原下十三世至三十五世凡二十三代曹洞宗尊宿十一人。宋僧四十五人,元僧十五人,明僧三十八人。性磊在《南宋元明僧宝传后叙》中对此书收录禅师的起止作了解释:

---

① 性磊云:自融"出匡庐时二十载江湖所集"。
② 陈垣在《中国佛教史籍概论》说:"此书志在续惠洪《僧宝传》。融自序称九十七人,今本实得九十四人,然性磊后序言融所集者五十三人,磊所补者四十一人,则融序字之误也。"自融自序说的九十七人没有错,是陈垣没有注意有两篇合传吧。

"此《传》始自三佛之下佛灯真际,而至博山云门、天童悟祖辈而止者,何耶?且方今之世,垂慈展拂,遍溢支那,岂其是非未定而止之者欤。曰:否,否!盖顺治至康熙年间,诸老宿顺阐逆化,行解相应者,不无其人,率皆属吾师翁弘觉忞老人为之碑铭,状其生平最详,业已流通宇内,称不朽矣。当今天下公论,以吾师翁之眼目,料拣五宗,不爽毫发,虽大慧、中峰莫能右之,磊小子敢复浪赘蛇足哉!"

此书起自佛灯守珣(?～1134)、真际德止(1100～1155),迄于博山元来(1575～1630)、天童圆悟(1566～1642)、云门即雪峤圆信(1571～1647);圆悟、圆信之后,顺治至康熙年间"行解相应"的杰出禅师也不乏其人,但由于他的师祖弘觉道忞大都已作碑铭,生平详细,流通于世,自己再作传记,怎么能超过师祖呢,所以就不再录入此书。

《南宋元明禅林僧宝传》有五禅师与《僧宝正续传》重出,均为南岳下十五世临济宗人。即:卷一的"竹庵珪",卷二的"此庵景元""文殊心道",卷三的"大慧宗杲",卷五的"白杨法顺"。其原因可能如陈垣在《中国佛教史籍概论》所指出的,由于祖琇《僧宝正续传》传世罕见,自融撰、性磊补辑《南宋元明禅林僧宝传》时,未见到祖琇之书的缘故。虽然重出,但内容详略不尽一致,可以互参。

《南宋元明禅林僧宝传》的印行,从几篇序记来看,大概成书初刊于康熙甲辰年(1664)(见性磊《后叙》),再刻于康熙丁巳年(1677)(见林友王序),重刻于康熙乙丑年(1685)(见《重刻〈僧宝传〉记》)。

校注说明

一、《僧宝正续传》《南宋元明禅林僧宝传》收录于《卍续藏经》,本次校注采用此本,无其他对勘本。

二、原书目录未标禅师的嗣法世系和所属宗派,此次依《五灯会元》《五灯会元续略》《五灯全书》等标出。

三、原目录禅师名只标后一个字,如"系南禅师"标为"南禅师",现改成全名,以便检索。正文标题禅师名与目录应一致。原目录"第一卷""第二卷"等,改为"卷第一""卷第二"等表述,与正文标题一致。

四、原书文内有小字夹注,如"力金禅师号白庵有本名万金",现移为注脚。

五、对原书疑有衍、脱及误刻字以及部分通假字,均作校勘记。对书中的生僻字和部分名词作适当注释。括弧( )里的文字为本次所加。

目 录

僧宝正续传

僧宝正续传卷第一
罗汉系南禅师（南岳下十三世　临济宗）………………… 3
圆通道旻禅师（南岳下十四世　临济宗）………………… 5
兜率惠照禅师（南岳下十五世　临济宗）………………… 9
潜庵清源禅师（南岳下十二世　临济宗）………………… 10
泐潭惟照禅师（青原下十二世　曹洞宗）………………… 12

僧宝正续传卷第二
宝峰文准禅师（南岳下十三世　临济宗）………………… 16
花药进英禅师（南岳下十三世　临济宗）………………… 21
明白德洪禅师（南岳下十三世　临济宗）………………… 22
开福道宁禅师（南岳下十四世　临济宗）………………… 25
智海惠勤禅师（南岳下十四世　临济宗）………………… 27

僧宝正续传卷第三
龙门清远禅师（南岳下十四世　临济宗）………………… 31

禾山惠方禅师(南岳下十四世　临济宗) ………… 35
文殊心道禅师(南岳下十五世　临济宗) ………… 37
法轮应端禅师(南岳下十四世　临济宗) ………… 40
黄龙德逢禅师(南岳下十四世　临济宗) ………… 43

僧宝正续传卷第四

圆悟克勤禅师(南岳下十四世　临济宗) ………… 46
宝峰景祥禅师(南岳下十三世　临济宗) ………… 51
云居善悟禅师(南岳下十五世　临济宗) ………… 53
白杨法顺禅师(南岳下十五世　临济宗) ………… 55

僧宝正续传卷第五

草堂善清禅师(南岳下十三世　临济宗) ………… 58
大沩善果禅师(南岳下十五世　临济宗) ………… 59
护国景元禅师(南岳下十五世　临济宗) ………… 61
云居法如禅师(南岳下十五世　临济宗) ………… 63
真牧正贤禅师(南岳下十五世　临济宗) ………… 64

僧宝正续传卷第六

鼓山士圭禅师(南岳下十五世　临济宗) ………… 69
径山宗杲禅师(南岳下十五世　临济宗) ………… 72
福严文演禅师(南岳下十三世　临济宗) ………… 77
黄龙道震禅师(南岳下十三世　临济宗) ………… 80

僧宝正续传卷第七

德山木上座 …………………………………………… 83

临济金刚王 …………………………………………… 86

代古塔主与洪觉范书 ………………………………… 89

南宋元明禅林僧宝传

南宋元明僧宝传序_{林友王} ………………………… 99

南宋元明僧宝传序_{崔秉镜} ………………………… 101

南宋元明僧宝传序_{自 融} ………………………… 103

南宋元明禅林僧宝传卷一

佛灯守珣禅师（南岳下十五世　临济宗）…………… 105

圆通真际德止禅师（青原下十三世　曹洞宗）……… 107

智通景深禅师（青原下十三世　曹洞宗）…………… 109

龙牙智才禅师（南岳下十五世　临济宗）…………… 111

（补辑）性空妙普庵主（南岳下十四世　临济宗）… 113

（补辑）龙翔竹庵圭禅师（南岳下十五世　临济宗）… 115

南宋元明禅林僧宝传卷二

（补辑）祖、奇二首座（南岳下十五世　临济宗）… 118

护国此庵景元禅师（南岳下十五世　临济宗）……… 120

或庵师体禅师（南岳下十六世　临济宗）…………… 122

（补辑）文殊心道禅师（南岳下十五世　临济宗）… 125

（补辑）宏智正觉禅师（青原下十三世　曹洞宗）……………… 128

真歇清了禅师（青原下十三世　曹洞宗）…………………… 131

南宋元明禅林僧宝传卷三

虎丘绍隆禅师（南岳下十五世　临济宗）…………………… 134

应庵昙华禅师（南岳下十六世　临济宗）…………………… 136

（补辑）大慧宗杲禅师（南岳下十五世　临济宗）……………… 138

径山大禅了明禅师（南岳下十六世　临济宗）……………… 142

（补辑）育王端裕禅师（南岳下十五世　临济宗）……………… 145

（补辑）道场法全禅师（南岳下十六世　临济宗）……………… 147

（补辑）华藏有权禅师（南岳下十七世　临济宗）……………… 148

南宋元明禅林僧宝传卷四

（补辑）道场明辨禅师（南岳下十五世　临济宗）……………… 150

（补辑）乌巨雪堂道行禅师（南岳下十五世　临济宗）………… 152

慈化普庵印肃禅师（南岳下十六世　临济宗）……………… 153

天竺匾堂守仁禅师（南岳下十五世　临济宗）……………… 156

（补辑）瞎堂慧远禅师（南岳下十五世　临济宗）……………… 158

湖隐济颠①书记（南岳下十六世　临济宗）………………… 161

南宋元明禅林僧宝传卷五

密庵咸杰禅师（南岳下十七世　临济宗）…………………… 164

---

①济颠，原目录为"汉颠"，据正文改。

育王妙堪禅师（南岳下十七世　临济宗）………………………… *166*

（补辑）华藏安民禅师（南岳下十五世　临济宗）……………… *168*

（补辑）径山宝印禅师（南岳下十六世　临济宗）……………… *170*

道林渊禅师①（南岳下十六世　临济宗）………………………… *172*

白杨法顺禅师（南岳下十五世　临济宗）………………………… *174*

径山涂毒智策禅师（南岳下十五世　临济宗）…………………… *175*

南宋元明禅林僧宝传卷六

松源崇岳禅师（南岳下十八世　临济宗）………………………… *178*

净慈义云禅师（南岳下十六世　临济宗）………………………… *180*

灵隐之善禅师（南岳下十七世　临济宗）………………………… *182*

龙济宗鍪禅师（南岳下十八世　临济宗）………………………… *184*

净慈自得慧晖禅师（青原下十四世　曹洞宗）…………………… *186*

北涧居简禅师（南岳下十七世　临济宗）………………………… *188*

南宋元明禅林僧宝传卷七

径山无准师范禅师（南岳下十九世　临济宗）…………………… *190*

别山祖智禅师（南岳下二十世　临济宗）………………………… *192*

净慈断桥妙伦禅师（南岳下二十世　临济宗）…………………… *194*

径山道冲禅师（南岳下十九世　临济宗）………………………… *196*

天目文礼禅师（南岳下十九世　临济宗）………………………… *199*

天童如净禅师（青原下十六世　曹洞宗）………………………… *201*

---

①渊禅师，查无全名。

（补辑）上都华严全一至温禅师（青原下二十三世　曹洞宗）…… 203

南宋元明禅林僧宝传卷八

北平庆寿印简禅师（南岳下二十世　临济宗）…… 206
径山妙高禅师（南岳下十九世　临济宗）…… 208
灵云铁牛持定禅师（南岳下二十一世　临济宗）…… 211
悦堂祖訚禅师①（南岳下十九世　临济宗）…… 213
匡庐一山了万禅师（南岳下十九世　临济宗）…… 215
高峰原妙禅师（南岳下二十一世　临济宗）…… 218

南宋元明禅林僧宝传卷九

中峰普应明本国师（南岳下二十二世　临济宗）…… 222
仰山佛智元熙禅师（南岳下十九世　临济宗）…… 225
笑隐大欣禅师（南岳下二十世　临济宗）…… 227
雪窦无印大证禅师（青原下十九世　曹洞宗）…… 230
断崖了义禅师（南岳下二十二世　临济宗）…… 232

南宋元明禅林僧宝传卷十

元叟行端禅师（南岳下十九世　临济宗）…… 235
石屋清珙禅师（南岳下二十二世　临济宗）…… 238
径山虚舟普度禅师（南岳下二十世　临济宗）…… 240
孚中怀信禅师（南岳下二十二世　临济宗）…… 242

---

①原目录为"说堂暗禅师"，据正文改。

楚石、愚庵、梦堂三禅师(南岳下二十世　临济宗) …………… 245

古梅正友禅师(南岳下二十三世　临济宗) ………………… 248

南宋元明禅林僧宝传卷十一

伏龙千岩元长禅师(南岳下二十三世　临济宗) …………… 251

(补辑)龙池永宁禅师(南岳下二十一世　临济宗) ………… 254

(补辑)宝金璧峰禅师(南岳下二十二世　临济宗) ………… 255

(补辑)乌石世愚禅师(南岳下二十二世　临济宗) ………… 258

(补辑)古鼎祖铭禅师(南岳下二十世　临济宗) …………… 260

天界力金禅师(南岳下二十一世　临济宗) ………………… 262

性原慧明禅师(南岳下二十世　临济宗) …………………… 264

南宋元明禅林僧宝传卷十二

(补辑)雪峰逆川智顺禅师(南岳下二十二世　临济宗) …… 267

万峰时蔚禅师(南岳下二十四世　临济宗) ………………… 269

虚白慧昺禅师(南岳下二十六世　临济宗) ………………… 271

东山海舟永慈禅师(南岳下二十七世　临济宗) …………… 272

(补辑)福林智度禅师(南岳下二十三世　临济宗) ………… 275

瑞岩恕中无愠禅师(南岳下二十二世　临济宗) …………… 277

(补辑)松隐小茂禅师(南岳下二十二世　临济宗) ………… 281

南宋元明禅林僧宝传卷十三

(补辑)斗峰正璋禅师(南岳下二十二世　临济宗) ………… 283

天界慧昙禅师(南岳下二十一世　临济宗) ………………… 285

季潭宗泐禅师①（南岳下二十一世　临济宗）……………… 286

（补辑）海门惟则禅师（南岳下二十三世　临济宗）……… 289

云居呆庵普庄禅师（南岳下二十三世　临济宗）…………… 292

楚山绍琦禅师（南岳下二十六世　临济宗）………………… 294

南宋元明禅林僧宝传卷十四

随州龙泉明聪禅师（南岳下三十一世　临济宗）…………… 298

笑岩德宝禅师（南岳下三十二世　临济宗）………………… 300

（补辑）龙池幻有正传禅师（南岳下三十二世　临济宗）… 303

（补辑）幻也佛慧禅师（南岳下三十二世　临济宗）……… 305

法舟道济禅师（南岳下二十九世　临济宗）………………… 307

（补辑）敬畏如空禅师（南岳下三十世　临济宗）………… 309

寿昌慧经禅师（青原下三十四世　曹洞宗）………………… 311

南宋元明禅林僧宝传卷十五

博山元来禅师（青原下三十五世　曹洞宗）………………… 314

湛然圆澄禅师（青原下三十五世　曹洞宗）………………… 317

天童密云圆悟禅师（南岳下三十三世　临济宗）…………… 320

磬山天隐圆修禅师（南岳下三十三世　临济宗）…………… 323

雪峤圆信禅师（南岳下三十三世　临济宗）………………… 325

（拾遗）忠州聚云吹万广真大师传（南岳下二十八世　临济宗）… 328

---

① 原目录顺序，"季潭泐禅师"在前，"天界慧昙禅师"在后，现据正文顺序改。

南宋元明僧宝传后叙 性 磊 ……………………………………… 332
重刻《僧宝传》记 …………………………………………… 334

附编

清超永编《五灯全书》卷第七十三《临济宗　南岳下三十五世随录
　广润巨灵自融禅师》…………………………………… 335
清潘耒《遂初堂别集》卷二《广润巨灵禅师塔铭》……………… 340
陈垣《中国佛教史籍概论》(摘录) ………………………………… 343

主要参阅书目 ………………………………………………… 345

僧宝正续传

隆兴府①沙门　祖琇　撰

---

①隆兴府：即今江西南昌。南宋隆兴元年（1163）为隆兴府。

僧宝正续传卷第一

罗汉系南禅师（南岳下十三世　临济宗）

禅师讳系南，生汀州张氏。少出家，依金泉寺得度具戒。性纯淡，志节高远。涉历丛林，参云居祐禅师，发明心地。既膺最后付嘱，将复遍扣诸方。时祐同门法昆照觉禅师，宏法东林，宗风特盛，师往谒之。照觉预知其来撞巨镛，聚徒五千指，出迎于虎溪之外。师由是名称蔚然，增重于世。未几，南康守命出世罗汉，嗣法云居，道价著于天下，学者谓之小南。

僧问："声色不到，病在见闻，言诠不及，过在唇吻，此一理二义，请师直指。"师云："一字不著画。"曰："古溪澄水迎新月，旧岭寒梅再遇春。"师云："二字不成双。"曰："半夜彩霞笼玉象，天明峰顶在云遮。"师云："好个真消息。"问："师子儿随众后，三岁便能大哮吼，未出林一句作么生？"师云："头破额裂。"曰："出林后一句作么生？"师云："脑门著地。"曰："不出不入时如何？"师云："进前退后。"曰："且道落在什么处？"师云："大众有眼。"乃云："道应无私，力不可敌。如风行草偃，似春至花开，佛手不能遮，人心宁可遏。顺之则物物光辉，逆之则头头失色。不逆不顺，任器方圆，呼召随声，高低自尔。临镜而像，彼此情忘。现如幻神通，成如幻正觉。直得庐山万叠共转法轮，鄱水千寻同宣密义。便与么，金鸡啄破琉璃壳，玉兔挨开碧海门。"

又曰："画角红楼报晓春，万家齐贺物咸新，谁知庭际青青柏，便是当年问法人。无身可身，无岁可岁，始终无变，往复常存。四时迁而不迁，一气动而非动。百年生死若浮云，十世古今如电影。情超象外，道契环中。不有丝毫，虚空同寿。但向见闻觉知，识取本来面目。还见么？玉兔沉西岭，金乌出海东。"

又曰："不假一钟成大宝，太阿出匣冷光寒。为君截断羚羊角，打就虚空碧玉盘。好抬掇，更须看，翻来覆去黑漫漫。"以拂击禅床，下座。

又曰："山堂今日已开炉，点淡寒云雪未铺，拨火任君谈冷暖，不知谁解唤司徒。古圣求人向热灰里，诸佛行道火焰中，便见刹刹尘尘皆同自己，心心念念尽合他宗。便与么会转不相当，何故？一句合头语，万劫系驴橛。"

又曰："天地为炉鞴，日月作钳钟，烹清风方成佛成祖，炼白云方有法有仪。圆光项佩，卍字胸题。阿呵呵，知不知。倒骑师子座，蹦跳上须弥。"

又曰："一夏九十日，日日无差。一日十二时，时时不异。犹如黄金之黄，碧天之碧，其色其高不变不坏。安一名，着一字，与吾灵觉何相似，便乃修习空花万行，宴坐水月道场，降伏镜里魔军，成就梦中佛果。今朝法岁已圆，勘破了，还知么？移身摇太华，掬汗洒醍醐。"

又曰："物我两如，是非一气。云无心而解听龙吟，充天塞地。风无迹而能闻虎啸，拔木鸣条。道无根而善应诸缘，分缁列素。忽然一念合风云，不知谁是我。行无所行，住无所住。"大笑。"呵呵！希逢罕遇。"

又曰:"禅不禅,道不道,三寸舌头胡乱扫,昨夜日轮飘桂香,今朝月窟生芝草。阿呵呵,万两黄金无处讨,一句绝思量,诸法不相到。"

师临迁化日,举二禅者立僧,上堂云:"欲扬大法,须籍其人,借与便风便好扬帆举棹。昔日僧问赵州:'某甲乍入丛林,乞师指示。''你吃粥了也未?'僧云:'吃粥了。'州云:'洗钵盂去。'其僧豁然大悟。只如今日,鸣钟之后,升堂已前,人人吃粥,饱即便休,若也嚼得破,碍塞人,嚼不破,却许伊。罗汉今日倒骑铁马,逆上须弥,踏破虚空,不留朕迹,诸人还见么?夜来风起蒲庭香,吹落桃花三五树。"下座,归方丈,跏趺而逝。

圆通道旻禅师(南岳下十四世 临济宗)

禅师名道旻,兴化仙游蔡氏子。其母梦吞摩尼珠,已而孕。生五岁,足不能履,口不能言。母抱游西明寺,见佛像,遽履地合掌,称南无佛,因作礼,人大异之。及官学大梁,忽厌尘俗,去依景德寺得祥律师,以诵经得度具戒。遍参宗匠,从真如喆公最久。晚闻泐潭干禅师道望,往依焉。一见知其在大沩众称旻古佛者,深器之。师以力参所得,举以似干,干未之许。一夕侍立次,干举世尊拈花因缘,令下语,益不契,由是尽弃其所闻。久之,随经行次,干以拄杖加肩,长嘘云:"会么?"师拟对,干即打之。有顷,拈一枝草示云:"是什么?"师拟对,又喝之,师豁然悟，即作拈花势云："此去更不疑老汉舌头也。"干挽住云："更道，更道！"师云："南山起云，北山下雨，鼻孔解语无讨处。"即礼拜。干可之，他日谓曰："庐山胜绝，汝缘熟在彼。"遂辞焉。

建中靖国元年，出世江夏之灌溪，迁庐山圆通。初，道济禅师创革圆通，临终嘱曰："吾塔以青石为之，他日塔红，即吾再来。"及师至之，夕，塔为之红，遐迩惊叹，知师盖道济后身也。由是宗风鼎盛，衲子云奔辐凑。师孤节苦行终其身。

僧问："如何是佛法向上事？"师曰："劈箭溪头水倒流。"进云："藏头露影时如何？"师便打。进云："谢师答话。"师云："瞎。"问："十二时中如何履践？"师云："风不来，树不动。"僧于言下有省。

政和初，蔡太师京奏赐椹服①、圆机师名。范左丞致虚，初自内翰出师豫章，过圆通语次，叹曰："行老矣，堕在金紫囊中去，此事稍远。"师亟呼内翰，翰应诺。师曰："也不远。"翰云："好更望指示。"师曰："此去豫章有四程。"翰伫思。师曰："见即便见，拟议即差。"翰颔之而喜。

枢密吴公居厚拥节归钟陵，见师，曰："顷赴省，试过圆通赵州关，因问讷老：'透关底事如何？'讷云：'且去做官。'今五十余年。"师曰："曾明得透关底事么？"密云："八次经过，常存念然，未脱洒在。"师举扇云："请使扇。"密挥扇。师曰："有甚不脱洒处？"密大喜云："更请末后句。"师摇扇两下。密云："亲切亲切。"师曰："吃嚼舌头。"

---

①椹服：即紫衣。椹，桑树果，成熟后为紫色。

谏议彭公汝霖手写《观音经》施师。师拈起云："遮个是《观音经》,那个是谏议经?"彭云："此是某亲写。"师云："写底是字,那个是经?"彭笑云："却了不得也。"师云："即现宰官身而为说法。"彭云："人人有分。"师曰："莫谤经好。"彭云："如何即是?"师举经示之。彭抚掌大笑云："嘎好!"师曰："又道了不得。"

相国安公南迁,见师,曰："一生做官,今日被谪,觉见从前但一梦耳。"师曰："相公觉耶?"公曰："此皆本有,但未甚明了。"师召相公,公举首。师云："了也。"公曰："犹被事碍。"师云："离京几程到此?"公曰："四十二日。"师云："甚处被碍来?"公笑曰："极得力。"师云："直下受用去。"① 合掌钦喜。师曰："但空诸有,勿实所无。"公云："幸遭遇,不敢忘。"

左司都贶问曰："是法非思量分别之所能解,如何凑泊?"师云："全身入火聚。"都云："毕竟如何?"师云："蓦直去。"都沉吟。师曰："可更吃茶。"都云："不消得。"师曰："何不恁么会!"都忽有省,笑曰："太近邪。"师云："十万八千。"都即有偈曰："可②可思议,是大火聚,便恁么去,不离当处。"师曰："犹有遮个在。"都云："便请直指。"师云："便恁么去,铛是铁铸。"都云："尽善尽善。"

九江守李端夫问曰："识心虚凝,忽然诸境现前时如何?"师云："石火烧身。"守豁然省曰："打破虚空也。"师云："什么处下手?"守鸣指一下。师云："不恁么却恁么。"守叩,曲折而去。

---

①原本夹注：公云：如何受用？师曰：朝朝相似。
②可：疑为"不"。

师之全机得大自在，开发尤多。三年冬，以院事卑得法弟子守惠，请老于朝，朝廷从之，有旨，令守惠次补寺任。

明年冬十月九日，集众说偈曰："泥牛昨夜大哮吼，惊得须弥藏北斗，南北东西没处寻，拈得鼻孔失却口。"复云："至道虚寂，迥脱根尘。光境俱亡，灵机绝待。真常任运，宁属去来。应周无方，不存格则。牢关敲磕，掣电难通。直须千眼顿开，可以死生无间。自兹决别，可葬全身，三百年后，当兴佛事。临行一着，不落见知。折半破三，好生荐取。"随声抚膝一下，泊然而逝。阅世六十八，坐五十夏。门人奉遗命，塔其全身，唯取平时所聚须发火之，悉为舍利。州上其事，赐号妙空之塔。

师居圆通十有二年，随机接物，力法匪躬，然绝不许记其语句。其徒有不忍弃之者，相与私缀之。师廉知诫曰："尔必欲隳吾素志，却后三十年乃可拈出。"及通惠禅师如其约而出之，左司陈公瓘览《小参语》云："若有一疑如芥子许，是汝善知识即尊重嚼叹。"衍以为之序。既而枢密张公德远、侍郎冯公济川，皆韪其言。

赞曰：圆通来，应塔红可也。殁谓三百年后当兴佛事，或身后好事者为之辞。何则？旻固尝悟彻者也，彻则万化同功，群机普赴，奚适而非旻邪！先佛云："吾无生不生，无在不在。"如是则圣贤抚会，尘尘尔，念念尔，奚三百年之局乎！果去矣，必三百年而复来，则营营形数之间，无乃小乘乎！且无边刹海不隔毫端，十世古今不移当念之旨安在哉？李君商老状其事而暴美之，不究宗门抚会之妙，当并按也。

兜率惠照禅师（南岳下十五世　临济宗）

禅师讳惠照，南安军郭氏子。依了山院出家得度，具受游方。与从悦禅师游，悦参真净，颇称有得。师预闻其旨，遂卓庵于石头。其后悦见石霜素侍者，复得石霜末后句，以书抵师曰："曩参未善，犹有末后句在。"师以偈答曰："参禅只要心安乐，了得心安万事休，况是禅心犹假立，谁论末后与当头。"竟不往。

及悦出世兜率，迎致居第一座。元祐中，无尽张公转江西漕，谋入黄龙，见晦堂心禅师，暮宿兜率，与悦夜语。因及石霜末后大事，无尽豁然有省，遂以出世因缘，向悦称法嗣。悦去世，无尽命师继其席。师曰："先师有末后句，运使得之。照未尝得，岂可嗣法邪！"无尽曰："汝寻常满口道得，却会不得。"师忽然悟，乃曰："敢不奉命！"遂开悦公法门。

问："如何是第一义谛？"师曰："锤下分付。"曰："第二义门请师举唱。"师曰："千家帘幕春光在，几处园林秀色新。"曰："学人未晓。"师曰："劳而无功。"曰："争奈分付了也。"师曰："一人传虚，万人传实。"曰："法鼓才声，大众云集，学人上来乞师指示。"师云："天静不知云去处，地寒留得雪多时。""学人未晓，乞师端的。"师云："一重山背一重人。"乃曰："龙安山上道路纵横，兜率宫中楼阁重叠，虽非天上不是人间，到者心安，全忘诸念。善行者不移双足，善入者不动双扉。自能笑傲烟萝，谁管坐消岁月。既然如是，向上还有事也无？"良久云："莫教推落岩前石，打破下方遮日云。"又曰："衲僧袖里神锋，截断有句无句。随宜独立真规，处处清风满路。更知结角罗纹，始解针来线去。"

师性方严有操守，居兜率二十有七年。仿像天宫内院，作新一刹，冠绝人世。安众不过四十，遇缺员则补之。供馔珍丽，率众力道弥谨，无尽每以古佛称之。宣和元年休夏日，沐浴更衣，礼观音大士三拜，退居丈室，端然而逝。寿七十一，腊①四十七。阇维烟所及处，悉有舍利，多琥珀色。灵骨莹如冰玉，眼睛与舌不烬。无尽为之赞曰："兜率照老没可把，七月十五日解长夏，礼却观音三拜竟，退归方丈嗒然②化。也无遗书忉忉怛怛，也无偈颂之乎者也，也无衣钵俵散大众，也无病痛呻吟阿耶，卒死丹方传与人，禾山鼓向别处打。"

潜庵清源禅师（南岳下十二世　临济宗）

禅师名清源，豫章新建邓氏子，依洪岩僧处信得度具戒，参武泉常、云居舜、渤潭月三大士，颇见咨揖，然疑未决。晚依积翠南禅师。一日闻举洞山初见云门因缘，不觉失笑。南问："何为而笑？"师曰："笑黄面浙子怜儿不觉丑耳。"自是容为侍者。

---

①腊：僧侣受戒后的年龄。
②嗒（tà）然：形容懊丧的样子。

阅七年,咨参决择,道眼高妙,绝出人表,丛林称之,以比南院守廓。

南公去世,师开法西山惠严,迁南康清隐,力法自将,不与诸方斗铺席。衲子以枯淡,多望崖而去之。坐是单丁住山十余年。初南州高士潘延之问道于积翠,与师定交为方外友。至是迎归西山。未几,洪帅命居大宁。一时衲子贤士夫从之问道,垄集①其室。

师说法简易,期人于悟而后已。尝示众曰:"寒风激水成冰,杲日照冰成水。冰水本自无情,各各应时而至。世间万物皆然,不用强生拟议。"

又曰:"先师初事栖贤寔、渌潭澄,历二十年。宗门奇奥、经论要妙,莫不贯穿。及因云峰以见慈明,则一字无用,遂设三关语,以验天下禅者。而禅者如叶公画龙,龙现即怖。或问三关语,学者每难透,何也?"师曰:"众生为解碍,菩萨未离觉。大智如文殊师利,欲问空三佛义,即遭摈出,以其自堕艰难,故起现行耳。"

寻以高年,不任主事,退闲,自号潜庵。诸刹争迎致供养,且依以为重,故居无定方。建炎三年八月五日,示寂于城阴之章江。住世九十有八,安居七十八夏。方未寂时,齿堕而复生,发剃而燔之,悉为舍利,及是烬余,尤不胜数,塔于惠严之东阿。

师莫②年德高望重,以深诚勉人,以善从之化者甚盛。有僧执侍十有二年,于道未有所契,及将出世,师曰:"汝侍吾徒费

---

①垄(bèn)集:聚集。
②莫:古同"暮"。

岁月，傥嗣法，不应以世情自昧。"其人遂嗣翠岩机焉。其主法有体，类如此。

泐潭惟照禅师（青原下十二世　曹洞宗）

禅师讳惟照，简州阳安李氏子。母方孕，梦异僧持应器踵门，若将寄食者。一夕有光发其室庐，里人相惊且而育。

师儿时趣尚超卓，稍长泊然，不旨从俗。屈首受书，至"性相近，习相远"，遽曰："凡圣一体，以习故，差别如是。我知之矣。"去家走成都，依鹿苑寺青泰为童子，乞名惟照，志始生之异焉。

十九得度具戒。泰尝使之受《起信论》于大慈寺中，讲辄归卧，泰诘之。对曰："既称正信大乘，夫岂言说所能了邪。"于是尽弃所闻，虚心游方。

时楷禅师居大洪山，名震天下，往依之。一见以为俊朗，委曲容接。师亦奋励，急于透脱。尝夜坐阁道间，徼巡者传呼过之，随声有省，即趋丈室，吐所悟。楷揶揄之。师疑焉，复将彻究源底，于是遍参宗师，往来楷所是。后历三吴，闻楷①以罪为民，居沂水之芙蓉庵，趣往唁之。未至间，仆夫被酒迷失道，师却行及之，举杖奋击，忽大悟。及见楷，望而喜曰："今日相见，

---

①楷：原文为"揩"，正之。

庸非鳌山耶？"因留，佐耕湖上，服役累年，尽得芙蓉之道。

致政王少宰有子亡，且有年矣，忽梦其归。翌日而师至，问其生年，适与其子亡日合，因抱持泣，以为后身也。遂命出世洛阳之招提，迁舒州甘露，再迁三祖。

宣和初，道行闻于朝，有旨移庐山之圆通。先是住持守惠以事罢去，复自诉于有司。阅三年，得旨还旧住。信至，师怡然拽杖出门，与二三禅者徜徉山谷间。未几，泐潭虚席，江西师尽礼致请，遂补处焉。师姿容丰硕，音声朗润，身荷大法，名尊诸方，自号阐提。

尝示众曰："坐禅好诸禅德，不用胡思乱想，坐教悟去。你若悟去，十二时中便有自由分，佛也不奈你何，祖也不奈你何，你也自不奈何，岂更听别人指挥！所以达磨大师西来，直指人心，见性成佛，何曾有许多屈曲言句教你思量。生受今时，诸方丛林未尝有一个善知识不教你参禅学道修行，乃至禅头首座同行道伴，亦皆教你参学，更看话下语，商量因缘，研究今古。你辈更不识好恶，甘作众生就人学去，更向案子头大册小册录将去，采拾言句，攒花簇锦记忆，筑向肚皮里，为禅为道。苦哉！递相坏了，也不是遮个道理。你诸人本无许多事，只为始行脚时，撞着一个没见识长老，教你许较，劳攘打头，便参得个庭前柏树子话，又参得斩猫儿话、洗钵盂话、野狐话、勘婆话。参得一肚皮禅道，便棹腰摆胯，称我是方外。高人面前说得恰似真个，背地里千般乱做次第，一文也不直，才有些子违顺风起，便见手忙脚乱。为什么如此？只是学得来。奉劝莫学，须是自办取始得。你不见祖师少林九年面壁，二祖立雪齐腰，黄梅聚七百高僧，衣钵后来独付庐老。于是时也，看那个因缘淘汰那个，古今曾下得什么语。既不是因缘，你辈又苦死瞒生学图个什么别。无人向你怎么道，只是宝峰忒煞老婆教你莫参禅，莫学道，莫看经，莫念佛，以至礼拜烧香种种劳攘，你须道十二时中毕竟如何度时。宝峰只教你如大死人，你若真个如大死人，有什么闲工夫去参禅学道、礼拜烧香许多费力。山僧五处住院，凡教徒不出此'如大死人'四个字。直是我悟得底，且不在一大藏教里。《传灯录》五家宗派古今言句里，是平生所证底法、所行底法。你若直下会去，且不曾教坏你。适来有一兄弟入室问：'莫是如大死人却活么？'禅客莫问活，你但死了更死。你又不曾死，只管要活作什么。而今听普说了，下去堂中，或堂前后架试坐看，有时被你久久坐，忽然死得也不定。"

建炎改元，北人南渡，泐潭日不下千钵坐食，师超摇法乐，略不以介意，而檀施四来齐厨济足，人到于今称颂之。

二年正月辛丑夜参，因叙洞下宗旨，不断如线，而名世续慧命者零落无几，因欷歔泣①下沾襟。明日闭方丈不出。又明日手写数语，遍与山中耆宿辞诀，众大骇。至有哭之恸者，师皆拒而不与之接。至中夕，遽命烛，集执事者嘱以后事。语终，泊然而逝，阅岁四十有五，坐二十五夏。时御史中丞陆德先、西京宗正赵公士睬、尚书郎方公昭通、议大夫冯公温舒、徽猷阁待制宋公唤秀、州刺史韩公昭，同会泐潭，颇问道于师。见其脱去之状，益歆慕焉。火余五色舍利，炯如珠玉，齿舌不烬，塔于寺之

---

①泣：原作"江"，据文意改。

西峰。

师初在西京，漕使徐公闵中有子，冠且婚矣。见师说法次，忻然慕之，即弃荣剔发具戒，名曰德止，以夙悟才辩，有名于世。

赞曰：教中以七地已前菩萨福智为修生，八地已去福智为报得。若阐提年二十有八出世，五迁巨刹，所至勃兴。槌拂之下，动如阡陌。初未尝遭化，而供馔珍丽，服用完新，庸非报得者欤！方是时，丛林以侈靡相尚。照因其时，阔达大度，顺学者之欲，而嫚骂①诸方，特以如大死人为教。然托其身后，竟亾有继其风者。呜呼，异哉！

---

①嫚（màn）骂：又作"谩骂"。嫚，侮辱，怠慢。

僧宝正续传卷第二

宝峰文准禅师（南岳下十三世　临济宗）

禅师讳文准，兴元府唐固梁氏子。生始幼，见佛像辄笑，童牙不喜闻酒胾①。金仙寺沙门虚普乞食至其家，师膺门酬酢，始老成。时年八岁，即辞父母，愿从普归，授以《法华经》，伊吾即上口。元丰僧检童子较所习，以籍名失后度。师艺精，坐年少，不得奏名。陕西经略范公过普庐，普腊高，应对领略。师侍其傍，伸辩详明，进止可喜。范公欲携与俱西，师辞曰："登山求玉，入海求珠，人各有志。本行学道，世好非素心。"范公阴奇其语，度以为僧。剔发，既往依梁山乘禅师。呵曰："驱乌未受戒，敢学佛乘乎？"师捧手曰："坛场是戒邪？三羯磨②、梵行、阿阇黎③是戒邪？"乘大惊。师笑曰："虽然，敢不受教！"遂受具足戒于唐安律师。遍游成都讲肆，唱诸部纲目，即弃去，曰："吾不求甚解去。"师县演佳其英特，抚之曰："汝法船也，南方有大开士，若沩山真如、九峰真净者，可往求之。"

师拜受教，与同学志恭诣大沩。久之不契，乃造九峰见真

---

①胾（zì）：切成的大块肉。

②羯磨：梵语 karma 的音译。意译为办事、作法等，为授戒作业之义，亦是一种表白之文，即记授戒法于受者之表文。三羯磨，即三度宣读授戒作业之表文。

③阿阇黎：又称阿阇梨，意译为轨范师、正行、悦众、教授、智贤、传授。意即教授弟子，使之行为端正合宜，而自身又堪为弟子楷模，故又称道师。

净。问曰:"甚处来?"曰:"兴元府。"问:"近离甚处?"曰:"大仰。"问:"夏在甚处?"曰:"沩山。"真净展手曰:"我手何似佛手?"师罔然。真净呵曰:"适来句句无丝毫差错,灵明天真,才说个佛手,便成隔碍,病在什么处?"师曰:"不会。"净曰:"一切见成,更教谁会?"师服膺,就弟子之列,余十年,所至必随。真净晚居泐潭,师一日举杖决渠,水溅衣,因大悟,走叙其事。真净骂曰:"此中乃敢用薖苴①邪?"自是迹愈晦而名愈著。

待制李景直守豫章,仰其风,请开法于云岩。未几,殿中监范公帅南昌,移居泐潭。师辞辩注射,迅机电扫,衲子叧而慕之。槌拂之下,常数千指,自号湛堂。每曰:"我只畜一条拄杖,佛来也打,祖来也打,不将元字脚涴②汝枯肠,如此临济一宗不致冷落。"

一日新到相看,展坐具,师云:"未得人事,上座近离甚处?"曰:"庐山归宗。"师云:"宗归何处?"僧曰:"嗄。"师云:"虾蟆窟里作活计。"僧云:"和尚何不领话。"师曰:"是你岂不是从归宗来?"僧云:"是。"师曰:"驴前马后汉。"问第二上座,"近离甚处?"僧曰:"袁州。"师云:"夏在甚处?"曰:"仰山。"师曰:"还见小释迦么?"僧云:"见。"师曰:"鼻孔长多少?"僧拟议,师云:"话堕阿师。"问僧:"你来作么?"曰:"特来问讯和尚。"师云:"云在岭头闲不彻,水流涧下太忙生。"僧云:"和尚莫瞒人好。"师曰:"马大师为什么从阇黎脚跟下走

---

① 薖苴(lǎ jū):邋遢,不整洁,不端庄。
② 涴(wǎn):(水流)曲折蜿蜒的样子。

过?"僧无语。师云:"却是阇梨谩老僧。"僧云:"有口道不得时如何?"师云:"洞庭湖里倒撑船。"

云居先驰到。师问:"未离欧阜,文彩已彰,既到宝峰,如何吐露?"驰云:"目前有路。"师举起书云:"既是云居底,为甚在宝峰手中?"驰云:"兵随印转,将逐符行。"师云:"下坡不走拍一拍。"驰拟议,师曰:"想先驰只有先锋,且无殿后。"

一日法堂上逢首座,便问:"自甚么处去?"座云:"拟与和尚商量一事。"师云:"便请。"座曰:"东家杯柄长,西家杓柄短。"师云:"为甚拈起巩县茶瓶,却是饶州瓷碗?"座云:"临崖看浒眼,特地一场愁。"师云:"达磨大师叶屈。"座吐舌而退。

师在分宁遇死心和尚,问:"你此回到山里么?"师云:"须去礼拜师兄。"心云:"你来时善看方便。"师曰:"何故?"心云:"我黄龙路滑。"师云:"曾磓倒几人来?"心云:"你未到黄龙,早脚涩也。"师云:"和尚何得闭门相待?"死心又问:"准老你安许多僧,只是聚头打哄了噇①饭,你毕竟将何为人?"师云:"因风吹火。"心云:"乱纠作么?"师云:"从来有些子。"师却问:"和尚山中安多少众?"心云:"四百人,尽是精峭衲子。"师云:"师子窟中无异兽。"心云:"你来时也须照顾。"师云:"也待临时。"心云:"临时作么生?"师云:"唤来洗脚。"心云:"你川僧家开许大口。"师云:"准上座从来如此。"心云:"三十年弄马骑。"

问僧:"乡里甚处云青州?"师云:"近离甚处?"云:"云

---

①噇(chuáng):无节制地大吃大喝。

居。"师云:"安乐树下道将一句来。"僧无语。师却问傍僧云:"你道得么?"僧云:"某甲道不得,却请和尚道。"师云:"向北驴似马大。"僧云:"与么那。"云:"你鼻孔为甚在宝峰手里。"僧便喝。师云:"水里火发。"

见僧看经。问:"看什么经?"曰:"《金刚经》。"师云:"经中道:'是法平等,无有高下。'是否?"僧云:"是。"师云:"为什么云居山高,宝峰山低?"僧云:"是法平等,无有高下。"师曰:"你却做得个座主使下。"僧云:"和尚又作么生?"师云:"且放你鼻孔出气。"

一日廊下见僧。问:"你还会也未?"僧云:"不会。"师曰:"左青龙,右白虎。"僧云:"久向宝峰,元来只是个卖卜巡官。"师乃点指云:"上座今日不好。"僧云:"老汉败阙也。"师云:"路逢剑客须呈剑。"师问僧:"安乐么?"僧云:"无事。"师云:"你大有事在。"曰:"未审某甲有甚事。"师云:"近日上蓝金刚兴①天宁土地相打。"僧无语。师云:"元来无事。"

问僧:"如何是上座得力处?"僧便喝。师云:"好好相借问,何得恶发?"僧又喝。师云:"元来是作家。"僧以坐具便打,师低头嘘一声。僧云:"放过一着。"师云:"遮里不可放过。"随后便打。

师普说次,众欲散,忽问僧:"明来明打,暗来暗打。你作么生会?"僧便喝。师云:"点即不到。"僧又喝。师云:"到即不点。"僧云:"忽遇不明不暗来时,又作么生?"师云:"今日天

---

①兴:疑为"与"。

寒，且归堂向火。"随后喝一喝，便起。

一日上堂云："宝峰一夜睡不着，计较今日上堂，揣腹搜胸，总思量不就，而今临时逼节事出急家门。"遂拈起拂子云："准上座近日作得一柄子，且权将供养大众。"乃掷下云："竹根棕①叶麻绳击，样度天然别一家。"

政和五年夏六月，寝疾。首座问："和尚近日尊位如何？"师云："跛驴上壁。"座云："和尚也好吃一服药。"师云："朽木搭桥。"座云："也知和尚不解忌口。"师云："你作么生？"座拟进语。师云："你也好吃一服药。"

以七月二十二日，更衣说偈而化，阅世五十五，坐三十五夏。灵骨舍利塔于石门之南原。丞相张无尽制其碑，谏议洪驹父叙语录，名士李商老撰次逸事，同门弟德洪觉范纪师行实。其高道硕德，可想见矣。

赞曰：云居真牧和尚谓人曰："出关走江淮，阅三十年，参一十八人善知识。于中无出佛果、佛眼、死心、灵源、湛堂五大士而已。"诚哉斯言！盖真正宗师，考其全才，如此之难。若佛果、佛眼、死心、灵源之嗣，固已光明于世。独湛堂开法日浅，未有继其高躅者。然览其遗编，想其胸次，信余子未易跂及②也。觉范称准于真净之门，所谓家名辩才、气宇逸群者，抑知言哉！

---

①棕（zōng）：棕树，茎直立不分枝，叶大。
②跂（qǐ）及：即企及。跂，古通"企"，踮起。

花药进英禅师（南岳下十三世　临济宗）

　　禅师名进英，出于罗氏，其先吉州太和人。少孤，恠敏慧，龆龀①中日诵千余言，通诗书大义。与群儿嬉游，侮玩之气出其上。亲旧爱敬之，使著逢掖为书生。辄病至与死邻，母泣曰："吾始娠，梦有乘空语曰，儿出家则病有瘳矣。"于是击钟梵，放誓于佛前，使依集善寺洞隆为童子。

　　年十八试所习，得度具戒。即欲游方参道，母有难色，于是庵于母室之外，名曰精进。谛味宗师之语而励精于道，君子称孝悌焉。母殁，心丧三年。去游江淮，一时大宗师多所参扣。晚见真净禅师，闻其夜参，贬剥诸方，以黄檗接临济、云门接洞山机缘为入道之要，摘其疑处以启问，师恍然大悟，真净密可之。时佛印禅师名重一时，尤重许可，独以师为俊彦，尝以铁嘴呼之。自是丛林想闻其风彩。

　　元祐中，出世长沙之开福。阅十年，殿阁崇成，宗风鼎盛。又五年，弃之。北游五台，遍览圣迹。复还庵于梁山，衲子益奔趋之。

　　政和甲午，衡阳道俗迎居花药之天宁。师于真净之道，力行而博施之，得语言三昧。尝示众曰："报慈有一公案，诸方未曾

---

①龆龀（tiáo chèn）：亦作"髫龀"。髫谓儿童下垂之发，龀谓儿童换牙，故髫龀谓幼年。

结断，幸遇改旦拈出，各请高着眼看。"遂趯下一只鞋云："还知遮个消息么？达磨西归时，携提在身畔。"又曰："与么上来猛虎出林，与么下去惊蛇入草，不上不下，日轮杲杲。"喝一喝，云："潇湘江上碧溶溶，出门便是长安道。"又曰："山门寂寞，无可只待。诸禅德夜来思量得一段因缘奇特，准拟今日供养大众。及乎升座，忽然忘却，而今卒作不辨，且望大众智不责愚，不为怪笑。"

宣和三年，退归旧庵，虽齿高而精进不替，常中夜礼佛，作息饮食，不肯与众背。丛林信其诚，民俗化其教。一节三十年，终始不渝。四年十二月，灭于梁山。

明白德洪禅师（南岳下十三世　临济宗）

禅师讳德洪，字觉范，筠州新昌喻氏子。年十四，父母并月而殁去，依三峰靓禅师为童子。十九试经东都，假天王寺旧籍惠洪名为大僧，依宣秘律师受《唯识论》，臻其奥。博观子史，有异才，以诗鸣京华搢绅间。久之南归，依归宗真净禅师，研究心法。随迁泐潭凡七年，得真净之道。辞之东吴，历沅湘。一日阅汾阳语，重有发药，于是胸次洗然，辨博无碍。

崇宁中，显谟朱世英请出世临川之北禅。先是寺有古画应真十六轴，久亡其一，师至以诗嘲之。未淹辰而应真见梦所匿之家，丐归寺中，因得之。世以谓尊者犹畏其嘲而归焉。

越明年以事退游金陵，漕使吴正仲请居清凉。未阅月，为狂僧诬以度牒冒名，旁连讪谤事，入制狱锻炼。久之，坐冒名，着逢掖①，走京师，见丞相张无尽，特奏得度，改今名。太尉郭天民奏锡椹服，号宝觉圆明，自称寂音尊者。

未几，坐交张、郭厚善。张罢政事，时左司陈莹中撰《尊尧录》将进御，当轴者嫉之，谓师颇助其笔削。政和元年十月，褫僧伽黎②，配海外。三年春，遇赦，归于江西。是冬复证狱于并州，明年得还。往来九峰、洞山，野服萧散，以文章自娱。

将自西安入衡湘，依法属以老。复为狂道士执以为张怀素党，下南昌狱，治百余日。非③是会赦免，归湘西之南台，仍治所居，榜曰明白庵，自为之铭。其叙曰：

"予世缘深重，夙习羁縻，好论古今治乱是非成败，交游多讥诃之。独陈莹中曰：'于道初不相妨，譬如山川之有烟云，草木之有华滋，所谓秀媚精进。'予心知其戏，然为之不已。大观元年春，结茅于临川，名曰明白，欲痛自治也。莹中闻之，以偈见寄曰：'庵中不着毗耶座，亦许灵山闻法人，便谓世间憎爱尽，攒眉出社有谁嗔。'于有隈岸辄决，又复衮衮多言。然竟坐此得罪，出九死而仅生，恨识不知微，道不胜习，乃收召魂魄，料理初心，而为之铭曰：雷霆发声，万国春晓，闻者不言，心得意了。木落霜清，水归汝在，忽然震惊，闻者骇怪。合妙日用，如春雷霆，背觉合尘，如冬震惊。万机休罢，随缘放旷，尚无了

---

①逢掖：衣袖宽大的衣服。《礼记·儒行》："丘少居鲁，衣逢掖之衣。"因指儒生所穿之衣。
②褫（chī）僧伽黎：剥夺僧人身份。褫，剥夺。僧伽黎，佛僧在正规场合穿的外衣，以其为诸衣中最大者，故称大衣。
③非：疑为"先"。

知，安有倒想。永惟此恩，研味其旨，一庵收身，以时卧起。语默不昧，丝毫弗差，蒙杂而着，随乎于嘉。"

于是覃思经论，著义疏，发挥圣贤之秘奥。及解《易》，作《僧宝传》成，抚而叹曰："冒障海极，并门间关，万死而不毙，天其或者迟以卒此乎？世有贤者，当知我矣。"将负之入京，抵襄阳，会难。渊圣登极，大逐宣和用事者，诏赠丞相商英司徒，赐师重削发，还旧师名。未几，国步多艰，退游庐阜。

建炎二年夏五月，示寂于同安，阅世五十有八，门人建塔于凤栖山。

师之才章，盖天禀然，幼览书籍，一过目毕世不忘。落笔万言，了无停思。其造端用意，大抵规模东坡，而借润山谷。至于出入禅教，议论精博，其才实高。圆悟禅师以为笔端具大辩才，不可及也。与士大夫游，议论衮衮，虽稠人广座，至必奋席。初在湘西，见山谷，与语终日，不容去，因有诗赠之，略曰："不肯低头拾卿相，又能落笔生云烟。"其后山谷过宜春，见其竹尊者诗，咨赏，以为妙入作者之域，颇恨东坡不及见之。

著《林间录》二卷、《僧宝传》三十卷、《高僧传》十二卷、《智证传》十卷、《志林》十卷、《冷斋夜话》十卷、《天厨禁脔》一卷、《石门文字禅》三十卷、《语录偈颂》一编、《法华合论》七卷、《楞严尊顶义》十卷、《圆觉皆证义》二卷、《金刚法源论》一卷、《起信论解义》二卷，并行于世。

赞曰：丞相张无尽称觉范盖天下之英物，圣宋之异人。然古之高僧，以才学名世，殆与觉范并驱者多矣，必以清标懿范相资而后美也。觉范少归释氏，长而博极群书。观其发挥经论，光辅丛林，孜孜焉手不停缀，而言满天下。及陷于难，着逢掖，出九死而仅生，垂二十年，重削发，无一辞叛佛而改图，此其为贤者也。然工呵古人而拙于用己，不能全身远害，峻戒节以自高，数陷无辜之罪，抑其恃才暴耀太过而自取之邪？尝自谓"识不知微，道不胜习"者，不独为洪实录，亦以见其自欺焉。惜哉！

开福道宁禅师（南岳下十四世　临济宗）

禅师名道宁，歙州汪氏子。笃志于道，以头陀入禅林，故毕世人以宁道者呼之。初参蒋山泉禅师，阅十年，泉知其为法器，俾乞供五羊，遇居士愿施赀为祝发者。师以乞供畏嫌疑，固辞不可，因归供钟山，再入岭得度具戒。遍参宗师，尝居崇果山，为众辨浴。日诵《金刚般若》为常课。一日将濯足，诵至"应生信心以此为实"，内足汤器中，豁有省。即趋海会，见演道者，吐所悟。演颔之，容入其室。他日闻举狗子无佛性话，于是大彻，演喜以为类己。

大观中，潭帅席公震，请出世开福，唱演公之道，湘潭之人敬慕之。师性简约，服用朴素，非丛林弘法之务，未尝以之介怀。颇提笠走街市，躬自乞食以养，众衲子争归之，法席遂为湖湘之冠。

僧问："唯一坚密身，一切尘中现。"提起坐具云："遮个尘，那个是坚密身？"师云："放下着。"进云："犹是学人疑处。"师云:"你疑处作么生?"进云:"适来问底。"师云:"不堪为种草。"

政和三年十一月四日,沐浴净发。五日小参别众,叙平生参学始末,期以七日示寂,祝依常僧例茶毗,以火余盛之瓦碗,撒湘江水中。乃曰:"出家佛子彻骨彻髓,华藏海中游戏自在,死生界内任性浮沉。是以俱尸城畔椁示双趺,熊耳峰前亲遗只履。祖祢不了,殃及儿孙,画样起模,到于今日。"

又道:"吾紫磨全身,今日即有,明日即无。若道吾入涅槃,非吾弟子。若道吾不入涅槃,亦非吾弟子。尔此之际,若相委悉,不唯穿却释迦老子鼻孔,亦乃知得山僧落处。其或未然,报慈怎么来,举世无相识,水月与空花,谁坚复谁实。住院经五年,都卢如顷刻。瑞云散尽春风生,走却文殊遇弥勒。"喝一喝,下座。持麈尾,圆视久之,曰:"谁堪付此者?"既而曰:"无如果藏主。"遂以畀①之。

至七日,长沙之人无幼艾,相与赍持香花,侧塞于寺。师应接教诫遣之,而来者无已。及日暮,跏趺湛然而逝。阅岁六十一,坐二十一夏。火余舍利,弟子不忍弃,塔于开福。又二十年,嗣法果禅师徙塔福严之朱原。

师出世才五年,而名满天下,丛林仰之。虽不克尽行其道,然宗风宏远云。

---

①畀(bì):给,给以。

智海惠勤禅师（南岳下十四世　临济宗）

　　禅师讳惠勤，舒州铜城人。出家试所习，得度具戒。参太平演禅师，发明大事。时太平法窟，龙象最盛。师与圆悟佛眼，崭然露其头角，众望翕然推重。及演迁五祖，灵源禅师继主太平，登师第一座，以法施学者。灵源退席，舒守雅闻誉望，命出世太平，开五祖法要。

　　僧问："万法本来归一，一法了无踪迹，白莲峰下传来，未审以何为的？"师举拂子云："用遮个为的。"曰："与么则兵随印转，将逐奉行。"师云："上座见个什么？"曰："验人端的处，下口便知音。"师云："不妨具眼。"曰："此日一会，超越灵山。"师云："那个是超越底事？"僧提起坐具云："三世诸佛尽向遮里纳败阙。"师云："三十棒且待别时。"乃云："祖师心印，状似铁牛之机，去即印住，住即印破，不去不住，坐断要津，凡圣路绝。当是之时，不见有众生可度，不见有佛果明成，亦无烦恼可除，亦无菩提可证，唯彰本体，应用堂堂，出没卷舒，得大自在。天堂、地狱、虎穴、魔宫，处处道场，头头佛事。然虽如是，也须到遮田地始得。此事不从修证，不陟言诠，莫非妙智发明，超然独脱。或未①至此，当宜忘情绝虑，深切谛观，久久之

---

①未：原为"末"。

间，自然云霞消散。孤月白圆，砂砾尽时，真全始见。"

又曰："至道无难，唯嫌拣择。桃花红，李花白，谁道融融只一色。燕子语，黄莺鸣，谁道关关只一声。不透祖师关捩子，空认山河是眼睛。"

又曰："日出卯，用处不须生善巧。"拈起柱杖云："柱杖横山河，大地一时横。柱杖坚①山河，大地一时坚。十方如来所说法，不能与此为譬喻。绝聱讹，无巧妙，灸疮瘢上著艾燋。若能于此究根源，方透衲僧向上窍。如何是衲僧向上窍？"击禅床，下座。

又曰："昔日僧问赵州：'如何是不迁义？'州以手作流水势，其僧有省。复有僧问法眼云：'不取于相，如始②不动。如何不取于相、见于不动？'法眼云：'日出东方夜落西。'其僧亦有省。若于斯明得，便见道，旋岚偃岳而常静，江河竞注而不流。其或未然，更为饶舌。天左旋，地右转，古往今来经几遍。金乌飞，玉兔走，才方出海门，又落青山后。江河波渺渺，淮济浪悠悠，直入沧溟昼夜流。"遂高声云："诸禅德还见如如不动底么？"以拂子击禅床，下座。

又曰："乍语莺喉涩，初来燕语新，莫惊双鬓白，又是一年春。林上花铺锦，堤边草织茵，谁知造化体，元是法王身。"举起拂子云："看，看！若也识得，海印发光，苟或未然，尘劳先起。"击禅床，下座。

师居太平八年，宗风大震。政和二年有诏，请住东都智海。十月九日，就大相国寺三门开堂，遣中便降香。鸿胪少卿赍疏，

---

①坚：疑为"竖"，下同。
②始：疑为"如"。

兼拨赐金宝，充办斋筵。师谢恩，祝圣罢，僧问："才升猊座①，便爇②天香，祝圣之言，请师速道！"师云："祥云笼殿阁，瑞气满乾坤。"进云："一朵昙花开上国，声香从此播人间。"师云："别是一家春。"曰："灵山一会，俨然犹在。"师云："作么生是灵山会上事？"曰："明朝自有明君鉴，学人三拜谢师恩。"师云："一任流通。"问："太平古曲，久播徽音。学人上来，乞师垂示。"师云："尺头有寸，秤尾无星。"曰："与么则智海洪波，普施余润。"师云："真不掩伪，曲不藏直。"曰："只如无阴阳地上生个什么？"师云："唤什么作无阴阳地？"曰："灵苗瑞草寻常事，优钵罗花物外春。"师云："谢子供养。"乃云："问话且止，不见道：'穷诸玄辩，若一毫置于太虚；竭世枢机，似一滴投于巨浸。'况祖师心印，诸佛本源，蠢动含灵，无增无减，唯圣与圣，即能知之。恭闻失③圣仁宗皇帝有修心诗云：'初祖安禅在少林，不传经教但传心。后人若悟真如性，密印从来妙理深。'敢问诸人，如何是真如之性？如何是密印妙理？假使目连鹙子智慧神通到此，也须亡锋结舌。山僧今日幸逢快便，为国开堂，得路便行，岂畏傍观怪笑。"乃举拂子云："看看！岂不是诸人真如之性，岂不是诸人密印妙理！于斯见得，共报国恩，其或未然，别容理论④。"

复云："适来所举初祖安禅在少林，不传经教但传心。且道心作么生传？我仁宗皇帝在位四十余年，万机之暇，留心此道，

---

① 猊（ní）座：即狮子座，谓佛、菩萨所坐之处。
② 爇（ruò）：点燃，焚烧。
③ 失：应为"天"。
④ 原本夹注：中谢。

既得之于心，乃形之于言，流布无穷，后人取则。吾祖达磨初至少林，二祖侍立次，遂问：'我心未宁，乞师与安。'达磨云：'将心来，与汝安。'二祖云：'觅心了不可得。'达磨云：'与汝安心竟。'二祖于是豁然大悟，自此传衣付法，继袭祖位。且道二祖当时悟得个什么？英灵之者，举着便知。影响之流，卒难领会。聊成鄙颂，少助发挥，觅心无得，乃安心悟了。争如未悟深，万丈碧潭秋月白，一声云外老猿吟。积尘成岳，削铁为针。少室山前无异路，游人来往自崎嵚①。"

枢密邓公子常，奏赐椹服、佛鉴师名。留智海三年，累表恳辞归山。寻得旨，住江宁府蒋山。

政和七年十月八日，沐浴更衣，端居丈室，手写别故旧书数幅，停笔而化。灵骨舍利塔于本山。

师法才富赡，道学渊源，履践高妙。当时天下丛林推仰，以为深得东山真机大用三昧。初受太平日，即具仪扣灵源之室。请曰："住院董众，宜何所先？"灵源曰："此无他，当以杖笠包具，置方丈壁间，去住如衲子之轻则至矣。"师终身奉行之，遂为一代宗师典刑云。

赞曰：常闻慈受禅师初出世真州资福，嗣法净照禅师，俄退席，寓蒋山佛鉴会中，聆其夜参所举，皆平昔未谕，心因异之。忽一夕于佛鉴言下大悟，即欲炷香，改嗣佛鉴。佛鉴深却之，不许。于戏，曷有末代欺世负官，以院易嗣，奉金请拂者，曾佛鉴奴之非若也。

---

①崎嵚（qīn）：又作"嵚崎"，险峻。

僧宝正续传卷第三

龙门清远禅师（南岳下十四世　临济宗）

禅师讳清远，生李氏，蜀之临邛人。出家，十四具戒，尝依毗尼师究其说。因读《法华经》至"是法非思量分别之所能解"，持以问讲师，莫能对。乃曰："义学名相，非所以了生死大事。"遂捐旧习，南游江淮间，遍历丛席。闻舒州太平演道者为宗师第一流，往造其室。演一见深奇之，谓可以弘持法忍。壁立不少假，冀其深造。师栖迟七年，未尝妄发一语。一日因拨火，忽有省，即说偈曰："深深拨有些子，平生事只如此。"由是洞彻超诣，机辩峻捷，莫敢当锋，衲子争归之。师益静默自晦，不自为得。隐居四面山大中庵，属天下新崇宁寺方择人以处，舒守王涣之迎师住持。未几引去，会龙门虚席，遂补焉。

示众曰："学道之士，有二种病，一骑驴觅驴，二骑却驴了不肯下。且如骑却驴了更觅驴，可杀是大病。龙门向道不要觅，灵利人当下识得，除却觅底病，狂心遂息。既识得驴了，骑却不肯下，此一病最难医。龙门向道不要骑，你便是驴，尽大地是个驴，且作么生骑？你若骑，管取病不去。若不骑，十方世界廓落地。此二病一时去，心下无事，名为道人。所以赵州问南泉如何是道，泉云平常心是道，州从此顿息驰求，识得祖病佛病，无不透得，后来遍到诸方，莫有出其右者，盖缘他识病。"

又曰："释迦老子在什么处？"自云："作么？"复云："达磨大师在什么处？"自云："只在，且作么生说个只在底道理？也不妨难明。若于斯明得，始知正法常住，禅僧家多分只道那举处便是。你若身坏命终时，若病说不得时，又作么生？须是证入始得。不见僧问德山：'从上诸圣向甚么处去？'山云：'作么作么？'莫是作么便是诸圣么？你诸人若不将言语会，便落他声响流布，纵饶不落声响言句，便落他无言无说处。此事实无你意解卜度。若存一丝毫，便成趣向，于己疏也。直饶你将玄机妙义去合他，决定合不着。若总不思量，亦不可。须是亲证始得，明见无疑。"

又曰："有般宗师向人道：'莫作计较道理，开口便没交涉，与他不相应也。'去空劫已前认取，都无言说。又有一般宗师向人道：'痴汉！你这一段因何不会？先将自心做个窠臼，然后将心去取证，唤作钉桩了绕桩走。便怎么流传将去，便怎么承当去，敲床竖拂用将去，唤作将心用心。'一似坐个气球相似，有甚安乐处？又似虾蟆努气相似。你怎么见解，面前一似黑雾罩定了也。"

师居龙门十有二年，道风大振，四方学者皆曰："吾必师龙门。"由是云集座下，居无所容。师应机酬酢，未尝有倦色。示曲折数篇，学者聚而编之，名曰《心要》。其略曰："不应于无际中立分限，若立分限是无际，空乃自随，所以解空者无空想。若人以言语名状心，终不得心。不以言语名状心，亦不得心。言语本是心名状之，故不得也。无言语本是心不名状之，故不得也。种种会当，皆不与自心契。上祖曰默契而已，为若此。"

又曰:"道若为达,但无妄念耳。若人知是妄念,作意止之者,见有妄念故也。见有妄念,作意观照,令是正理,亦见有妄念也。知妄元是道,乃无妄焉,故达道乃无所得也。"

又曰:"证者绝能所也,非别有玄理。在寻常日用处,如见色时是证时,闻声时是证时,饮水食粥时是证时,一一绝能所,此非久习,不假熏炼。盖见成之事,世人不识,名曰流浪,故云唯证乃知,难可测。"

又曰:"学道者明知有是事,何故不得旨而长疑?盖信未极,疑未深也。唯深与极,若信与疑,真是事也。不解如此返照,遂迷乱。不知由绪,困踬中途。能自返省,更无第二人也。既曰此事,又岂更知耶。知是妄虑,此事则不失也。"

又曰:"道不止说与示而后显。盖体自常露,说示者方便道用耳,省悟者亦暂时岐路也。或因说而证,或因示而入,或自觉触以知归,终无异事别得,至心源而止也。"

又曰:"人言悟了方修,此属对治门,虽禅门亦许以正知见治之。若论当人,即不须若是也。"

又曰:"人不识问,遂依来问而答,不知乃自问耳,欲答谁邪!人不识答,遂依言起见,不知乃自答耳,何有旨趣邪!故曰总是你好看好看。"

又曰:"从上来有二种方便。有真实方便,所谓说无有间。有善巧方便,所谓妙应群机。若从真实方便得入,不假思量,性自神解,求①无有退,妙用河沙也。若从善巧方便得入,得坐披

---

① 求:疑为"永"。

衣，向后自看始得，未可将为究竟。此二种方便皆一法也，不可须臾有失，学者思之。"

又曰："悟心见性，当如雪峰玄沙。履实践真，当如南泉赵州。今时学者但以古人方便为禅道，不知与古人同参也。十二时中学道，无顷刻弃舍，此人纵未得入，念念已是修行也。寻常说修行，不过三业六根清净禅门，更不必如是，何故？禅定之门，念念与智波罗蜜平等，一切处自无过患也。久久心地通明之日，从前并得满足，名一行三昧。今时人全无定力，复不开智眼，所以机缘语句只成诤论，生灭心行。夫禅学不是小小，未用超佛越祖，得了要超，亦不难也。"

政和末，道行闻于朝，有旨移和州褒禅山，岁余以疾辞。时圆悟禅师住蒋山，与师友爱素善，因往依之。尝著《三自省察》，丛林共高仰之。复以近世问话者不知伸问致疑咨请之意，后生相承，多用祝赞语。或奉在座官员，或庄严修设檀信，俱无衲子气味。师深恶之，诫曰："夫问话者激扬玄极，不在多进语，三两转足矣，贵得生人信，不致流荡取笑俗子。"

又曰："诸方老宿临终必留偈辞世，世可辞耶，且将安之。"

宣和二年冬至前一日，饭食讫，整衣跌坐，合掌怡然而逝，春秋五十四，坐四十夏。门人奉灵骨舍利，葬龙门之灵光塔。

师风仪秀异，操守严正，性淡泊，寡言笑，动有规则，学者瞻形仪而服膺。其为教，疏通广大，剀切禅病中衲子之心。至入室提纲，则绝蹊径，离文字，亦不滞乎空荒漫诞之说。其徒非大有契证，不妄许可。平居以道自任，不从事于务。尝曰："长老端居丈室，传道而已。与士大夫游，不为利屈，道合则忻然造之，不尔，虽过门或不得见。"君子以是高之。枢密邓公洵武，奏锡命服佛眼之号。左司陈公瓘见师法语叹曰："诸佛心宗，众生性海，远公涵泳深矣。"与灵源禅师少友善，其趣尚施设略相似焉。有《三会广语偈颂》数万言行于世。

赞曰：圆悟、佛眼同出东山之门，为临济十世孙。圆悟固已名盖天下，佛眼则精深醇粹，克荷正传，殆与圆悟连衡而并驱。学者疑其旋设异乎圆悟，或谓龙门尝与灵源处而渐习使然。呜呼！是何言之陋哉。盖尝三复龙门之录，观其指示心法，辩如百丈、黄檗。作为偈句，词如汾阳雪窦，悟门超极，不愧雪峰玄妙①。履践明验，端如南泉赵州。真一代之大宗师也。彼以颊舌为禅而欺世每生者，乌足与识龙门灵源相契者哉！要其所以不为圆悟者，譬如韩柳文章，世之悦韩者固多，然子厚非深识博雅之士，则不能窥其缊奥。此所以万世之下不凝并驱而为韩柳也。由是而观，二公之后，抑可见矣。

禾山惠方禅师（南岳下十四世　临济宗）

禅师名惠方，道号超宗，临江龚氏子。出家禅居寺，年十九试经得度具戒，遍参知识。晚入黄龙，见死心禅师，机缘有契，遂留执待②，阅十有四年。于时死心高视诸方，以壁立险绝为方

---

①玄妙：疑为"玄沙"，即玄沙师备禅师。
②待：疑为"侍"之误刻。

便，学者莫可近傍，鲜有投其机者，独于广众中称师堪任正续，以最后大事嘱托之。师膺记莂，隐迹丛林，而声价益高。宣和中，出世螺川之隆庆，迁禾山，宗风大震。

僧问："如何是一印印空？"答曰："想你摸索不着。"问："如何是一印印水？"师曰："湛湛地。"问："如何是一印印泥？"师云："前后相应。"问："如何是死中活？"答曰："照中有用。"问："如何是活中死？"答曰："用中有照。"问："如何是死中恒死？"答曰："照用临时。"问："如何是活中恒活？"师曰："平出。"

死心和尚忌日，僧问："死心每举只履西归，意旨如何？"师云："还见么？"进曰："即此见闻非见闻，未审作么生见？"师曰："若非见闻，犹滞迹在。"问："报德殷勤，未审死心还赴也无？"师云："言中有响。"僧云："若然者，顶门拶出金刚眼，照破凌霄千万峰。"师云："你且道只履西归作么生？"进云："叶落归根，来时无口。"师云："只得一橛。"乃曰："死心先师每好举只履西归话问衲子，且巴陵和尚于得法师忌日，以三转语为报。禾山今日因行不妨掉臂，只以明只履西归话，用报先师之德。况此话古今难明，诸方或谓之隐显，或谓不可两个，或谓唯此一事实。若也如是，殊未识祖师意旨。诸人要见么？浊中清，清中浊，勿谓麒麟生只角，西行东向路不差，大用头头如啐啄。莫，莫！玄要灵机休卜度。"

枢密徐公师川尝致三问，师各以偈答之。问曰："洞山云：'拟将心意学玄宗，大似西行却向东。'十二时中动转施为，莫非是拟底心，到此作么生别辨？"答曰："拟将心意学玄宗，妙用纵横触处通。掇转个中关棙子,休论南北与西东。"问:"《维摩经》云:'佛以一音演说法。'或有怖畏,或断疑者?"答曰:"或有怖畏或断疑,双明一句绝针锥。于斯切莫生忻厌,觌面①还须眼似眉。"问②:"《维摩经》云:'众生病故我病。'即今他人病时,为什么自己却不病?"答曰:"众生病故维摩病,妙见全提越我人,既了病源无个事,何如出现宰官身。"龙图蒋公宣卿亦从之问道。

师居禾山十年,迁豫章云岩。建炎三年三月己酉示寂,寿五十有七,腊三十八。火余齿舌不烬,舍利五色,塔于寺之南天台。

师貌清悴,而悟门超彻,践履高妙。圆悟禅师称其纵谈雷震波骇,辨才出没,电闪星飞,而性理渊源极为奥妙,真全才也。世以为礭③论云。

文殊心道禅师(南岳下十五世 临济宗)

禅师讳心道,眉州丹棱徐氏子。出家,三十得度。游成都,从师受《唯识论》,研覃者十年,自以为至。一日同门者诘之曰:"三界唯心,万法唯识。今目前森然,心识安布?"师茫然不知所

---

① 觌(dí)面:见面。
② 问:原为"间",径改。
③ 礭(què):坚固。古同"确"。

对,尽弃所学去,而之襄阳,依谷隐显释师参扣者又十年,亦自以为至。周流江淮间,抵舒州太平,夜听佛鉴勤禅师小参举赵州庭柏话,至觉铁嘴云"先师无此语,莫谤先师好",大疑之。又尽弃其所学,专以禅寂为事。一夕料理前语,豁如梦觉,亟趋丈室。勤望而可之,即分半座,命以法施来者。

政和二年,襄阳守游定夫以礼致师,开法天宁万寿,迁大别山。宣和初,徙鼎州文殊,会有诏更释氏名。

上堂曰:"祖意西来事,今朝特地新,昔时比丘相,今作老君形。鹤氅披银褐,头包蕉叶巾,林泉无事客,两度受君恩。所以欲识佛性义,当观时节因缘。且道即今是什么时节?毗卢遮那顶戴花冠,为显真中有俗。文殊老叟身披鹤氅,且要俯循时仪。一人既尔,众人亦然。大家成立丛林,喜得群仙聚会,共酌迷仙酎,同唱步虚词。或看《灵宝度人经》,或说长生不死乐①。琴弹月下,指端发太古之音。棋布轩前,妙着出神机之外。进一步便到大罗天上,退一步却入九幽城中。且道不进不退又作么生?直饶羽化三清路,终是轮回一幻身。"

越明年,有旨复僧。上堂曰:"不挂田衣着羽衣,老君形相颇相宜,一年半内闲思想,大抵兴衰各有时。我佛预谶,法当有难,较量年代,适在此时。僧改俗形,佛更名字。妄生邪解,删削教乘,铙钹停音,钵盂添足。赖我皇帝陛下圣德钦明,不忘佛嘱,迩乃特颁明诏,赐僧尼重新削发。实谓寒灰再焰,枯木重荣。不离俗形而作僧形,不出魔界而入佛界。重鸣法鼓,再整颓

---

①乐:疑为"药"。

纲。迷仙酎①化为甘露琼浆,步虚词翻作还乡曲子。放下银木简,拈起尼师坛。昨朝稽首擎拳,今日和南问讯。只改旧时相,不改旧时人。且道旧时人与今时人,是一是二?"良久云:"春风也解嫌狼籍,吹尽当年道教灰。"

师于偈颂尤为精粹,衲子雅传之。其赵州勘婆因缘颂曰:"三月春光上国游,祥云瑞气琐龙楼,亲从宣德门前过,更问行人觅汴州。"疏山咸通已前法身因缘颂曰:"咸通已后咸通前,法身向上法身边,一对枯桩门外立,千古万古摩青天。法身该一切,莫向净瓶边,若不同床睡,焉知被底穿。"

建炎三年春,颂临济入灭嘱三圣正法眼因缘,示其徒曰:"正法眼藏瞎驴灭,临济何曾有是说,今古时人皆忘传,不信但看后三月。"

时逆贼钟相作难,其徒欲奉师南奔者。师曰:"学道所以了生死也,何死之避。"以是春三月三日遇害,寿七十有二,腊四十二,塔于文殊之五髻峰。

师之接物机用,得大自在。虽老且病,退处东堂。有问道者,卧而与之言,曾无倦色。三坐道场皆小刹,老屋数楹,仅芘风雨,土炉纸帐,四壁萧然,处之裕如也。其徒不过数十辈,然皆一时祖室栋干者,以故师之名称焯焯,为佛鉴克家子云。

---

①酎(zhòu):指经过两次或多次重酿出来的醇酒。

法轮应端禅师（南岳下十四世　临济宗）

禅师讳应端，南昌余氏子。依化度寺善月，落发为大僧。初游庐山圆通，以般若夙熏，谈禅衮衮，老衲多敬异之，颇自以为至。及会宗叔僧智屿者折困之，俾令实参，由是走归宗，依真净禅师。未几真净迁泐潭，而罗汉小南禅师道价鼎盛，往从之。俄而南公化去，师方锐意于道，遽失所从。闻老演大本灵源之道，欲见之而未能决，即炷臂香，祷于像前，志三老之名而探之，得灵源。时灵源首众僧于云居，于是造焉，倾心奉事。虽咨参决择无间，而义象缠心，未能脱洒，灵源尝痛札之，师必引援马祖、百丈机缘及华严宗旨为表佐。灵源笑曰："马祖、百丈固错矣，而华严宗旨与个事喜没交涉。"师愤，欲他往，因造室请辞。比至门，方揭帘，忽大悟，遍体汗下。灵源见而喜曰："是子识好恶矣。马祖、百丈、文殊、普贤，几被汝带累也。"自是投机契会，击节赏音，若合符契。

迨死心禅师出世云岩，灵源遣二三子往佐之。死心迅机逸辩，雷轰电扫，学者莫敢婴其锋。师为侍者，每当机不少让，至差别因缘洞下语句，靡不迎刃而解。死心抚爱之，异乎等辈。及灵源出世太平迁黄龙，师皆枉①焉。去游京浙，历讲肆，学《首

---

①枉：疑为"在"或"往"。

楞严法界观》《圆觉》《肇论》，尤邃于《金刚般若》。

崇宁中，省亲南昌，厥父素诵此经，而未喻其旨。因以精义直注经文之下，俾读之易晓，学者争传之，目为《金刚直解》。死心知之，骂曰："我欲此子荷大法，今乃在三家村里说义学邪。"师闻而笑曰："以法报亲，庸何伤乎？"

显谟朱世英守临川，创昭默堂将迎致灵源，灵源辞以疾，举师代行。朱亦雅闻师名，虚明水以迟其来。师廉知谢曰："若以道相期则可，今尔乃世谛求我矣，请从此辞。"世英钦叹不已。

大观中，洪师范伯履请任①双岭，师宵遁他境，久之归云岩，首众分座，以法施学者。

政和末，大师张司成请出世百丈，嗣法灵源。僧问："如何是宾中宾？"师云："芒鞋竹杖走红尘。"问："如何是宾中主？"师云："十字街头逢上祖。"问："如何是主中宾？"师云："御马金鞭混四民。"问："如何是主中主？"师云："金门谁敢抬眸觑。"问："宾主既蒙师指示，向上宗乘事若何？"师云："昨夜霜风刮地寒，老猿岭上啼残月。"僧请益大随劫火洞然因缘，师以颂答曰："六合倾翻劈面来，暂披麻缕混尘埃，因风吹火浑闲事，引得游人不肯回。坏不坏，随不随，徒将闻见强针锥，太湖三万六千顷，月在波心说向谁。"阅六年，退居西庵。

宣和中，枢密郭公三益帅豫章，与徐公师川合谋，欲师促席论道，以观音致请。师力辞，至三返，不得已赴之。州人以二公之意，盛饰香舆铙鼓，江津候迎。师闻之，即由间道入据丈室。

---

①任：疑为"住"。

而人舆知者，衲子翔集，至数千指。二公每过从，必以微言相滞弥日。稍迁上蓝。

建炎初，郭镇长沙，再迁南岳之法轮。三年六月十一日檀越至，升座。食罢，会大众茶。客退，徐入方丈，令侍者遍告有众，吾且游矣。侍者承命，众未及至，师耸身趺坐，湛然而化。幻住六十有一，僧腊四十二。

师性和易，以慈摄物，不事边幅。得乐说无碍辩才。每患学者不善致问，必自激以启疑。至会心处，亹亹多忘寝食。不畜余赀，寺任一畀执事者，每得人则岁粗给，否则米盐屡空。人或以是少之，师曰："我之所任，佛祖任也，彼屑屑然锱铢是计，顾与流俗何异哉！"后二年，门弟子奉灵骨舍利，塔于百丈之大雄峰。

赞曰：昔张司成师①豫章，命秀峰出世泐潭，草堂开法黄龙，端公出世百丈。是三人盖一时众中巇巇露头角者也。及司成归见庙堂诸公，首言出补获三大士出世。或问："三大士谓谁？"张以其名答之。厥后诸公求外补，必以南州为请，盖欲面见所谓三大士者，故徐、郭二枢相，于百丈也眷眷如此。呜呼！贤者不出世，抑可谓无贤哉！盖知贤而后为贤，吾道滨兹叔世，释子不励行，外护不恤贤，世与道交相丧矣，悲夫！

---

① 师：疑为"帅"，下同。

黄龙德逢禅师（南岳下十四世　临济宗）

禅师名德逢，豫章靖安胡氏子。生而庵①眉颖异，不为童戏，不肯混俗。去依上篮晋禅师，十七得度，受满分戒。晋名重当世，学兼内外。师奉巾匜，颇领其要。辞之泐潭，见干禅师，参扣久之。游吴中，历讲肆，博贯诸部，宿师争下之。尝窃叹曰："出家当究竟死生大事，奚空言之滞哉！"

时灵源禅师出世龙舒，名压丛林，趋往依之。师恃慧辩，与之争锋，不少下。灵源曰："禅止于口吻邪？"师默而负堕，痛自韬晦。久之发明己见，于是不动神色，而鲲化鹏博，盖天匝地，灵源深可之，英声藉藉着丛林间。及灵源迁席黄龙，师侍行。因与死心禅师激昂游戏，死心称之，以为类己。其后楷禅师弘法东都天宁，适师至，命居第一座，分席接衲。未几，楷得罪投临淄，临淄守虚天宁以致师。楷亦以偈招之，略曰："勿谓皇都留便住，也应飞锡向东来。"将命者至，师宵遁南归，庵新吴山中。

政和初，出世云岩，唱灵源之道，宗风盛行。六年，有旨移余杭中天竺，以疾固辞。宣和初，江西帅徐任道请居天宁。阅三年，尚书胡少汲迁任黄龙。时黄龙自老南晦堂、灵源、死心三世授道，天下目为法窟。师以曾孙继席，丛林至今称之，以为能世

---

①庵：疑为"庬"。

其家者。

僧问:"人天普集,龙象交参,学人上来,请师说法。"师曰:"枯木无横枝,鸟来难措足。"进云:"一音才剖人皆委,五湖衲子尽沾恩。"师云:"一句截流,万机寝削。"进云:"锦上添花即不问,毛吞巨海事如何?"师云:"阇黎在里许。"进云:"信手拈来总是禅,铁牛路破赵州关。"师云:"且缓缓。"进云:"古德道,二破不成一,一法镇长存。如何二破不成一?"师云:"逢上座到这里却不知。"进云:"如何一法镇长存?"师云:"三世诸佛舌上生草。"进云:"承闻和尚亲见灵源,是否?"师云:"谁向你道?"进云:"且道灵源鼻孔重多少?"师云:"也知你摸索不着。"进云:"六六三十六,碧眼胡僧数不足。"便礼拜。师云:"何不早恁么?"

法轮实禅师圆寂,师上堂曰:"缅想当年皖水滨,师门同叩几经春,分灯各副全提令,荷众俱为第一人。宝月俄惊收慧焰,昙花何处现迷津。遥知白塔藏云际,千古遗踪孰与邻。大众!起灭全身,去来何有?切忌情中作解,须知净地无尘。诸人还识法轮禅师么?"竖起拂子云:"八字眉分新月样,霜髯白发健精神。"实盖南昌人,于灵源之道最先悟入,生平苦节力道,丛林以头陀名之。六年,有诏移东都报恩,皇叔祖①奏赐命服通照师名。

晴康②建元,乞身南归。枢密郭公三益帅长沙,请居开福。久之得风痹病,益厌纷华,迁小庐山。时兵戈浸扰,师瑟缩以病卧。

---

①原本夹注:仲荣。
②晴康:应为"靖康"。

建炎四年十月己卯,力疾说偈辞众,嘱以火余藏本山之海仓塔。言讫而逝,春秋五十有八,腊四十有一。

　　师严重有威,以弘法为己任,所至丛林勃兴。临事刚决,不少假,虽常所疑密者亦敬惮之。深达教乘,而提纲训徒,未尝及经论一字。特以孤峻门庭,期学者悟彻而后已。初在黄龙,入死心室,灵源以诸子优劣为问,死心曰:"前逢后才,才即佛心,晚乃震耀。"师则早负英望,灵源实倚之兴黄龙宗旨,不幸疾病而早世云。

僧宝正续传卷第四

圆悟克勤禅师（南岳下十四世　临济宗）

禅师讳克勤，字无著，彭州崇宁骆氏子。依妙寂院自省落发，受满分戒。游成都，从圆明敏行大师学经论，窥其奥，以为不足。特谒昭觉胜禅师，问心法，久之法关。见真如喆公，颇有省。时庆藏主，众推饱参，尤善洞下宗旨。师从之游，往往尽其要。尝谒东林照觉，顷之谓庆曰："东林平实而已。"

往见太平演道者，师恃豪辩，与之争锋。演不怿曰："是可以敌生死乎？他日涅槃堂孤灯独照时，自验看！"以不合，辞去，抵苏州定慧，疾病几死。因念畴昔所参，俱无验，独老演不吾欺，会病间即日束包而返。演喜其再来，容为侍者。值漕使陈君入山问法，演诵小艳诗云："频呼小玉元无事，只要檀郎认得声。"师侍侧，忽大悟，即以告演，演语之。师曰："今日真丧目前机也。"演喜曰："吾宗有汝，自兹高枕矣。"师因以是事语佛鉴勤，勤未之信。师曰："昔云高丽打铁，火星爆吾指头。初谓建立语，今乃果然。"勤愕然无以对。

时佛眼禅师尚少，师每事必旁发之，二公后皆大彻。由是演门二勤一远，声价藉甚，丛林之谓三杰。演迁五祖，师执寺务。方建东厨，当庭有嘉树。演曰："树子纵碍，不可伐。"师伐之。演震，举杖逐师。师走避，忽猛省曰："此临济用处耳。"遂接其杖曰:"老贼,我识得你也。"演大笑而去。自尔命分座说法。

崇宁初,以母老归蜀,出世昭觉,久之谢去。于荆州见丞相张无尽谈华严要妙,逗辞婉雅,玄旨通贯。无尽不觉前席。师曰:"此真境与宗门旨趣何如?"无尽曰:"当不别。"师曰:"有甚交涉?"无尽意不平。师徐曰:"古云:'不见色始是半提,更须知有全提时节。'若透彻,方见德山、临济用处。"无尽翻然悟曰:"固尝疑雪窦大冶精金之语,今方知渠无摸索处。"师曰:"顷有颂云,顶门直下轰霹雳,针出膏盲必死疾。偶与丞相意会。"无尽喜曰:"每惧祖道浸微,今所谓见方袍管夷吾也。"

澧州刺史请住夹山,未几,迁湘西道林。初潭师周公囷提举刘直孺愿见师,至是皮相之,不甚为礼。及见开堂提唱,妙绝意表,始增敬焉。

政和末,有旨,移金陵蒋山,法道大振。僧问:"如何是实际理地?"曰:"何不向未问已前荐取。"僧曰:"未问已前如何荐?"师曰:"相随来也。"进云:"快便难逢,更借一问。"曰:"忘前失后。"进云:"若论此事,如击石火。只如未相见时如何?"师曰:"三千里外亦逢渠。"曰:"恁么则声色外,与师相见。"答曰:"穿却鼻孔。"

问:"忠臣不畏死,故能立天下之大名。勇士不顾生,故能立天下之大事。未审衲僧家又作么生?"师曰:"威震寰区,未为分外。"曰:"恁么则坐断十方,壁立千仞。"师曰:"看箭。"

问:"不落因果,不昧因果,是同是别?"师曰:"两个金刚圈。"曰:"沩山撼门扇三下,又作么生?"师云:"不是同途者,智音不举来。"曰:"恁么则打鼓弄琵琶,相逢两会家。"师曰:

"名邈得不□多。"曰:"不得压良为贱。"师曰:"实处道将一句来。"曰:"自从事得潘郎后,也解人前不识羞。"师曰:"速礼三拜。"僧曰:"昔人问投子如何是十身调御,投子下禅床立。意旨如何?"师云:"生铁铸就。"曰:"为什么贪观白浪,失却手桡?"师云:"自领,出去。"问:"只如道明头合暗头合,古德便归方丈作么生?"师拈起拄杖子。进云:"学人拟欲放出,和尚如何抵拟。"师曰:"这野狐精!"

问:"选佛场开,上根圆证,不昧当机,如何指示?"师云:"一超直入如来地。"曰:"不昧本来人,请师高着眼,马大师为什么直下觑?"师云:"顶门上有眼。"问:"一种无弦琴,唯师弹得妙,马大师为什么直上觑?"师云:"暗里能抽骨。"曰:"未审直上觑得是,直下觑底是?"师云:"莫谤马大师好。"曰:"争奈龙袖拂开全体现,象王行处绝狐踪。"师云:"赖有庞居士证明。"问:"句中有眼作家知,向上人来向上提,直下全行摩竭令,愿垂方便接群机。"师云:"不如一个百不知。"曰:"无无①孔铁槌,有甚用处?"师曰:"果然怎么去。"曰:"虽是本分事,未是向上机。"师曰:"撒星火迸独光辉。"曰:"争奈脑后一箭,师救不着。"师云:"又是拖泥带水。"

尝示众曰:"恁么,恁么,双明。不恁么么②,不恁么③,暗。不恁么中却恁么,暗里隐明。恁么中却不恁么,明中隐暗。只如和座子掇却许多建立,总④么犯手伤锋,且道唤作什么?到

---

①疑衍一"无"字。
②疑衍一"么"字。
③疑脱一"双"字。
④疑脱一"恁"字。

遮里高而无上，深而无底，旁尽虚空际，中极邻虚尘。净裸裸，赤洒洒，是个无底钵盂、无影杖子。熊耳山前，少林峰下，老胡九年，冷湫湫地守这闲家具。深雪之中，直得情忘意遣，理尽见徐，方有一个承当。且道双明双暗，双放双收，是建立，是平常？总不与么，也未是极则处。且作么生是极则处？擘开华岳连天透，放出黄河辊底流。"

宣和中，诏住东都天宁。太上在康邸，屡请宣扬。有偈云："至简至易，至尊至贵。往来千圣顶颡头，世出世间不思议。"然是时钦宗在东宫，师对太上预有至尊之谶。

建炎改元，宁相李伯纪表住金山，驾幸维扬。有诏征见，顾问西竺道要。对曰："陛下以孝心理天下，西竺法以一心统万殊，真俗虽异，一心初无间然。"太上大悦，赐号圆悟禅师。乞云居山归老，朝廷厚赆①其行。至云居之明年，复归于蜀，大师王伯绍迎居昭觉。

绍兴五年八月五日示疾，将终，侍者持笔求颂。书曰："已彻无功，不必留颂，聊尔应缘，珍重珍重。"掷笔而化。春秋七十有三，坐五十五夏，谥真觉禅师，塔曰寂照。

初枢密邓子常，奏赐命服、佛果师号。所至士夫过从问道无虚日。师悟门广大，说法辩博，纵横无碍，莫不人人畏服，以为未尝有也。凡应接虽至深夜，客退必秉炬开卷。于宗教之书，无所不读。

初在金陵，大师王彦昭尝请益雪窦所谓三员无事道人孰胜。

---

①赆（jìn）：临别时赠送的财物。

师曰："正尔皆须吃棒始得。"帅意未喻，师诘之，帅以手拍膝。时衲子环拥，师就指曰："此辈倒作此见解焉，能透彻古人知见。"帅不怿而去，寻遣之诗令刻石，师匿之。他日彦昭入山，问诗所在。师曰："昔人赠遗，所以昭德也。今大师特讥刺而已，某敢以非所宜而宜之哉。"帅翻照霁威而去。

既而给事庐赞元代府事入山，题诗有菖蒲海之句。然东汉志有蒲菖海，师就质之。庐颇知误，或劝不应与师臣争诗，恐致祸。师笑曰："吾岂得已哉。前既却王公诗，今新帅虽美句，亦莫敢刻之，故发其误，贵不主意上石耳。"其临机有断如此。

性和易，不事事。晚节道愈尊，而风度无改。或谓当加威重者，师曰："吾佛以慈摄物，等观一切，每任真若此，犹恐失之。况以显晦易其心，而刻薄莅众，岂沙门所为邪！"其雅量廓廓，常退己以让人，故出世主法垂四十年，未始有一犯其规绳者云。

赞曰：吾祖从上来事，以妙悟通宗。然世迫迟暮，邪径日滋，自非龙蟠凤逸之士，极深而研几，则顿辔化城者皆是也。圆悟其至矣乎，道德备而学不厌，名位崇而志益谦，真一代之典刑也。初黄龙、杨岐两宗学者剩有各私，其胜而不相厌。于是灵源大士作《五祖演公正续碑》，所以推之为正续也。至圆悟复能峻其门庭，观其对御，则混真俗于一心，接士大夫游，则罄竭款诚，俾于祖道染指涉流，而人人得其欢心焉。此所以致盛名于天下也，美哉！

宝峰景祥禅师（南岳下十三世　临济宗）

禅师名景祥，建昌南丰傅氏子。父翼终，信州永丰令。母上官，梦入王室，方暑，得壶浆饮之，如甘露，已而孕。又诸父梦绛幡皂纛①，拥一伟丈夫至其家，称塞上将军，翌日而育，师因以塞上翁名之。少警敏嗜学，务记览，于书无所不窥。永丰公亡，追悼罔极，非出世间法无以报，即志舍家。会沙门有琦，说法于灵鹫，往听之，豁有省，遂依之落发具受，遍参知识。最后见大沩喆禅师，资缘契会，遂执侍焉，随入京师。喆公去世，负其骨归葬沩山。夜梦梵僧丈余，授以法句，义甚微妙。师得之研味，心法益明。归临川，得古屋数楹，于人境之外闭影不交人事者十年。

大观中，同参自遵住东林，厚礼致之，命居第一座，分席接衲。未几，泐潭虚席，南昌守张司成雅闻师高道，勤请至。使者四往返，师坚卧不答，因属九江守津遣，乃始赴命。初大沩嘱师，年五十乃可师人。至是五十有四矣。及居泐潭，宗风大振，衲子常五千指，规度严明，礼数雍穆，四方翕然推重，至禀承之，以为丛林华彩焉。

示众曰："凡为善知识，应机利物，须具十智同真。若不具

---

①纛（dào）：古时军队或仪仗队的大旗。

十智同真，则缁素不分，邪正不辨，不堪与人天为眼目，不能决断是非，如车单轮，如鸟只翼，不能高飞致远。何谓十智同真？一同一质，二同大事，三总同参，四同真智，五同遍普，六同是非，七同得失，八同生杀，九同音吼，十同得入。诸禅老祖师言句，横且①十方，天下老僧机缘不少，那一句语是同一质、同大事？什么处是同生杀，乃至同得入？于此拣辨得出，方有衲子本色公验，不为流俗阿师。于此未明无，辨验诸方眼目，不识学者病源。病源不识，则不断疑根。疑根不断，是谓生死根本。放幞不着处，不遇咬猪狗手脚，便将寻常知解劈头罩却，劈脚击②住。谓祖佛出来，无过于此，久参高士，相共证明。晚学初机，无待腊岁穷年，却顾已躬，一无所是，则追悔不及也。"

师居泐潭，垂十年，道望闻于京师。宣和中有旨，移金陵之蒋山。未几，迁九江圆通。岁余，江西帅将夺之主黄檗，师知之，遁入同安山中。二刹迹至其所，争迎致，竟为黄檗得之。建炎末，退归泐潭，庵于秀峰，因以为号。卜终焉计，会期马南渡，避地天台。

绍兴二年，从闽帅大吉山之请，行未越境，为范丞相挽留，奏居鸿福。先是高庵禅师受鸿福命，未及入寺而化。师与高庵素厚善，追继其后，居浮山。相距未阅月，即示疾，出古衲并书，付其嗣法德升。十月七日，趺坐告众而逝，寿七十一，腊五十二。阇维，目睛及数珠不烬。舍利葬本山，分其半塔于秀峰。

初真点胸以迈往不羁之度，超放自如。及其嗣法真如，则玉

---

①且：疑为"亘"。
②击：疑为"系"。

立峭崿，行深履高。生未尝以帛为衣，胁不至席者，逾四十年。师继其道，律己尤严。凡丛林规范，诸方所不能行者，师优为之。生不积余长，殁无完衣。或欲为求章服名号者，则谢绝之曰："借使持来，政堪天明作枕耳。"其法语偈句，辞致浑厚，奄有①作者之风焉。

赞曰：初秀峰在灵鹫为童子时，闻二老宿夜语举古德偈云："征轮轧轧过江南，暂把微躯寄泐潭，秦岭烟沙犹未息，月明空锁定僧庵。"即感悟泣下。老宿问故，答曰："比梦中得此偈，当是前身所为者。"老宿曰："审尔他日，必为泐潭主人。"其后秀峰由泐潭避地天台，终于韶国师庵，果如其言。教称，凡报土皆宿习愿力所现，举有定分，岂不然哉。世以庸妄相乘，区区苟合于声利之末，虽者②且死，而莫之安分者，其闻秀峰之风，益可愧矣。

云居善悟禅师（南岳下十五世　临济宗）

禅师名善悟，生李氏，洋州兴道人也。舍家诵经，得度具戒。凤慧警敏，初闻冲禅师举达磨廓然无圣之语，即曰："我既廓然，何圣之有！"冲奇其语，发之南询，周流舒蕲间，参叩宗匠。抵龙门，见佛眼禅师，闻举云门语云："直得山河大地无纤

---

①奄（yǎn）有：完全具有。
②者：疑为"老"。

毫过患,犹是转句。不见一色,始是半提,更知有全提始得。"师心有契,遂依止焉。

一夕,佛眼谓曰:"汝闻孤鸾对舞乎?昔有二鸾,每对舞,尝丧其一,止不复舞。智者以鉴向之,孤鸾顾见自影辄舞。"师豁然悟。一日,猫执鼠过前,佛眼指以示师。师曰:"皖公山倒。"佛眼喜之,因命分座说法。尝举德山夜参因缘曰:"悟上座今夜亦不答话。或有僧出,只向道:'你许多时向甚处去来?'"佛眼动容曰:"吾高枕矣。"自是道声四驰。

宣和初,出世吉州天宁。明年,徙南康之云居,宗风大振。

师性方严,语不妄发。以身徇众,虽祁寒酷暑,必伴众。夜卧三椽下,有怠堕起不时者,必扣枕以警之。凡方丈服用之具,皆虚设而未尝御也。自号高庵。时泐潭祥禅师,雅自标置,大抵与师德望相埒,而苦节堪忍得众则师过之。

阅七年,圆悟禅师得旨住云居。有敕移师金山,以疾固辞。明年圆悟归蜀,南康守复师云居。寻以兵乱谢去,避地天台,寓居韶国师庵。

绍兴二年,台州得旨,革浮山鸿福寺为禅居,遴选大有道者畀之。郡守以屈师,师固辞,即请于朝。六月命下,师不获已,诺之。时参徒裹粮而从者,尚以百数。

一日,举世尊垂入灭示胸前卍字因缘,乃披襟谓众:"瞻仰取足,无令后悔。"既而曰:"吾衰矣,盖归故山之三塔乎。"僧曰:"方领浮山,奈何?"师曰:"死可以住持而留邪。"僧曰:"几时可去?"师曰:"俟有人提草鞋即去。"曰:"某甲去得否?"师曰:"解插觜即得。"僧曰:"诺,诺。"师笑而止。七月一日,侍者趣办,行师不塔。明日昼寝起,语如平时,遽挥侍僧曰:"去!去!"僧退,少选候之,则已趺坐而逝。住世五十有九,安居四十一夏。灵骨舍利一归云居之三塔,一葬浮山,祀为始祖焉。

白杨法顺禅师(南岳下十五世　临济宗)

禅师讳法顺,绵州魏城文氏子。七八岁时,于夜暗中,视物如昼。父母知其异,因令出家,依香林院奉和得度。游成都,从大慈寺冲悟法师受《圆觉》《起信》。至"若离于念,名为得入",研覃久之,持以问悟。悟虑胡不能决,即勉之游方,参谷隐静觉禅师。大观中,佛眼居龙门,道风籍甚,往依之。竭诚累年,备历遮务,未尝有怠色。一夕,闻举水中盐味、色里胶青,决定是有,不见其形,忽有省。于是离念得入之旨,吻然①玄契。明日入室,龙门问:"真佛在什么处?"师曰:"在不定处。"曰:"既是真佛,为甚不定?"师云:"若定即非真佛。"龙门异之,因问何以及此,师告以实。门诘之曰:"水中盐味、色里胶青,直下作么会?"师曰:"不用更会。"龙门可之。自是酬酢,雷动雨泣,众目骇观。龙门去世,奉舍利入塔已,即首众僧于云居,分座接衲,拂未授手,而户外之屦满矣。

---

①吻(wěn)然:浑然一体。

建炎初，有旨应寺院之为神霄者悉还旧贯，于是漕使张公琮首辟临川之广寿，迎师开法。绍兴改元，太守蒋公宣卿徙住白杨，唯老屋敷楹，不芘风雨，前此住僧侈瘟祠以仰给。师至，首击去之，乃大自激昂，多所树立。未期年，而四方浩然归重，衲子竭蹶而趋之，来者云涌。师不起于座，化卑陋而为宝坊，平居汲汲于接人，垂示勘辨，虽造次不间也。

性鲠介，不苟循时俗，谈道之际，讥诃无所避。或问："东山门下，佛果孤峭，佛眼慈软，二人所得，粗细何如？"师正色曰："法顺于闹市中亲见爷来，汝以软峭粗细为问，无乃谬乎。"其析疑破妄，类如此。

尝示众曰："山僧从旦至暮，手脚不曾停住，东廊走过西廊佛殿，又穿厨库三个。和尚般柴，两个匠人牵锯，佛也理会不得，教我如何来注？露出达磨眼睛，打开白杨门户。大众，不须更著赵州衫，其下脱却娘生裤。"

江西帅李伯纪慕其道，欲一奉见，以黄龙致请。将命者再至，师坚卧不赴。九年五月一日，集众告别。侍者持纸求颂，师曰："吾平日语固多矣，兹尚何言？"因诫左右："今夕鸡鸣即报我。"已而忽自闻开静钟，遂大喝一声。左右惊视之，则已跏趺而逝，阅世六十四，坐四十六夏。火余，目睛齿舌顶骨及所持数珠不烬，舍利五色，塔于寺之西隅。

师退然才中人，而神观爽迈。操守坚正，善为偈句，肆笔立成，既卓有声誉。道方盛行而未艾，遽尔去世，四方衲子识与不识，靡不伤感至泣下，其得人心如此。

赞曰：枢密徐公师川曰："善哉！道师明眼而安步方号，足目俱到,则高庵之所以为兄,白杨之所以为弟也。"诚哉斯言!详观高庵俨临巨刹,卑躬力道,唯众是亲。白杨荒村废寺,激昂崛起,而名跨一时。然二公弘法,俱不满十载而风教言言,虽百世尚可想见其眉宇。呜呼!盖循道而亡,私之效也。比夫异时怙势肆奸、刻众奉己者,何殊粪壤哉!

僧宝正续传卷第五

草堂①善清禅师（南岳下十三世　临济宗）

禅师讳善清，生何氏，南雄保昌人也。依香林寺法恩试所习，得度具戒。年三十，始游方。依黄龙晦堂禅师，久之有悟献颂。晦堂曰："得道易，守道难。守道犹在己，说法为人难。吾宗一句中具三玄，一玄中具三要，有玄有要，向后自看。"师复立成一颂，有"刹刹尘尘奉此身"之句。晦堂可之。

去游江浙，遍叩宗匠，退归庐山，见真净禅师。问："甚处来？"曰："下江。"净曰："将得什么来？"曰："和尚要什么？"净曰："一切要。"师提起坐具。净曰："闲家具。"曰："莫要急切底么？"净曰："试拈出看。"师撼一坐具，净骇异之。

会死心出世，灵源走书招之，俾辅佐死心。师奇庞福艾刚，严有识度，凡死心由翠岩，再住云岩，迁黄龙，师皆在焉，率居第一座，分席接衲。与死心周旋，垂二十年，闻见淹博，机辩绝伦。政和五年，死心去世。大师张司成请师继席开法，唱晦堂之道。时黄龙号称法窟，多奇杰之士。

师上堂曰："昨日林间为野客，今朝堂上住持人。放开捏聚全由我，万像之中独露身。"越明年，谢院事，结茅寺侧，自号

---

①草堂：原为"宝峰"，为与目录一致而改。

草堂。久之再住。上堂曰:"掩息茅堂过六冬,心忘境寂万缘空,不知幻业从何起,依旧令教振祖风。"

建炎末,避地临川。太守蒋宣卿请居曹山,迁疏山。绍兴五年,以院事畀得法弟子了如禅师,乃遂闲居。然接物无倦,学者奔趋之唯恐后,道价遂为天下第一。南昌帅张参政闻风而悦,患不能致。会枢密徐山过洪,相与虚泐潭以起,师时年八十有三,辞避甚力,而敦请之礼有加,不获已而赴。大师就请说法于州之东山,倾城拥观,叹未曾有。及居泐潭,学者不约而自治,不化而自行。未期年而庬鸿绝特之士至自远方者五千指。军兴之后,丛林未有若此之盛。

十二年正月晦日,出衣盂唱之,付以后事。明日端坐而化,住世八十有六,坐六十夏。烬余目睛不坏,灵骨舍利塔于黄龙。每对重客,或语以世故,则张目直视,久乃厉声曰:"老僧耳重。"及受参入室,应机酬酢,电击星驰。虽初机学者,且莫咨扣,未始有厌色,犹日诵《般若心经》一藏,其弘道力法,老而益勤如此。

大沩善果禅师(南岳下十五世 临济宗)

禅师讳善果,信州铅山余氏子。依七宝院元浃,得度具戒。梵相奇古,广颡隆准。少慕祖道,初至鹅湖,宴坐禅堂。闻二童子戏争蒲团,其一举起云:"你道不见遮个是什么?"师恍然有省。

及游云居,偶禅者自黄龙来,因问死心老每以何等语接人。禅者曰:"常举云门问僧:'光明寂照遍河沙,岂不是张拙秀才语?'僧云:'是。'门云:'话堕也。''何者是话堕处?'"师闻之,豁然大悟,即趋黄龙,门可属死心谢事,指见开福宁道者。师至开福,师资契会,宁深奇之,延入藏。于时开福衲子五千指,宁垂入灭,独以麈尾授师。语在《宁传》。师膺最后付托,隐迹道林。会圆悟禅师来主席,颇闻师名。一夕分半座俾说法,师举乾峰法身话,剖判绝出意表。圆悟嗟赏久之。自是道价益着。

宣和初,潭师曾孝序命出世上封,开宁公法要。时龙牙才禅师法席颇盛,每答话多称苏噜。一日同诸老会于府帅曾公之席,公曰:"龙牙答话,每称苏噜,意旨如何?"诸老相视,莫有对者。师越席而前曰:"某适有语。"公叩之,师曰:"龙牙答话只苏噜,为问诸人会也无,昨夜虚空开口笑,祝融吞却洞庭湖。"曾公大悦,一座尽倾。

迁道林道吾,福严宗风鼎盛,法席常冠诸方,室中妙于接人。每举云门张拙秀才话勘验学者,临机与夺,莫测端倪,天下共高之,自号月庵,湘中士大夫多从之问道。

绍兴九年,枢密张公德远抚七闽,请住鼓山,未至,改黄檗,迁东西二禅。阅十年,颇厌闽俗,雅意江外多衲子。会台之万年、婺之双林、潭之大沩,皆虚席。三郡争致请,而长沙尤力。师曰:"潭,吾旧游也,吾乐之。"遂赴命大沩。

二十二年正月十八日,出衣盂卑执事者,制五百应真像。明日沐浴更衣，集众告别。手书伽陀曰："要行便行，要去便去，撞破天关，掀翻地轴。"停笔而化，阅世七十四，坐五十一夏，塔全身于沩源之西峰。

师性刚直，处己简约，律众严明。凡迁巨刹，皆当世贤公卿屈礼致请，丛林服其得人之盛。

赞曰：草堂得死心作用而不忘晦堂，月庵闻死心语发明而造宁公之室。死心宗胤遂不续，惜哉！然草堂初出龙山，迁白云，遭世多艰，未有成绩。及晚居泐潭，道大盛而去世，遂振宗风于天下，则晦堂弘道之嘱验矣。月庵出世逾三十年，八迁巨刹，未尝一日退居。搥拂之下，围绕常数千指，则开福麈尾之授，何其效欤！《易》曰"视履考祥"，予于二老父子授受之际得之矣。

护国景元禅师（南岳下十五世　临济宗）

禅师名景元，永嘉楠溪张氏子。依灵山院希拱，年十八剃度为大僧。习天台教，通其说。弃之游方，参蒋山圆悟禅师。一日闻傍僧举死心小参语云："既迷须得个悟，既悟须识悟中迷、迷中悟，迷悟两忘，却从无迷悟处建立一切法。"谛味久之，因起行次，豁然有悟，即以告圆悟，圆悟喜之，由是容为侍者。阅十四年，咨参决择，洞然无间，而机锋卓绝，众以聱头目之。圆悟将归蜀，遽问曰："向后有人问你，作么生道？"师抚傍僧背曰：

"和尚问你,何不只对?"圆悟大笑。已而袖木锦①僧伽黎授之而别。

绍兴初,归隐旧邦。括仓守龙学耿延禧命出世仁寿,迁连云,晚住真如,徙护国,衲子拥随,法席日盛。

师说法超格,量绝蹊径。问:"学人上来,请师相见。"师曰:"札。"问:"如何是相见底事?"师曰:"你眼在左边右边?"进曰:"恁么则万机休罢,正眼顷开。"师曰:"杲日当天,盲人摸地。"问:"相见与未相见时如何?"师云:"一时穿却。"问:"忽遇上上人来,又作么生?"师云:"列向三椽下。"问:"还许学人承当也无?"师云:"兵随印转。"

问:"如何是临济宗?"师云:"杀人活人不眨眼。"曰:"如何是云门宗?"师云:"顶门三眼耀乾坤。"曰:"如何是沩仰宗?"师云:"推不向前,约不向后。"曰:"如何是法眼宗?"师云:"箭锋相拄不相饶。"曰:"如何是曹洞宗?"师云:"手执夜明符,几个知天晓。"曰:"向上还有路也无?"师云:"有。"曰:"如何是向上路?"师云:"黑漫漫地。"

问:"高揖释迦,不拜弥勒时如何?"师云:"三十棒且待别时。"僧礼拜,师乃云:"释迦、弥勒尚是他奴,且道他是阿谁?是则是,护国则不然,坐立俨然,顶天履地,十二时中,硜着磕着,复是阿谁?还知么?着力今生须了却,莫教累劫受沉沦。"

题如是轩颂曰:"拈却瞿昙闲露布,掀翻诸祖葛藤窠,只将如是当轩挂,铁额铜头不奈何。"

---

① 木锦:疑为"木绵",其他佛典中为"木绵",一种树花,似柳絮。

示禅者颂曰:"棒头取证犹劳力,喝下承当未足奇,拨转顶门宗正眼,须教佛祖浪头低。"

十六年正月九日,被微病而逝,塔于本山,寿五十有三,腊三十有五。

师资度丰硕,如世所画布袋和尚者,故人以之为称。深得圆悟机用而力行之,天下方想闻其风彩,不幸早世,议者惜之。

云居法如禅师(南岳下十五世　临济宗)

禅师名法如,台州临海胡氏子。依护国瑞禅师,祝发受具。遍参两浙宗匠。闻佛眼禅师居龙门,道价甚重,不远千里造焉,以力参所得质之。佛眼曰:"此皆学解,非究竟事,欲了乚死,当求妙悟。"师骇然,谛信其语。居一日,命为典座,师固辞以道业未办。佛眼勉之曰:"姑就职,是中大有人为汝说法。"未几,晨兴开厨门,望见圣僧,豁然有省,入见佛眼曰:"遮里还见圣僧么?"师于其前问讯,叉手立。佛眼肯首曰:"向汝道,大有人为汝说法。"又尝问曰:"天台石桥夜来倒了也。"师遽捉住佛眼。佛眼曰:"作么?"师曰:"又道石桥倒。"佛眼深可之。

后造圆悟禅师室。问:"汝只参佛眼,为复别见人来?"师曰:"亦曾见一人来。"曰:"是什么人?"师以手指胸曰:"法如。"圆悟曰:"汝所见只一星许。"师曰:"已是多也。"

高庵悟禅师与圆悟相继主云居,皆推师为第一座,分席接衲，学者亲之。

建炎初，上蓝虚席，洪帅胡直孺命出世，唱佛眼之道。未几，虏骑传城，隐于白水庵。会云居烬于劫火，绍兴初四易主者，皆以艰难遁去。漕使曾公纡乃以属师，由是宗风大振。

师识量冲廓，机变如神，见者靡不詟伏①。至于说法莅众，辞气粹温，旌礼贤者，奄有古尊宿之体。阅十余年，幻出宝坊，靖深壮丽，冠绝江表，师益谦损，不自以为功，识者以此高之，且以为弘觉再来也。

十六年三月十五日示疾，升座别众。又十日沐浴更衣，手写法偈，端坐而化。世寿六十七，僧腊四十二。火灭得舍利，合灵骨瘗于三塔。

真牧正贤②禅师（南岳下十五世　临济宗）

师讳正贤，潼川郪县陈氏子，本朝三陈之后。依三圣院海澄，得度具戒。游成都大慈寺，从重透法师听经论般若。夙悟凡典籍，无巨细，过目成诵，义亦顿晓。每有诘难，宿师高坐皆莫能答。谒正觉显禅师，一见知为众称经藏子者，大喜之。嘱令负荷正法眼。

会圆悟禅师出世昭觉，造其室，闻举洞山麻三斤话，言下有

---

①詟（zhé）伏：因恐惧而不敢动弹。
②真牧正贤：原为"云居真牧"，为与目录一致而改。

省。圆悟勉之南询,即出关氏黄龙,参死心。时灵源居昭默堂,往来咨扣。久之趋宝峰,见湛堂,深蒙肯可而疑未决,遂造龙门。佛眼一日室中举殷勤抱得旃檀树,师豁然大悟。佛眼可之曰:"经藏子漏逗了也。"自是间与师商略法藏渊奥,至会心要处,亹亹无尽,佛眼必称善,手书真牧,授以为号。其后再见圆悟,嘉其大成,或曰拖犁拽耙去。师内负多闻,外峻戒节,洎发明大事,愈益韬晦。

绍兴初,妙喜以所居云门庵委师。继踵云门,迥绝人境之外,衲子裹粮从之。师每说法之暇,躬自荷锄播殖,清规凛然。紫微韩公驹钦重风道,赠以诗,略曰:"上人一口吞诸佛,肯顾世上群儿愚。"又曰:"不须领众强自苦,一庵高卧真良图。"圭竹庵每称必曰龙门一麟耳。

十九年,南康归宗虚席,太守以礼致请,师坚卧不应。宝文李公公懋,尝问道于师,因就见同邑官协诚敦勉,不得已赴之,嗣法佛眼。

僧问:"选佛场开,愿闻法要。"师云:"三通鼓罢,一炷沉烟。""与么□则皇恩、佛恩一时普报。"师云:"脚跟下事作么生?"云:"学人礼谢。"师云:"十万八千未是远。"

问:"久默斯要,已泄真机,学人上来,请师开示。"师云:"耳朵在什么处?"曰:"一句分明该万像。"师云:"分明底事作么生?"曰:"台星临照,枯林曰春。"师云:"换却你眼睛了也。"曰:"法灯和尚道:'本欲深藏岩穴,隐遁过时,盖为清凉有未了公案,出来为他了却。'此意如何?"师云:"铁额铜头未透关。"曰:"果然作家。"师云:"放你三十棒。"曰:"当时有僧出云：'如何是清凉未了底公案？'法灯云：'祖祢不了，殃及儿孙。'諵讹在什么处？"师云："一言截断千差路。"曰："佛眼和尚道，'本欲抛掷岩阿，混同沙砾，苦为诸人敦逼，不免细说来由。'且道与法灯是同是别？"师云："你向什么处见佛眼？"曰："千圣同归一路行。"师云："退步翻身子细看。"曰："既到遮里，如何是佛眼未了底公案？"师云："脑后看取。"僧礼拜。师乃云："若向这里承当得彻，有什么事？看他玄沙不出岭，宝寿不渡河，得个什么便千休万□歇去？云岩在百丈二十年，长庆在雪峰二十年，失个什么便尔千辛万苦难会去？须知得无所得，失无所失。释迦老子也只道：'我于然灯佛所，实无一法可得，然灯佛即与我授记。'"遂举拂子云："无量诸佛尽在拂子头上，为大众证明成佛了也。若唤作拂子，即被拂子碍。若不唤作拂子，亦被拂子碍。还透得么？如今有异方便，令大众普皆成佛去。"乃云："若唤作拂子，于法得自在。若不唤作拂子，亦于法得自在。还承当得么？"良久云："弹指圆成八万门，一超直入如来地。"

又曰："第一句如何道？汝等诸人，若向世界未成时、父母未生时，佛未出世、祖师未来时道得，已是第二句。第一句如何道？直饶你十成道得，未免左之右之。所以万法本闲，而人自闹。文殊堂里万菩萨即不问你，且道东海波斯鼻孔长多少？"

上堂，横柱杖云："拄杖子横也，横亘十虚，包裹六趣。"复竖云："拄杖子坚也，上穷碧落，下透风轮。"良久云："不如休去便休去，欲觅了时无了时。"掷拄杖，下座。

上堂，良久云："大众作么生，若也拟议，贤上座瞒诸人去也。打地和尚嗔他秘魔岩主擎个叉儿,胡说乱说,遂将一搥成齑粉,散在十方世界,还知么?"举拂子云:"而今却在拂子头上说'一切智智清净,无二无二分,无别无断故',还闻么?阎老子知得。"遂云:"贤上座你若相当去,不妨奇特。或不相当,总在我手里。只向他道,阎老子你也退步摸索鼻孔看。"以拂子击禅床,下座。

下堂,嘘两噁却大笑,又嘘一噁,乃云:"笑复嘘,复复笑,清谈哑子高噁叫。嘘复笑,笑复虚,蟭螟眼里马拖车。"拈拄杖云:"只遮从来无影杖不相于处也,相于大众如何?"良久云:"直须师子吼,莫作野干鸣。"

阅五年,迁云居,法席之盛,卓冠诸方。衲子争为宣力,作新栋宇。一时贤士夫质疑问道,而参政张公寿法偈往还倡和,相得尤深。

二十九年七月五日,升座辞众。明日唱衣置供。又明日就浴更衣,遍访诸徒,勉以道。九日斋毕,集主事垂诫,末后跏趺而寂,寿七十六,腊五十七。阇维舍利五色,合灵骨藏云居之东、塔云门之汤源。

师皃①古而气刚,志大而心慈,平居若不能言者。至排邪破妄,决择宗乘,得乐说无碍辩才,浩然不见其涯涘。初居云门,峰顶高寒,草庐穿穴,雪霜满床,处之垂二十年,裕如也。晚移云居,法席日盛,遮务繁剧。师提纲振领,应机酬酢,迎刃而解。至于常住之物豪②发不□用,虽自所得衬利,犹以三分之一

---

① 皃(mào):同"貌"。
② 豪:古通"毫"。

归之常住，以补陪涉之费。出则芒鞋竹杖，居则弊衣粝食。其孤节苦行，以身律众，大抵与高庵相埒。而精严奉法，卑躬下人，毕世不易其度。著《华严指南》、《宝藏论发隐》、《补僧史八书笔论》一编、《语录偈颂》一卷，行于世。

赞曰：愚初著《佛运》《通鉴》二书成，即以呈师。答曰："比览《佛运》，甚详。《通鉴》亦有史体。承谕有劝，吾兄将为三教统纪。鄙意辄究之，虽及年代治乱迁革，以至儒宗、道教贤哲出没之迹，然非纪二教，但约其时以明佛运耳。拙意欲吾兄去却图字，标为《佛运统纪》，以对《释氏通鉴》，不亦宜乎！"又曰："深喜吾兄此段有补于宗教，至矣。大率佛祖闲邪御侮，不必与之竟，但伸自理，彼自破矣。昔雁门法师超悟高忘如此。"及《正续传》复以寄，答曰："辱寄《僧宝正续》，即勉病披昧，足见吾兄孜孜于此道。前传所遗而能拾以补之，亦法门之大者，更俟参昧其间妙处，当以为师也。"呜呼！师之言论，风旨笔墨，具在其宏范真风，昭融法通。虽片言只字之间而体致如此，辄击之于篇，遮①几具眼者知所为书，无欺于神明焉。噫！师之亡也，正法眼藏不在兹矣夫。

---

①遮：应为"庶"。

僧宝正续传卷第六

鼓山士圭禅师（南岳下十五世　临济宗）

师名士圭，城都史氏子。世业儒。师幼而明敏，年十三，依大慈寺宗雅首座落发具，授大慈号。四川学海，师执经讲筵，志在《楞严》。

阅五祀，伯父持一居士勉之南询。即出关，谒玉泉勤云、盖智百丈、肃灵源清。所至参承，皆蒙咨揖。晚依百丈归正首座正，博贯内外典籍。一日，正语以龙门佛眼道德，师闻而悦之。即自百丈历东吴，观光保社，寻抵龙门，以咨参所得扣之。佛眼曰："汝解心已极，只欠着力开眼耳。"令主堂司。一日问曰："绝对待时如何？"佛眼曰："如汝僧堂中白槌相似。"师罔措。至晚，复举前问。佛眼曰："闲言语。"师于言下顿释疑情。曰："东山铁酸馅，今而后不复疑也。"自是师资缘契，决择ヨ臻玄奥。

政和末，佛眼被旨迁褒禅山，师佐其行。和守钱公请开法天宁，唱佛眼之道。佛眼谢褒禅，钱复请于朝，以师继其席。

阅七稔，九江守赵公移师东林，未几胡马南渡，退居分宁之西峰，结茅于寺旁竹间，号竹庵。有偈曰："种竹百余个，结茅三两间，才通溪上路，不碍屋头山。黄叶水去住，白云风往还，平生只如此，道者少机关。"

及圆悟禅师归蜀,送别次,圆悟剧称杲妙喜,师恨未之识。俄避地造仰山,适妙喜亦至,遂相与定临济宗旨,偕还南康之云门庵。妙喜曰:"昔白云端师公谢事圆通,约保宁勇禅师夏居白莲峰,作《颂古》一百一十篇,有提尽古人未到处,从头一一加针锥之语。吾二人同夏于此,虽效颦无愧也。"遂取古人公案一百一十则,各为之颂,发明蕴奥。不开知见户牖,不涉言语蹊径。其颂女子出定话,曰:"不假文殊神通,不用罔明弹指,尔时灵山会中,女子从定而起。"临济见僧入门便喝,颂曰:"一喝喝上四禅天,临济元来不会禅,尽道朝阳生户外,不知夜月落阶前。"德山见僧入门便棒,颂曰:"棒下真鍮①不博金,德山彻底老婆心,后人只看波涛涌,不见龙王宫殿深。"芭蕉拄杖子话,颂曰:"绵州附子汉州姜,最好沉梨出麝香,鲁子师僧才一嗅,鼻头裂破眼睛黄。"若此类,皆奇作也。

已而入闽,闽帅参政张公宋以圣泉处师,稍迁乾元。俄给事张公致远移师鼓山,授道元余,创新栋宇。尝示众曰:"巧说说不到,心思思不及,命断眼豁开,半钱也不直。"

又曰:"不拥其前,不遮其后,上下四维,七通八透。正当恁么时如何?八十翁翁行不得。"

又曰:"目击道存,已涉文彩,执鞭回首,未免途程。直向混沌未分时明白,父母未生时现成,翛然不落阴界,自由自在。当怎么时如何?踏着关捩子,处处得逢渠。"

又曰:"正当明时,如王宝剑。"卓拄杖,下座。

---

①鍮(tōu):一种黄色有光泽的金属。

又曰:"玄路绝,如解开口说话。圣量尽,方得不受人瞒。玄路不绝,只是说道理。圣量不尽,依前落路岐。"

丞相张公德远出师七闽,一日谓僚属曰:"越山当福城三山之中,院独废绝,非老禅不能办。"即以属师。不数月,殿阁崇成。他日丞相游鼓山,目其成绩,遂迎师复归鼓山。是时闽中法道最盛,盖自师与真歇、净照数公振发。

绍兴甲子,有旨移雁山能仁,为第一代。乙丑蒙恩,住龙翔新寺。

丙寅秋七月十八日,得旨谢院事。明日汤浴更衣,声钟集众,师步至众集处,方趺座,泊然而逝,寿六十有四,腊王十有一。火余舌如红莲色,并二牙不烬,舍利不胜数,门人奉遗命归之鼓山寿塔。

师风姿奇厐朗润,声如钟,学兼内外,谈论衮衮。操持宗柄断断然,久益严严。与贤士大夫游,几半天下,皆一时宗奉祖道、外护佛乘者。晚居鼓山,自号老禅。书揩遒①媚,尺牍所传,人以为宝。其所为禅家四六及五字句皆精绝,自成一体,世多传诵。有《语录》行于世。

赞曰:大慧禅师尝题师画像曰:"赞叹竹庵也是妙喜,骂詈②竹庵也是妙喜,赞之骂之,各有所以。赞之者,为渠具衲僧正眼。骂之者,为渠浸在醋瓮里。"或曰:"如竹庵之为宗师也,不可赞,不可骂,精金美玉,自有定价,赞之骂之,徒增话把。妙喜闻之,笑而不答,但拊掌叩齿三下,从渠钻龟打瓦。"世以为

---

①遒:古同"遒"。
②詈(lì):恶言恶语侮辱人。

确论。予谓近代宗师涉世交公卿大夫,言行相副,全节自高,宏法有体,由灵源佛鉴而后,竹庵其贤哉!

径山宗杲禅师(南岳下十五世 临济宗)

禅师讳宗杲,宣州宁国奚氏子。幼警敏有英气。年十三,始入乡校。一日与同窗戏谑,以砚投之,误中先生帽,偿金而去,乃曰:"读世书曷若究出世法乎?"即诣东山慧云院出家。

先是元丰戊午,院塑释迦像,有异人丁生者语寺僧曰:"立像一纪,当生一道师,大兴宗教。若像有难,是人方来,像毁,则是人亦有难。"

崇宁甲申,有盗穴像腹,取其所藏。师以是岁适至,事慧齐为师,明年落发受具。由是智辩自将,凌跨流辈。阅古《云门录》,恍若旧习。闻老宿绍珵久依天衣怀公,亟往上谒,与闻雪窦奥旨。

趋宝峰湛堂准禅师,见师风神爽迈,特加器重,使之执侍,指以入道捷径。师横机无所让,准呵之曰:"汝未曾悟,病在意识颂解,则为所知障。"时李彭商老参道于准,师适有语曰:"道须神悟,妙在心空,体之不假于聪明,得之顿超于闻见。"李叹赏曰:"何必读四库书,然后为学哉!"因结为方外交。准将入灭,师问:"孰可依从?"准以圆悟勤公语之。

已而重趼荆渚,谒无尽居士张公,请铭准塔。公道望倾天下，师登其门，承颜接辞，绰有余裕。公称誉之，为名庵曰妙喜，字以昙晦。归宝峰，讫其事，复见无尽，从容问曰："居士谓我禅何如？"公曰："子禅逸格矣。"师曰："宗杲实未自肯在。"公曰："行见川勤可也。"于是佩服其言，放浪襄汉。会大阳微禅师，密授曹洞宗旨。寻游东都。

宣和六年，圆悟禅师被旨都下天宁。师自庆曰："天赐我得见此老，不孤湛堂张公指南之意。"遂迨天宁。及聆其升堂法要，迥异平日所闻，即倾心依附。

阅四旬，圆悟举僧问云门："如何是诸佛出身处？"门云："东山水上行。"若有人问天宁，只向道，熏风自南来，殿阁生微凉。于言下豁然顿悟。圆悟大喜，迁师择木堂，以古今差别因缘，密加研练。

一日，圆悟饭超然居士赵公，师预坐，忽忘举箸。圆悟顾师而语超然曰："是子参得黄杨木禅也。"师既为所激，乘问之曰："闻和尚尝问五祖话，不知记其答否？"圆悟曰："向问：'有句无句，如藤倚树，作么生？'五祖云：'描也描不成，画也画不就。'又问：'树倒藤枯时如何？'五祖云：'相随来也。'"师廓然脱去，知见玄妙。圆悟深可之，使掌记室。著《临济正宗记》畀焉，分座令接衲。由是以竹篦应机施设，电闪星飞，不容拟议，丛林活然归重。右丞吕公舜徒奏锡佛日之号。

虏人犯顺，欲名僧十数比去，师为所挟。会天竺密三藏，日与论义，密尤敬服。寻得自便，趋吴门虎丘。闻圆悟迁云居，欲往省觐。道金陵，待制韩公子苍与语，喜之，以书闻枢密徐公师川曰："顷见妙喜，辩慧出流辈，又能道诸公之事业，衮衮不倦，实僧中杞梓也。"抵云居,为众第一座,讥诃佛祖,辩博无碍,圆悟亦让其雄。

会世优攘,入云居之西,结庵于古云门寺基,因以为名。阅二年,避地湖湘,转仰山,邂逅竹庵圭禅师,相与还云门,著《颂古》百余篇。

久之游七闽,居海上洋屿。师闵诸方学者困于默照,作《辨邪正说》以救其弊。

泉南给事江公,创庵小溪,延请师居,缁素笃于道者毕集。未半年,发明大事者数十人,鼎需、思岳、弥光、道谦、遵璞、悟本等,皆在焉。一日参政李公汉老,闻举庭柏话有省,师可之。及公疾革,作偈寄弥光,有"深将法力荷云门"之句。

师平居绝无应世意,圆悟在蜀闻之,嘱丞相张公德远曰:"杲首座不出,无可支临济法道者。"公寻还朝,适径山虚席,必欲致师。师幡然起赴,开法于临安府,洽唱圆悟之道。说法竟,侍郎冯公济川问曰:"师尝言不作这虫豸,今日为什么败阙?"师曰:"尽大地是个杲上座,你作么生见?"公无语。及居径山,四方佳衲子靡然坌集,至一千七百。师无他约束,容其自律,发明己见,率常有之。

上堂,僧问:"逼塞虚空时如何?"师便喝。进云:"文殊、普贤来也。"师云:"逼塞虚空,甚么处与径山相见?"僧亦喝。师云:"文殊、普贤为甚在你脚跟下过?"僧拟议,师便打。

问:"高揖释迦,不拜弥勒时如何?"答曰:"梦里惺惺。"进云:"将谓和尚忘却。"师云:"你记得,试道看!"进云:"虽道不得,要且不失。"师云:"元来不会。"进云:"从上来事,分付阿谁?"答曰:"分付瞎汉。"进云:"临济一宗,全凭其力。"师云:"且喜不干你事。"

问:"与万法为侣者是什么人?"答:"是天上天下奈何不得底人。"进云:"为什么在径山座下?"答曰:"家无小使,不成君子。"

问:"一夏百念日已满,出门或有人问:'如何是径山道底?'且作么生答他?"师云:"径山曾说甚么来?"进云:"争奈唤作竹箆则触,不唤作竹箆则背。"师云:"你作么生会?"僧便喝云:"三十年后大有人笑在。"师云:"何必三十年后,只今大有人笑你。"乃示众曰:"寻常向诸人道:'唤作竹箆则触,不唤作竹箆则背,不得向举起处承当,不得向意根下卜度,不得下语,不得良久。'或有人问:'毕竟如何?'即向他道:'也无毕竟,也无如何。'正当恁时,四楞塌地,掇在诸人面前,眼辨手亲底一逴逴①得去,便能罗笼三界,提拔四生。其或未然,自是你诸人根性迟钝,且莫错怪径山好。"

师居数年,法席日盛,宗风大振,号临济中兴焉。张侍郎子韶从师之游,洒然脱去玄解,遂尊以师礼。时慧云院忘丁生之谶,毁释迦故像而新之,实绍兴辛酉夏五月也。师于是月,坐与张厚善,着逢掖编置衡州,廖通直李绎为结茅圃中。师既询文,不与众俱,率令散处。花药、开福、伊山,时容其受道,门庭益峻,乃裒②先德机缘,间与拈提,离为三帙,目曰《正法眼藏》。

前参政李公太发时居铎津,翰林汪公彦章税驾零陵,数通书

---

①逴(chuō)逴:愈走愈远的样子。
②裒(póu):集聚。

问道。当轴者滋不悦。移师梅州,其地荒僻瘴疠,药物不具,学徒百余,赢粮从之。阅六稔,毙者过半,师以道处之怡然。由是居民向化,至绘师像,饮食必祀焉者有之。

乙亥冬,蒙恩北还。明年春,复僧伽黎,寻领朝命,住明州育王山。逾年有旨,改住径山,天下宿衲,复集如初。时上潜藩,雅闻师名,遣内都监诣山问佛法大意。师升堂有偈云:"豁开顶门眼,照彻大千界,既为法中王,于法得自在。"仍作颂献曰:"大根大器大力量,荷担大事不寻常,一毛头上通消息,遍界明明不覆藏。"上嘉美,久之建邸立,复遣内知客入山供养五百应真,请师说法,亲书"妙喜庵"大字,并制赞宠寄曰:"生灭不灭,常住不住,圆觉空明,随物现处。"

师升堂有偈曰:"十方法界至人口,法界所有即其舌,只凭此口与舌头,祝吾君寿无间歇。亿万斯年注福源,如海滉漾汞不竭。师子窟内产狻猊,鸑鷟定出丹山穴。为瑞为祥遍九垓,草木昆虫皆欢悦。稽首不可思议事,瑜如众星拱明月。故今宣扬妙伽陀,第一义中真实说。"

师春秋高,求解寺任。辛巳春,得旨退居院之明月堂。然宏法为人,老而不倦。上即位,特赐号大慧禅师。

隆兴建元,自恣前一夕,有星殒于院之西,流光赫然,有声如雷,师示微疾。八月九日,学徒问候,师勉以宏道,徐遣之曰:"吾翌日始行。"至五鼓,亲书遗奏,侍僧固请留颂,为写四句,掷笔就寝,湛然而逝。寿七十有五,塔全身于堂之后。寻诏所居为妙喜庵,谥曰普觉,塔曰宝光。

师荷佛祖正续,全体作用,扫除知见,无法与人,虽古宗师，无以加之。殆其纵无碍辩，融通宗教，则奄有圆悟之风。是以高峻门庭，容摄多众，若海涵地负，绰绰有余。至于棒喝讥诃，戏笑怒骂，无非全提向上接人，第学者难于凑泊耳。其阔略宏度，脱去绳捡。所至学徒趋事，虽崭崭露头角，号称诸方领袖者，师目使颐令，如侍执然。所为偈赞颂古，绝妙古今。与贤士大夫往复论道书，并上堂普说法语，凡五帙行于世。

赞曰：近世吕公居仁尝谓："赵州说禅，如项羽用兵，直行径前，无复辙迹，所当者破，所摧者服。非如他人铢称寸度，较量轻重，然后以为得也。"予观大慧说禅，抑居仁称赵州者是矣。凡中夏有祖以来，彻法源，具总持，比肩列祖，世不乏人。至于悟门广大肆乐，说无碍辩才，浩乎沛然，如大慧禅师得非间世者欤。盛矣哉！其应机作略，能奢能俭，能崄能易，能纵能夺，机机尽善，扃①扃皆新。此所以风流天下，名动九重，号称中兴临济，不是过也。洎其去世，未几道价愈光，法嗣日盛，天下学禅者仰之如泰山北斗云。

福严文演禅师（南岳下十三世　临济宗）

师讳文演，成都新都县扬氏子。年十八，依广寿院子安，得度具戒。游大慈寺，习经论，久之谒正法明禅师，闻举云门糊饼

---

① 扃（shǎng）：门上的环钮。

话有省。见雅首座雅有道行,指见昭觉圆悟禅师,机缘密契,了彻末后大事。圆悟去世,师出关,首谒径山妙喜,相得尤深。

次游南岳,首众僧于福严。会勾龙遹使摄潭师,命出世智度,唱圆悟之道。

僧问:"一喝分宾主,照用一时。"行语未终,师便喝,僧亦喝。师连两喝,僧作掀倒禅床势。师拈拄杖,僧归众。师云:"识休咎。"

问:"如何是定林正主?"答:"坐断天下人舌头。"曰:"未审如何亲近?"答云:"觑着则瞎。"僧礼拜。师云:"放你三十棒。"

问:"学人上来,请师相见。"师云:"三要印开。"进云:"功不浪施去也。"答:"见什么个?"进云:"宾主俨然。"答:"未是向上行履。"问:"如何是向上行履?"答:"千圣立在下风。"进云:"向上向下岂不是建立门庭?"答云:"唤钟作瓮。"进曰:"作么生是建立底道理?"答:"我不见我,心不见心。"进曰:"得怎么那?"答:"真的始得。"

又增①礼拜,起云:"请师答话。"师云:"一念不生全体现。"进云:"达磨面壁太分明。"答曰:"望空启告。"进云:"何得压良为贱。"答:"权衡在手。"进曰:"作家宗师。"答曰:"何必?"

尝示众曰:"明眼汉没窠臼,辨风云识休咎。破关击节,电转星飞,直截当扬,劈面快与。便怎么稍称临济儿孙,不负方来

---

① 增:应为"僧"。

扣击。到遮里拈出便铲,即心非心,不将实法击,缀人尽情,与伊划断却。所以道,达磨不来东土,二祖不往西天,圆同太虚,无欠无余。当恁么时,如何衩①衣无盖覆,回颜满面惭?"

又曰:"心不可思,思之则七颠八倒。道不可学,学之则千差万别。到遮里,若湛寂凝然去,一向打在无为无事处,抬身不起。何故?衲僧家直须奋大志,铁脊梁,向时人行不得处行,向古人学不到处学。行至无可行,学至无可学。虚心久久地,不觉不知,本地风光现前照用,着着历落,不滞声香味触。正恁么时,犹是脱透边事。只如朕兆未分时,如何澄天愧净。"

又曰:"当阳坐断,凡圣迹绝,随手放开,天地回转。直得日月交互,虎啸龙吟,头头物物,耳闻目视,安立谛上是个什么?还委悉么阿?"师吒,喝一喝,下座。

又曰:"等闲地明白,不思量现成。前佛后佛于此指注不及,天下衲僧计较不就,制遏不住。迥脱情尘,唯自肯方亲。全机放下,一向靠将去,上无佛祖可依,下无自己可据。如太虚空,更无窒碍,直是烜赫地不昧一切。得遮巴鼻子,应用无穷,亦随手捏破。何故?太红炉中,不容点雪。"

又曰:"只守无生国里未是安居,直须万仞悬崖放身舍命。正当恁么时,试露消息。着到遮里,须是个人始得。还委悉么?计较寻不得,有时还自来。云团!"下座。

师居智度,十有二年。迁福严,衲子奔趋,法席之盛,卓冠湖湘。右丞张魏公尝曰:"演公真实无华,心口如一,道行纯固,

---

①衩(chà)衣:两侧开衩的长衣。

老而益励。盖衲子之矩范,乃吾乡之旧识也。"

绍兴丙子十一月二十有六日,端居丈室,集耆旧,嘱以后事。手写偈曰:"养得纯熟,不费气力,当锋历落,谁敢拟议。圣凡染净眼中花,地狱天堂得自在。"喝一喝,掷笔而逝,世寿六十五,僧腊四十八。阇维,五色舍利灵骨藏院之三生塔。

师性和易,任真朴素,世以演道者称之。于圆悟之道,提唱作略。能世其家而安分,自将不苟,窃声势识者尤以此重之。

黄龙道震禅师(南岳下十三世 临济宗)

师讳道震,金陵赵氏子。少依保宁觉印禅师为童子。觉印住泗洲普照,遇淑妃合择童行,守戒律者施度牒,师在选中,得度具戒。久之辞觉印,谒丹霞淳禅师与闻曹洞宗旨,因有颂曰:"白云深覆古寒岩,异草灵花彩凤衔,夜半天明日当午,骑牛背面着靴衫。"淳见而异之。

游湖湘,抵大沩,作插锹井颂曰:"尽道沩山父子和,插锹犹自带干戈,至今一井如明镜,时有无风匝匝波。"

最后至黄龙,草堂清禅师一见契合,绝意他往。日取藏教读之,一夕闻晚参鼓,步出经堂,举头见月,忽有省,亟趋方丈,陈所悟。草堂深可之。自此履践获大通彻。

绍兴初,草堂避地曹山,迁疏山,师皆在焉,居第一座,分座接衲。五年,临川守给事程公命出世曹山,唱草堂之道。

僧问:"如何是夺人不夺境?"师云:"黑漆昆仑穿市过。"进云:"如何是夺境不夺人?"答云:"卖扇婆子手遮。"曰:"如何是人境俱夺?"答曰:"灰飞烟灭后,怕你绝音容。"问:"如何是人境俱不夺?"答曰:"当年独坐雄峰事,今日分明说向君。"进云:"只如向上宗乘,又作么生?"师以拂子击禅床。僧云:"烹凡炼圣有玄功,万古丛林作标格。"便礼拜。

尝示众曰:"曹山门下有鹅王择乳句,若人会得,凡圣、染净、迷悟、生死,无二无别。若也不会,则凡圣、染净、迷悟、生死,谩他一点不得。"久之,退隐疏山之山堂。郡守叶公梦龄请居广寿。未几,洪帅李公迨移居百丈。师力丛林矩范,僧到必勘辩。一日僧展坐具礼拜,师转身背却。僧收坐具便去,师乃唤回。僧进前,师便归方丈。明日,僧问讯云:"某甲昨蒙和尚慈悲,有个省处。"师云:"作么生?"僧近师边作听势,师取拂子打之,僧大笑而去。若此类甚多,衲子翕然推服。

晚迁黄龙,是为积翠直下子孙授道之处。院烬于兵火,师慨然有兴复之志。阅数年,堂殿廊庑,迄抵于成。

三十一年七月二十八日,示微疾,集众告曰:"老僧参见海内有名尊宿十有七人,泊见草堂,始到不疑之地。汝等当究本法,俛透脱无滞碍,随力量兴作,利益众生,无虚弃光阴。"左右固请留颂,命笔书曰:"吾年八十三,随顺世言谈,不落思量句,谁人共我参。"翌日闻钟声,奄然而寂。端坐三日,支体柔和,颜皃如生。阇维日,云惨风悲,草木变色,烟焰所及,悉缀舍利。道俗取之,旬日不竭。塔于寺之西崦。

师为人刚正强力,甘枯淡,务精进。迹未尝造檀越之门。近代宏法,唯师有古尊宿风韵,议者比之常庵崇禅师云。

赞曰:演出关,栖迟妙喜之门,久甚。及开法出世,不忘圆悟。有道者固应如此。震天资耿介,草堂晚居,泐潭道大盛。时有厚奉香信,请法语法衣者,草堂将与之。震骤谏以为不可,草堂不允,震遂拂衣遁他境。呜呼!使异时主法宗师之门,震之志得行焉。其规正窃昌,阴翊化权,岂浅浅哉!

僧宝正续传卷第七

德山木上座

师出于木氏，因以名之。其远祖曰重，是为少昊之叔也①。绝有德于民，帝嘉之，以为勾芒，使居于穷桑，爵青阳侯，自是子孙蕃衍，凡日月霜露所至必与焉，唯穷发之北与大瀛之间无有也。自重生椿，椿以积庆，致长寿。或云椿以八千岁为一春。椿生甘棠，甘棠美姿，容有干扃。召康公倚之听政，士民便之，戒以勿剪勿伐。甘棠之子曰嘉，嘉迁于鲁，主于季氏，晋韩宣子见而誉之。嘉生樗，樗生栎，二子复以朴厚致寿。栎生楠，楠生杞，楠、杞俱以美材称。杞②生豫章，豫章，天下奇材也，登于庙堂，任重不阿，上喜之，进爵郡公。

师即豫章公之子也，少而乔楚，平居正容，不与凡品争高，雅有四方之志。铜郡戚侯见而奇之曰："是子挺秀如此，其可蒙杂于众而不自竞乎！"师曰："吾祖才德之劭称于天下，子虽苴莩，实惧厥世，弗敢失坠，其无辱子忧。"戚侯喜曰："豫章公于是乎有子矣。"

郢人玉斧遇而叹曰："美哉，请早为之所，不然难且及矣。"师从而问故，玉斧曰："而君虽任栋梁之寄，然于身何益哉！

---

① 原本夹注："重见《左传》。"
② 杷：应为"杞"。

《易·大过》曰'栋桡凶',《象》曰'栋桡凶',不足以有辅也,而君殆桡矣,曷若避世之士哉!今子春和尚富,若遇楚灵王剥圭宠之,不过以为戚秘而已。子盛德之后,其肯人之人之手乎!不然,虽与鲁仲尼同载以游,脱逢原壤夷俟,必命子辱之,子其甘为人使乎!"师遽改容曰:"若是,吾将安归?"玉斧曰:"子闻桑门氏有德山者,天下之大有道者也。姑弃而族,直而躬,黔乃服,尽锄其瘠脂疣赘,予为子先,子从而见。"

师禀其教,就见德山。德山大悦,使立于前,为说最上乘。未几忽悟向上一句,隐密全该,虽七纵八横,了无滞碍,即以告德山。山曰:"嘻!子正堕吾掌握中矣。"自是命师出则偕行,坐则并榻。凡天下参徒来见德山,必先见师,师可之然后入德山室。

山一日晚参示众云:"今夜不答话,问话者三十棒。"时有僧出礼拜,山使师验之。僧云:"某甲话也未问在。"山云:"汝甚处人?"曰:"新罗。"山云:"未踏船舷时,木上座与你相见了也。"

岩头初见德山,入方丈,侧身问:"是凡是圣?"山以师①击之。岩头便礼拜。由是全提大用莫敢当锋,所谓把断要津,不通凡圣者也。

时雪峰亦在德山,因与岩头叹曰:"此子不遇德山,不能荷担大事。德山不得此子,不能锻炼学者。是子与德山其一体乎?"既而雪峰宏道于闽,师往见之。复于雪峰言下发明自己化为龙,

---

①师:疑"拂"或"拄杖"。

吞却乾坤山河大地，豁然不现。雪峰上堂曰："南山有条鳖鼻蛇，汝等诸人切须好看。"云门举师掷在众前作怕势，保福出云："今日堂中大有人丧身失命。"

洎佛日师往见夹山，拉师偕行，比至未升阶，便问："甚处来？"曰："云居。"山云："即今在什么处？"曰："夹山顶上。"山云："老僧行年在坎，五鬼临身。"佛日遂上阶作礼。山问："阇黎与甚人同行？"曰："木上座。"山云："他何不来相看？"曰："和尚看他有分。"山云："在什么处？"曰："在堂中。"山即同下堂。佛日引师于夹山面前，山云："莫从天台得来否？"曰："非五岳之所生。"山云："莫从须弥山得来否？"曰："月宫亦不逢。"山云："与么则从人得也？"曰："自己尚是怨家，从人得堪作什么。"山云："冷灰里忽有粒豆爆。唤维那来安排，向明窗下着。"

其后云门阐化于韶阳而蹑其足，倚师尤恭。方是时，云门眼空寰海，每举宗乘定諿讹，必以师为准的。

尝一日上堂曰："我共你平展，遇人识人。与么老婆说话，尚自不会，每日饱吃饭了，上来下去，觅什么碗？遮野狐队仗向遮里作什么？"命师一时趁下。

又尝示众曰："大用现前，不存轨则。"有僧便问："如何是大用现前？"云门举师当面曰："释迦老子你来也。"其为当时诸老奉重如此。

及云门去世，师知天下学者不能尽其大用，遂潜光匿曜，与世推移，莫有识师者。

流及末代，释德下衰，学者以声利为怀，蔽于浮境，至有陷于非道，主者必命师以辱之。先是师在德山时，与临济金刚王齐名。厥后复有杨岐栗棘蒲、白云铁酸馅，说者以谓即师之异名。及比年海上二三道师，亦有仿佛见师为拳头、为竹篦、为木剑者，惜其介特寡徒云。

赞曰：古德有言：出家盖大丈夫事，非公侯将相所能为。诚哉，斯言也！予观豫章公之世，固荣达矣，然侧身从事，朽蠹以之。及其子裂去巾冠，跃出牢俗，致身青云，荷担列祖之道，万世仰其风规，可不谓之大丈夫也乎！

临济金刚王

王讳喝，生声氏。世居性海之滨，偶事激徒于剑门。幼而孤，长有气岸。戚人威音王尝荐之帝尧，尧任为谏官。于时浩浩怀山襄陵，洪水致害。尧患之，与四岳谋治。四岳亟举鲧，鲧治水亡效，帝乃震怒。王于帝前，麾退四岳，四岳悚惕，不敢仰视。虽未有以献替，百官惮王犹雷霆也。俄辞爵，之崆峒之墟，见混元子，得长生久视之术。自是夷犹海岱，世莫得而见之。虽《春秋左氏》所寄声伯，恐亦其族氏也。汉初，高帝与项羽争天下，王在齐海，闻之喜曰："此吾有为时也。"遂自齐求见羽于关中，羽见而悦之。未及官，适高帝逼羽，羽返斾，与高帝接战于广武。高帝使娄将军挑战且辰①羽，羽怒甚，乃亟用王。于是娄烦弓矢，不知堕地，人马皆辟易。是日项羽喜剧，顾谓三曰："天下事稍定，吾以夏口处子。"王辗然而笑曰："夫高世之士，为人排患释难，解纷乱而亡所取也，设有取者，是商贾之事，喝不为矣。"遂拂衣复归于海上。厥后霸王不竞于汉，及罹困厄中思欲复用王而不可得，因欷歔泣下沾襟。

李唐有天下，浮图教丰盛于世。自天子公侯，靡不宗奉。王闻而喜曰："吾闻释氏禅门，直指人心，见性成佛，可绝无始生死根本。"于是出访其道，遇江西马祖大师。祖授以向上纲宗立地成佛之旨，王大悦，颇觉平昔所用粥饭气廓如也。祖复迁之特室，以《正法眼藏》畀之。王再拜辞曰："是非喝所敢当也。"祖慰勉之。会百丈再参，祖竖起拂子。丈曰："即此用离此用。"祖挂拂子旧处。丈拟议，祖遽以王用事，丈震聩三日，乃大悟。王名声由此复振于世。

黄檗运公初见百丈，丈举前挂拂话，次偶及王，黄檗不觉吐舌。未几，临济于大愚言下发明黄檗大机之用，遂忽见王，于是气增十倍。自此临济奉王从事，出没卷舒，互相显发，如雷如霆，四方震骇，学者自远而归之。凡三圣、兴化、大觉之流，其大机大用，皆自王而启之。故当时畏惧，莫有膺其锋者，因目之曰金刚王宝剑，或曰踞地师子，或曰探竿影草，其威誉功烈如此。

---

①辰：疑为"辱"。

时无位真人与王同辅临济,觉①者多昵无位真人。济廉知绐②,曰:"无位真人是甚干屎橛?"其后学者方一意宗王。及济将终,谓众曰:"吾灭后,不得灭却吾正法眼。"三圣曰:"争敢灭却。"济曰:"向后有人问,汝作么生?"三圣亟以王为对。济曰:"谁知吾正法眼向遮瞎驴边灭却!"洎济示寂,王慨然叹曰:"性海吾乡也,法界吾宇也,威音王吾戚也。吾受知于尧,成名于项羽。自吾舍俗归释,晚得临济全提大用,之人云亡,吾已矣乎。后五百岁,必假吾以御葛藤而出乎凡夫曰③矣。"遂不知终。既而果然泛泛者,皆窃王声势用事。其邪正真伪,竟莫之辨。独汾阳偈曰:"一喝分宾主,照用一时行,要会个中意,日午打三更。"英灵衲子由是想见王之风乎焉。其府属曰宾、曰主、曰照、曰用,皆有功于宗门云。

赞曰:予于无尽藏,得异书焉。若世所谓金刚圈、栗棘蒲、木上座,及王之机缘,皆见其始末根绪,非若近世泛泛语之而不雅驯,故特撰次之。然《春秋左氏》谈王道者也,至于神降于莘石,言于魏榆,犹详著之。高僧赞宁增修《僧传》,号称闳览博识,而王亲见马祖,陶铸百丈,夹辅黄檗,而建立临济之宗,其全机大用独冠古今,光明硕大如此,而不见书于传,岂宁辈蔽于俗学,违无尽藏,觅异书,不得王之始末乎!

---

① 觉:疑为"学"。
② 绐(dài):欺哄。
③ 曰:疑"衍"。

代古塔主与洪觉范书

洪罪古禅师说法有三失：

谓一句中具三玄，一玄中具三要，有玄有要，是临济所立。在百丈、黄檗，名大机大用。在岩头、雪峰，名陷虎却物。古以为从上佛祖法门，非临济所立，一失也。

巴陵真得云门之旨，凡语中有语名死句，语中无语为活句也。巴陵三语，谓之语则无理，谓之非语则赴来机活句也。古非毁之，二失也。

两种自己。世尊偈曰："陀那微细识，习气如暴流，真非真恐迷，我常不开演。"以第八识为真则虑迷无自性，非真则虑迷为断灭。故曰不开演，立言之难也。古创建两种自己，三失也。

因代古书，以正洪之误。

承古和南，上书觉范禅师足下。某老且惫，谬与传灯之齿，侧承足下瑰伟奇杰之风，未即抠衣。然伏膺徽闻，伫悦之勤，良益深矣。每谓佛运滨兹叔世，释德下衰，不有卓绝之士，兴颓御侮，障堤末流，则林间抱道之士，安能寂住无为而不虞魔事哉！往见足下纪述《林间录》，才运精致，衍绎孰复，异不之排，怨不之诽，使古人残膏剩馥沾丐后来。自非闳览洽闻，孰能欠耶！某顷隶进士时颇知读书，自以不至抵滞。及剃发游方，密探佛祖之妙，则知所以履实践真，缅悟前习，特尘垢秕糠耳，方刮摩铲除。若不暇，岂复有意于人事哉！

　　尝闻足下有撰次《僧传》之志，某喜为之折屐。盖一代至教，所以震于天下者，由近古宗匠维持之力也。足下诚能手发其抠，使彼典刑事业光明舄弈①，传之不腐，实莫大之幸。及足下成书，获阅之，方一过目，烂然华丽，若云翔电发，遇之骇然。及再三伸卷，考核事实，则知足下树志浅矣。夫文所以纪实也，苟忽事实而高下其心，唯骋歆艳之文，此杨子所谓从而绣其盘帨，君子所以不取也。

　　其裁剸八十一人，谅希九九之数，亦吾宗伟人能事，备于此矣。若某无似之迹，弃之可也。特蒙记着，而罪以说法之失者三。其一曰：判三玄三要，为玄妙②三句。其二曰：罪巳③陵语，不识活句。其三曰：开两种自己，不知圣人立言之难。诚足下明鉴若此。

　　然某说法，绝不喜人传之。往往误为灵源禅师见赏，以谓有补于学者，不意返获罪于足下。且灵源盖宗门一代典刑，足下既以某说法有过，能不波及灵源乎！孔子曰："是而可忍，孰不可忍！"请试辨之。

　　夫开三玄者，盖一期善巧方便。简别机缘，以启大道之深致。非私设偏见，而苟异于佛祖也。固尝谓，三玄法门是佛祖正见。虽临济独标三玄，以立宗旨，盖亦同归佛祖之极，岂别私有一法附耳而密传。若果私有，则为纤儿佞夫，献奸纳贿而私取之

---

①舄（xì）奕：光曜流行，流光溢彩。
②妙：惠洪《禅林僧宝传》《临济宗旨》为"沙"。
③巳：疑为"巴"。

矣,曷得为天下公传之大道乎?是之临济之道即佛祖之道,佛祖之道即天下之大道也。且分三玄而三要不分者,盖玄既分则要在其中矣。汾阳偈云"三玄三要事难分",诚使不分,则不应言难。既曰难分,则是可分而但难之之谓也。今予分难分之法,以激学者专门党宗之弊,直指妙悟为极则,于何而不可乎?

足下谓:"三玄在百丈黄檗但名大机大用,在雪峰岩头则名陷虎之机。"

某谓:"三玄是佛祖正见,然则古今称谓虽异,其实则一也。"某与足下之论,殆冥合矣。何必以人情相訾乎?

复谓愚"以气概人,则毁教乘以为知见,及自宗不通,则又引知见以为证"。

噫!斯言过矣!夫具眼宗师,道性如故,法性亦如,法性如故,岂有听说自他之异!要在临机,抑扬纵夺,为人去钉楔,脱笼头而已。此从上宗门说法之仪式也,奈何谓之以气概人乎!足下为书,必欲扶持宗教。既有是志,而不探佛祖之心,则虽舞辞奋辞,愈疏脱矣。然则开三玄之失,非也。

"罪巴陵语不识活句"者,此足下读愚书未审耳。夫巴陵亲见云门者也,方云门在世,气宇如王,其肯以语句为事,尝曰:此事若在言句上,三藏十二分教岂是无言句!奈何巴陵未旋踵,而违戾师教、矜能暴美?求信于人,以谓将三转语足以报答云门,更不为其作忌。予故鄙其自屈宗风以为语句,便后世泛尔之徒矜驰言语,丧失道源,自巴陵始也,又曷尝谓其语非活句乎!

蒙示教曰:"有问提婆宗,答曰外道是。"可以鉴作死语。然则僧问德山:"如何是佛?"山云:"佛是西天老比丘。"亦应鉴作死句也。夫岂然哉？宗师临机大用，要在悟物而已，讵若搜章摘句之学，以工拙较耶？果以工为活句，拙为死句，则鸟窠吹布毛亦拙矣。侍者何由悟去哉？

承论巴陵三语曰："谓之语则无理，谓之非语则赴来机活句也。"

呜呼！此失之远矣。夫死句活句，虽分语中有语、语中无语之异，然在真实人分上，棒喝讥呵、戏笑怒骂，以至风声雨滴、朝明夕昏，无非活句也。岂唯玄言妙句而已哉！必如足下以无理而赴来机为活句，标为宗门绝唱，则从上宗师答话俱无准的。第临时乱道，使人"谓之语则无理，谓之非语则赴来机"，含胡模棱而已。于戏！其以宗门事当儿戏乎！且吾教经论，大义粲然，史氏犹以为华人好谲者，攘庄列之语，佐其高层累驾，腾直出其表而不信。况足下自判宗门旨趣如此，使彼见之，能不重增轻薄！足下略不念此，何耶？然则予所以罪巴陵者，以其炫语句慢师资，而昧大体也。足下则爱"珊瑚枝枝撑着月"之句。夫罪昧大体而矫弊公论也，泥好句而斥公论，天下其以为当乎！然则不识活句之失，非也。

"开两种自己，不知圣人立言之难"者。

某所以开之之意，于答施秘丞二篇中，备言之矣。盖禀佛祖懿范，为末代学者明示根本，使舍日用光影，直了空劫已前本来自己也。由今时多以机辩玄妙为极则，故说二种以验浅深。然如来以三身设化仪，少林以皮髓别亲疏，洞山以偏正立宗旨。至于马鸣，则以一心开真如生灭二门。予故驾此之说，以救末代学者弃本之弊，非不知圣人立言之难也。足下所举《首楞严》偈，盖

《解深密经》偈耳。且教乘五时之异，学者不得不明。如《深密经》即第三时教，说不空不有，破第二时之空教也。若《首楞严》，即第五时说了义教。当是时，大机可发，故为阿难开示成佛法门。其曰"真非真恐迷，我常不开演"者，盖圣人重举《解深密经》，以谓往昔根未熟时常不开演，非谓说《首楞严》时也。足下不究前后五时之异，妄谓圣人恐惧立言之难。且世尊曰："我为法王，于法自在。"讵有自在法王，不敢决断真妄，揶揄其事，首鼠两端，而贻惑后人乎！又诸经标列法门，千修万件，曷尝以之为难，而置不辨耶！

承高论曰："以第八识言，其为真耶，则虑无自性；言其非真耶，则虑迷为断灭。故曰：'我常不开演。'"

噫！予每读至此，未尝不废卷而痛惜也。何则？世尊云："性识真空，性空真识，清净本然，周遍法界，湛然常住。"足下则谓"圣人亦不敢以为真，又不敢以为非真"。使世尊果颠顸如此，则三界群生，安所归仰乎？足下平生蹈伪，至此败灵①尽矣。

夫《首楞严》者，决定直指一心本来是佛，不同他教。足下又谓"二种错乱修习"，亦不敢间隔其辞，卢于一法中生二解。然世尊非怀多虑者也。经云："如我按指，海印发光。汝暂举心，尘劳先起。"是则圣人种智妙圆，无施而不妙虑也者，即众生攀缘妄心也。予禀种智说法，足下一以妄虑沮毁之。及引经，又非允当。然则不知圣人立言之失，非也。夫言迹之兴，异端所由生，自非明哲禀正义辞而辟之，则生生趋竞，而宗涂替矣。予闻

---

①灵：疑为"露"。

之，昔吾宗盛时，人人以道德实行，光明于世，未始贵于立言。及德之衰，于是始立《僧传》。今足下复出新意，迹赞辞，行褒贬，是为作者职也，于何不探《春秋》之旨乎。《春秋》正一王之法，以权辅用，以诚断礼，以忠道原情，从宜救乱，因时黜陟，此其大略也。某开二种自己，宪章佛祖懿范，俾学者黜玄解而究本，所谓以权辅用者也。讥巴陵溥师，资珍语句，所谓以诚断礼者也。

分三玄启大道，深致而矫弊，所谓从宜救乱，因时黜陟者也。凡此，盖乃心弘道，以敦出家大节。足下一切毁之，则失所谓以忠道原情者也。凡足下之书，既谬圣人道，又乖世典，安狂行褒贬乎！至于诋訾照觉不取死心，亦失体之甚，虽陈寿求采，班固受金，亦不尔也。

自述《宝镜三昧》，则托言朱世英得于老僧自解《法华》，辅成《宝镜》之辞。置之《九峰传》，则曰石碑断坏，有木碑书，其略如此。噫！兹可与合眼挐金，而谓市人不见者，并按也。

夫《宝镜三昧》，洞山虽云受之云岩，盖验人亲切之旨，未应作为文具而传之也。又佛祖之法，等心普施，虽异类不间，讵有同门学者窃听之，而咒令倒疴。贤圣之心果岖曲尔乎？又其辞曰："重离六爻，偏正回互，叠而为三，变尽为五。"夫洞山传达磨宗旨者也，重《离卦》则伏羲文王之书。① 足下公然凿空缔立而诬罔之，其罪宜何诛焉！

大抵事有昧于实，害于教，人虽不我，以其如神明何！足下

---

① 原本夹注：果若此言，则是洞山□□林宗旨，而传伏羲文王之书，依仿《离卦》而建立五位。然洞山大宗师也，肯尔哉！

讥揣古人固不少矣，返更冒荣致谴。昔许敬宗面与修《晋史》，晚陷佞臣之名，后世遂以《晋史》非出正人之手而弗重切。幸惩艾前失，深探道源，履以中正，然后从容致思，揖让钩深，著为法度之典，贻之后世。规得失，定正邪，而断以列圣大中之道，使万古莫敢拟议。若达磨辨六宗，则予亦甘心受诛于足下，夫何言哉！既不能尔，予是以强颜一起，与足下审订伪妄，使吾门来者无蹈足下之覆车，亦某终始尽忠于佛，而行传道辟邪之志气也。干冒慈严，伏幸恕罪，不宣。

南宋元明禅林僧宝传①

紫箨山②沙门自融撰　门人性磊补辑

闽莆林友王较订

---

①原书目录下有注:"此刻不论宗系,惟书法化时代,始自建炎丁未,至顺治丁亥,凡五百二十一年。"
②紫箨(tuò)山:在今浙江省仙居县北。箨,竹笋衣。

南宋元明僧宝传序

林友王

有传教则必有传人，有传人尤必有传书。盖教者道之所由行也，人者教之所由兴也。书者前人之所由□□，□□□所由镜也。是以大道弥沦，□□□，□□得一二人焉，为之眼目。犹贫□□□，□客衣珠，亦终于迷惘而已，苟得其□□。然承当大事，而幻躯易尽。实行就湮，如优昙千年一现，后此何由踵□。所以儒者勒之，传志论赞，以垂来兹。其书传则其人传，其人传则其教始传也。大慈之入震旦也，虽云教外别传，不立文字，然而列祖相承，诸宗嗣起，其入道之机缘，登坛之提唱，与涅槃之证据，至今犹若目睹此。觉范《僧宝》一编，与大川《会元》，同为梵林之龟鉴也。自是以降数百年来，音徽渐邈。

幻津融大师者，为天童密云和尚之孙，弘觉禅师之嗣。志趋刚果，机用弘通，建光明无畏之幢。紫篆之屦常盈，瑞云之竿复竖。予时避乱猴城，特谒老人山中，昕夕咨益，备悉婆心。虽经臣之见，智海犹多未解，而死心之于山谷，则真第一相为矣。因得披读所续《南宋元明僧宝传》，旨深义朗，词博论该。昔范蔚宗谓，迁文直而事核，固文赡而事详。举而似之，洪公之后有融翁，殆即子长之后有孟坚。与末季乌藤白拂，滥觞已极。塔铭行实，称述过情。乃前传所编仅八十一人，续传亦不逾九十七人，诚慎之也。使诸方有所征信不浮，则悬帝网之珠，光光互映。割师子之乳，滴滴皆真。绍往开来，祖焰重辉。岂独如迁、固之以史才见长哉！闻丁未（1667）秋，紫箨一炬，老人寝室独存，传稿亦飞入竹林获兔①。信乎！弘教苦心，为龙天八部护持，而其人其书之传，固当无尽时矣。谨盥手为之序。

康熙丁巳（1677）孟秋望日，佛弟子闽莆林友王和南，题于瑞云之禅月峰。

---

①兔：疑为"免"。

南宋元明僧宝传序

崔秉镜

人以文传,文以时贵。其时为人不可忽之时,其文为时不可少之书。广润幻津禅师,常续《南宋元明僧宝》一传是矣。予因受政緱城①间,尝私取而观之。其书时之法,以宋室南迁,禅林刹竿亦俱南指。初政和间,有国者崇道而抑佛,自称道君皇帝。以天下僧流,蓄发加冠,号为德士,居道之右。及道君蒙尘,佛教复遭北金兀术魔灭,凡在北丛林,无不秽辱焉。然幸禅宗知识,早图南隐者,若不闻也。斯《传》始自建炎丁未(1127),历毕宋世,应元主运而再兴,又毕元顺逊代,明之高帝成祖,昌隆法域而沿流不止,于顺治丁亥(1647),共五百二十一年,非人之不可忽时乎。书人之法,始是佛灯珣,盖珣入寂于南宋之初。乃至虎丘、大慧、密庵、无准、中峰、海舟、密云悟、雪峤信,为临济一宗。以弘智、真歇、自得晖、全一温、天童如净、雪窦无印、寿昌、显圣、博山来辈,为洞上一宗。其断桥云门两宗,无不错综其间,非时不可少之人乎!以人若此,以时若彼,

---

① 緱(gōu)城:现为浙江宁波宁海地区。

其传志之于功，与获麟春秋铁函心史，今古同揆。皆感时愤事，不得已而作之。大有关于道法之替兴，宗绪之绝续，为不刊之书也。岂时节人文可同日语哉！予特序之，以征其志，且表其功云。

古闽霍童崔秉镜

南宋元明僧宝传序

自　融

　　祖道东来，不立文字，正法眼藏，以心印心。如一灯传，灯灯续焰，世俗未免有起而疑之。仲灵嵩禅师不获已，乃撰《定祖图》《传法正宗记》。上之有国者，辄颁信于天下。由此综集传灯之书，叠叠间出，其文不一且繁。譬犹西竺分律部之为五，合而元之本乎一。禅师大川撮诸纲领，灯会其元。《会元》之出，灯史定矣。灯史既定，则所有言句，莫不起疴拯溺，更何疑滞而不冰泮乎哉！又觉范洪禅师，尝述《僧宝传》，以为载之空言，莫如见其始终行事而深切著明也。自嘉祐至政和，据师座者垂千辈，仅八十一人入其章次，其文核①而精，圆而劲，合撒语之，则诸纲目无有弗备。所备者，祖师大统不易之道也。

　　逮洪公之后，建炎以来，惟济、洞二宗法化于世。适明季英灵一时杰出，复有《继》《续》《统灯》之②刻出焉。之刻出，其近古之参差疑滞，似又莫能释而定之。何也？其未有得于川之融

---

① 挍：疑为"核"。
② 之：《五灯全书》载自融自序作"三"。即《继灯录》（明元贤辑）、《续传灯录》（明圆极居顶编）、《五灯严统》（明通容集）。

览、洪之博综乎！否则，犹有所待而后定之乎！如近刻，以海舟慈先参万峰，暮龄方谒东明昆①。盖万峰谢世于洪武辛酉，慈于洪武甲戌年，始生蜀之成都余氏，投大隋山出家，名永慈。年二十八，东谒昆得法，后陆沉牛首，晦迹全焦。四十四岁开法东山，阅三载，昆公没。昆以衣偈差东明住持明白庵，送至东山。近刻以海舟名普慈，出常熟钱姓，脱白破山，年七十余方见昆。讹哉明矣。或字经三写，乌焉成焉与？或别有所出，同其名号者耶？余以此质之大方，俱以近刻为然。复请天童吾师弘觉忞老人，吾师出智瑄智玺所立海舟永慈禅师道行碑示予，予疑始决。第不敏，因采考宋建炎，以至明末五百岁尊宿，不可唐捐之实录，将成帙，付弟子性磊，令拾遗补辑，共九十七人，目之《南宋元明僧宝传》，俟命世贤明削而定之，余何敢专焉！

紫篔沙门自融自序。

---

①昆（chǎn）：日出山上，日光照耀。

南宋元明禅林僧宝传卷一

佛灯守珣禅师（南岳下十五世　临济宗）

禅师名守珣，号佛灯，出吉安州施姓巨族。早岁弃家，得道于太平佛鉴勤公。

珣初参广鉴瑛不契，竟谒佛鉴。佛鉴孤硬难入。珣乃封其衾而矢曰："此生不悟，不展此也。"于是昼坐宵立，逾七七日，惫甚。适佛鉴垂语曰："森罗万象，一法所印。"珣踊跃便出法堂，即投灵云，见桃花，颂曰："终日看天不举头，桃花烂熳始抬眸。饶君更有遮天网，透得牢关即便休。"佛鉴曰："如何是灵云不疑处？"对曰："只今觅个疑处，了不可得。"曰："玄沙道未彻在，那里是未彻处？"曰："深知和尚老婆心切。"佛鉴喜之。

会佛果至，鉴称珣见处稳实，且曰："此子自治，严刻密室，如对大宾，后当有造。"佛果佯诺，乃私招珣游山。偶到一潭，佛果推珣落水，遽问曰："牛头未见四祖时如何？"珣对曰："潭深鱼聚。""见后如何？"珣曰："树高招风。""见与未见时如何？"珣曰："伸脚在缩脚里。"佛果乃大笑。

宣和改元，诏佛鉴住蒋山。佛果移书与鉴，必以珣首蒋山众，由是湖海知名。

建炎间，住天圣。开堂时，内翰王公问"三圣逢人则出"话。珣笑曰："公曾阅诗否？"曰："馆务之暇，何所不览。"珣曰："诗云：湖光潋滟晴遍好，山色空蒙雨亦奇。若把西湖比西子，淡妆浓抹总相宜。"王公乃大称珣于朝。

待制潘良贵尝以南泉斩猫话，请益于珣。珣曰："如今士夫说禅说道，只依着义理便快活。似将钱买油糍，吃了便不饥，其余便道是瞒他亦可笑也。"贵领旨后，以居士身弘珣之道。

珣迁何山，晚居天宁，每怜学者根器不妙，委曲援引，如瓶泻秋河，间有窃议，不遑恤也。

尝举婆子烧庵话，曰："大凡扶宗立教须是其人，你看他婆子虽是个女人，宛有丈夫作略。二十年葰油费酱，固是可知。一日向百尺竿头做个失落，直得用尽平生腕头气力。自非个俗汉，知几泊乎巧尽拙出。然虽如是，诸人要会么？雪后始知松柏操，事难方见丈夫心。"

又举沩山一日见野火，乃问道吾："还见火么？"曰："见。"沩曰："从何处起？"曰："除却经行坐卧，请师别致一问来。"沩山休去。乃曰："连天野火了无涯，起处犹来辨作家，眼里瞳人双翳尽，面前遍界绝空花。道吾老也堪夸，且道毕竟从甚处起？汲水僧归林下寺，待船人立渡头沙。"

有僧问宾中宾，珣答："客路如天远，候门似海深。"宾中主，珣答："长因送客处，忆得别家时。"主中宾，答："相逢不必问前程。"主中主，答："一朝权祖令，谁是出头人。"

僧曰："向上宗乘又如何？"珣曰："大海若知足，百川应倒流。"

又尝谓众曰："兄弟若有省悟处，不拘时节，须来露个消息。"

会雪夜，有僧直扣丈室。珣起秉烛，震威喝曰："雪深夜半，求决疑情，因甚威仪不具？"僧顾衣裓，珣便逐出。

绍兴甲寅，从天宁归鄞南，告寂。侍者请遗偈，珣曰："不曾做得。"即逝，火浴，舌根不坏，塔于宝应院。

珣初在庐山日，有僧彦威冬月用荻花絮纸衣。珣见大瞋曰："你少年辄求温暖如此，岂有心学道耶！"威大惊，退问兄弟，时堂中有荻花衣者才三四人，皆年七十余矣。

赞曰：佛灯于七七之际，顿了大事，圆悟尚剥啄之，何也？如海底珊瑚，不以铁纲举而出之，焉得珍灼于人间世哉！然佛灯以清简之风震一世，足征其源，亦不愧也矣。

圆通真际德止禅师（青原下十三世　曹洞宗）

德止禅师者，世居历阳金紫，徐闳中之季子也。法绍宝峰阐提照禅师。照为简州人，妙龄游方，谒芙蓉楷公于大洪，有得而去。及楷公辞大观之诏而婴难，照自三吴急趋从之，于途中大悟。楷公遂以投子之谶而系照，是照与丹霞淳辈为伯仲。淳之视师，犹子也。是师与真歇了宏智觉又雁行焉。

师生十岁，不肯知书，多私夜坐，喜公昼寝，其父戏目师为懵然子。然师双瞳绀碧，神光射人，出语间合圣诰。其父又钟爱之，异于诸子。尝称于门客曰："吾懵然不懵也。"

师弱冠，梦异僧授偈四句，已而有以南安岩主像遗之者。其傍所载，即向梦所授之偈也。自是持念不忘，一切世典过眼即罢之。

年二十，随父任漕西洛，每闭阁凝坐，或连朝不许进食，人俱怪其所为。一夜拟吹灯就寝，忽大悟，连吐数偈。其一曰："不因言句不因人，不因物色不因声，夜半吹灯方就枕，忽然者里已天明。"于是啸歌自若，人益怪之。其父欲授师世职，师固让于从兄，乃告父曰："某方将脱世网，不着三界，岂复刺头于名利场中！"遂力求出家。其父知师志决，不可以章绶绾也。乃旌师祝发，具苾刍戒，游方数载，名振京师。

政和间，机投阐提照公于楚南。宣和三年辛丑，徽宗皇帝以真际师号赐之。壬寅，适江州圆通席虚，朝旨以照补之。照辞圆通，而居沩潭。师遂应诏，代主圆通。圆通当匡庐之名刹，诸山耆德尚未足师名。领院日，俱往观之，升座拈提，众耳皆耸。

其语曰："山僧二十年前两目皆盲，了无所睹。唯是闻人说道：'青天之上有大日轮，照三千大千世界，无有不遍之处。'筹策万端，终不能见。二十年后，眼光惭①开，又值天色连阴，浓云乱涌，四方观察，上下推穷，见云行时，便于行处作计较。见云住时，便于住处立窠臼。正如是间，忽遇着个多知汉问道：'莫是要见日轮么？何不向高山顶上去。'山僧却征宅道：'那里是高山顶上？'他道：'红尘不到处。'是诸仁者好个端的消息。还会么？长连床上佛陀耶。"

又曰："昨夜黄面瞿昙，将三千大千世界来，一口吞尽，如

---

①惭：疑为"渐"。

人饮汤水，踪迹不留，应时消散。当尔时，诸大菩萨声闻罗汉及与一切众生，尽皆不觉不知。唯有文殊、普贤瞥然觑见。虽然得见，渺渺茫茫，恰似向大洋海里头出头没。诸人且道是甚么消息？若也简点得破，许你顶门具一只眼。"

师住圆通，今古法门，所积之废，无不备举而整顿之。然以身度人，使人易行，矫清卖高之条，师弗取也。选职任事，以德不以才。尝叹曰："宁缺人而废事，过在一时。若能事而败化，则遗臭万世矣。"以故衲子游泳于圆通，如鱼相忘于江湖。

南宋绍兴五年乙卯示寂，阇维烟焰所及，悉有设利①。诸方称师身后佛事，与宝峰照公，皆乘大愿而来者也。照公先于建炎二年示寂，其阇维亦得设利无数，舌齿不坏。师之设利，塔于司空山，分窆②叠石原。照公设利，则塔泐潭之西峰矣。

智通景深禅师（青原下十三世　曹洞宗）

禅师名景深，台州王氏子。幼喜林泉，不乐城居。每玩名山图志，恍若身游。年十八，竟走紫箨山之广度院，求度于德芝沙门芝爱。其标帜不凡，即为披剃。广度为东南禅窟，瓢笠挂搭者不绝。深辄闻少室宗风，辞芝行脚。芝难之，深泣告曰："日月迫人，速如转毂。生死事大，敢自放乎。"芝悯而遣之。深出岭

---

①设利：即舍利，下同。
②窆（biǎn）：埋葬。

而心誓曰："此去若不发明大事以报四恩，非须眉丈夫也。"遂扣净慈象之室，象或垂问，深便依理而默解之。一日闻象怒叱诸禅曰："思而知，虑而解，皆鬼家活计。"深悚然，束包而去。

西入泐潭，谒阐提照。照有条约，凡僧来泐潭，须隶名行单半载，方许告香。深犯其禁，直剖己见于照公榻下。照曰："此事直须断起灭念，向空劫已前扫除玄路，不涉正偏，尽却今时。全身放下，放尽还放，方有自由分。"深顿领旨。照大喜，乃击鼓告众曰："阐提大死之道，深阇黎得之矣，汝辈宜依之。"一众大惊，争识深面。以故丛林共称深为大死翁。

建炎初，出领兴国军之智通寺。绍兴壬子，还台住宝藏岩。因事民其服，深恬然不辨顺受之。有司知深有道，奏还僧衣。时智朋禅师，新从清凉，退居明州瑞岩，闻而叹曰："嗟乎！不陷于荣，不逃于辱。宝藏法兄真得泐潭先师之道矣，我芙蓉师翁之风不亦大哉。"

适明守挽朋再赴清凉，朋一笑，书偈付使者曰："相烦专使入烟霞，灰冷无汤不点茶。寄语甬东贤太守，难教枯木再生花。"遂殁。深闻恸之，乃上堂曰："来不入门，去不出户。来去无痕，如何提唱？直得古路苔封，羚羊绝迹，苍梧月锁，丹凤不栖。所以道，藏身处没踪迹，没踪迹处莫藏身。若如是，去住无依，了无向背。还委悉么？而今分散如云鹤，你我相忘触处玄。"

绍兴二十二年壬申三月十三日，深为众小参罢，便告寂。有偈曰："不用剃头，何须澡浴。一堆红焰，千足万足。虽然如是，且道向上还有事也无？"竟敛目而逝。

深自复僧衣，其升堂入室，提唱宗旨，切切无虚日。有僧问正中偏,深答:"黑面老婆披白练。"偏中正,答:"白头翁子着皂衫。"正中来,答:"屎里翻筋斗。"兼中至,答:"雪刃笼身不自伤。"兼中到,答:"昆仑夜里行。"僧曰:"向上还有事也无?"深曰:"捉得乌龟,唤作鳖。""乞师再垂方便。"深曰:"入山逢虎卧,出谷鬼来牵。"曰:"何得干戈相待?"曰:"三两线一斤麻。"

深之道眼精明,机用自在,于宝峰门下称贤肖焉。

赞曰:芙蓉之后,异苗番茂,而阐提照公辈可想也。其门弟德止禅师,不假师授,神悟绝伦,倾当世有国者,时称为太阳再世,不谬矣。至于景深禅师,则照公独提奖于人天众前,师资缘会,夫岂偶然哉!及其弘道,而荣辱喧天,人风确不可撼,在往哲有所不能,而独能之。非深得鬻提三昧者,其可得欤!呜呼!二师于诸乐并作之际,而大振黄钟,则远录公之功,政未替也。

龙牙智才禅师(南岳下十五世 临济宗)

禅师名智才,姓施氏,舒州人也。进止勇猛,有囊括之志。断发为大僧,趋最上乘,遂得旨于佛鉴勤公。公补太平时,众多务繁,才自典犁镬,一众仰焉。

又谒死心禅师于黄龙,死心辄拈百丈野狐公案以征才。才遽对曰:"入户已知来见解,何须更举栎中泥。"曰:"死心长老死在上座手里也。"才曰:"语言虽有异,至理且无差。"曰:"如何是无差底事？"才曰："不扣黄龙角，焉知颔下珠。"死心便打，才拂袖趋去之。死心后知乃叹曰："太平之风，果不寂寥。"

政和初，佛鉴自太平移智海，才造省，佛鉴以智海之众命才首之，才辞不就，乃隐岳麓。佛鉴迁蒋山，才又造省。时珣禅师为座元，有僧以女子出定因缘请珣批判。珣曰："瞿昙身心如泥，女子肝肠似铁。文殊贪寻锅子，罔明由来着楔。历观大地众生，不解闭门作活。不动干戈建太平，雨过春山如黛泼。"其僧不领，乃请决于才。才曰："女子文殊与罔明，禅徒毕竟如何委，除非格外妙投机，始信波涛元是水。"僧有省，珣笑曰："须是我才苏噜始得。"

才居岳麓时，因僧问："德山棒，临济喝，今日请师为拈掇。"才曰："苏噜苏噜。"曰："苏噜苏噜，还有西来意也无？"才曰："苏噜苏噜。"故丛林称为"才苏噜"云。

才迁潭州龙牙，龙牙有众数百，不以声色而出入提揭如左右手。均劳逸，预险夷，木榻之侧，片笠不完。禅徒饫染其味，昂昂自若。一以胎风雨鷇①之舌，敲唱玄猷，故居十三载如一日。有语曰："弹指圆成八万门，刹那灭却三只劫。若也见得行得，健即经行困即歇。若也未会，两个鹧鸪扛个鳖。"

绍兴间，退居云溪。忽集众曰："戊午中秋之日，出家住持事毕。临行自己尚无，有甚虚空可觅。"众大惊，攀恋之。至二十三日，又曰："涅槃生死尽是空花，佛及众生并为增语。汝等诸人合作么生？"良久喝曰："白云涌地，明月当天。"竟长往。

---

①鷇（kòu）：须母鸟哺食的雏鸟。

火浴,收五色舍利,塔于本山。

赞曰:佛鉴尝谓才公云:"住持有三诀,见事能行果断。三者缺一,则见事不明,终为小人忽慢,住持不振矣。"故才公开化二十载,众敬畏之。如羽族随凤,怀其德也。是时死心善骂天下聋缩,独于公则啧啧延誉于不衰,岂徒然哉!

(补辑) 性空妙普庵主 (南岳下十四世　临济宗)

禅师妙普者,字性空,汉州人也。公性少缘饰,好面折人。能与公游者,始终皆播令名。

公尝以短策荷敝衲,历诸名山,不喜同众挂搭,或宿古庙,或寄闲房。有以耐丛林而谏公,公为诺诺而已。及见死心于黄龙,乃折策坚依之,竟得黄龙之旨,死心独奇公。

公慕船子遗风,辞抵秀水,结茅青龙之野,吹铁笛自娱。爱发新声,尝歌曰:"心法双忘犹隔妄,色尘不二尚余尘。百鸟不来春又过,不知谁是住庵人。"又曰:"学道犹如守禁城,昼防六贼夜惺惺。中军主将能行令,不动干戈治太平。"又曰:"十二时中莫住工,穷来穷去到无穷。直须穷彻无穷底,踏倒须弥第一峰。"

建炎初,徐明唱叛,道经乌镇,恣杀戮,鸡犬绝声。公悯之,乃曳履独往。或以险难止公,公曰:"随缘赴感,吾之愿也。"贼见公伟异,疑必跪伏者。执问来端,公曰:"吾乃禅者,欲抵密印寺，岂有他哉！"贼怒欲杀，公笑曰："大丈夫，要头便斫去，何以怒为！愿施一饭，以为送终。"贼意稍解，授以肉食。公如常应供出生毕，乃曰："孰当祭我以文？"贼相笑顾不答。公曰："吾自为之。"贼复相笑，遗以秃笔。公起，大书于空壁曰："呜呼惟灵！劳我以生，则大块之过。役我以寿，则阴阳之失。乏我以贫，则五行不正。困我以命，则时日不吉。吁哉至哉！赖有出尘之道，悟我之性，与其妙心，则其妙心孰与为邻？上同诸佛之真化，下合凡夫之无明。纤尘不动，本自圆成。妙矣哉！妙矣哉！日月未足以为明，乾坤未足以为大。磊磊落落，无挂无碍。六十余年和光混俗，四二十腊逍遥自在，逢人则喜，见佛不拜。笑矣乎！笑矣乎！可惜少年郎，风流太光彩。坦然归去付春风，体似虚空终不坏。尚飨！"

字势飞动，数壁俱尽，遂举箸饫食。贼徒争视大笑。公食罢，复高声招曰："来来！劫数既遭离乱，我是快活烈汉，如今正好乘时，便请一刀两段。"又大呼："斩！斩！"贼大骇异，令卫出之。乌镇庐舍独全，公之惠也。道俗闻益皈仰，以名刹致，公不顾。或说公从上付托之重，公辄以铁笛挥之。

绍兴庚申，命造大盆，修书寄雪窦持禅师曰："吾将水葬矣。"持笑曰："风流老子，灼有商量。"壬戌持至，见公尚存，相叙欢甚，占偈嘲曰："咄哉老性空，刚要喂鱼鳖，去不索性去，只管向人说。"公笑曰："惟待老兄证明耳。"令告四众。

众集，公为说法，仍说偈曰："坐脱立亡，不若水葬。一省柴烧，二省开圹，撒手便行，不妨快畅①。谁是知音，船子和尚。高风难继百千年，一曲渔歌少人唱。"遂盘坐盆中弄笛，顺潮而下。缁素随至，不可胜计，望欲断目。公取塞戽水②，而回众拥观，水无所入。复乘流而往，引声拍掌。长歌曰："船子当年返故乡，没踪迹处妙难量。真风遍寄知音者，铁笛横吹作散场。"其笛声呜咽，顷于苍茫间，见以笛掷空而没。

后三日，滩头趺坐如生。四至争往迎，归留五日，异香不散。阇维时，有二玄鹤徘徊空中。得舍利，大如菽者莫计，塔于青龙。其尺楮片言，流播人间，珍如珙璧。

赞曰：余考建炎之扰，高蹈物表，不无其人。普公直蹑不测之垒，因机示教，布置节次，毫忽不乱。此其智力愿力，可称两足矣。惟颠末追慕船子，虽钓尽清波，金鳞不遇，而公之慈风凛然在也。

（补辑）龙翔竹庵圭禅师（南岳下十五世　临济宗）

禅师名士圭，号竹庵，蜀郡成都史氏子，乃龙门佛眼远公之高弟也。说法于江南浙闽诸大名坊。圭有密行，喜推奖人士，一与圭接者，皆成美名。圭初依止于大慈沙门宗雅，研究《楞严》。而雅亦僧杰也，默察圭器度宏大，意欲圭南询，乃盛赞真歇之为

---

①畅（chàng）：同"畅"。
②戽（hù）水：汲水。

人。盖歇未出蜀时，亦习讲于成都大慈。圭昧其指，弃讲，谒诸名宿，虽经赏识，未豁所蕴。

晚登龙门，拟以平时所得举似佛眼。佛眼知圭，命典堂司，不得辞。圭以未伸所解为闷，几入方丈，多遇高庵正堂辈在焉。高庵正堂时称明眼，圭惭乘间问曰："绝对待时如何？"佛眼哂曰："如你僧堂中白椎相似。"圭不领，至晚理前问。佛眼唾曰："闲言语！"圭背汗淋踵，弗吐一词而出。因叹曰："穷诸玄辨，若一毫置于太虚。竭世枢机，似一滴投于巨壑。吾蜀周金刚不谬矣。"

政和间，开法天宁，浩归湖海。冯济川尝以圭之玄要颂举似妙喜，妙喜称之。及济川除给事，圭同日受诏，住雁山能仁，时称佛眼门下表里二檀树焉。真歇居江心寺，有大名闻。圭将至，恐东瓯未廓所见，乃过江迎圭，大展九拜，以诱瓯人。圭未视篆，有嫉者深夜纵火，能仁毁尽。圭就故址结茅，乃示众曰："爱闲不打禾山鼓，投老来看雁宕山。杰阁岳楼浑不见，溪边茅屋两三间。还有共相出手者么？"喝一喝。

未几，能仁复成。初，寺毁，随圭之众多背去者，寺成复归。或曰："彼彼以成败事师，非义侣也，请勿收录。"圭曰："不然，境风所飘，力未充也。若弃之，岂慈摄之义哉！"

真歇移径山，圭补江心。江心有僧，久居闲房，不预参列。值圭升座，搀众出问曰："如何是祖师西来意？"圭曰："东家点灯，西家暗坐。""未审意旨如何？"圭曰："马便搭鞍，驴便推磨。"僧礼拜。圭曰："灵俐衲僧只消一个。"圭乃曰："马搭鞍，驴推磨，灵俐衲僧只消一个。纵使东家明点灯，未必西家暗中坐。西来祖意问如何,多口阿师自招祸。"其僧脱然。

终其身,不露姓字。圭后住闽之干元,有慧温入室,圭曰:"情生智隔,想变体殊。不用停囚长智,速道将来!"温有省,大笑起曰:"掇出通身是口,何妨骂雨呵风,昨夜前村猛虎,咬杀南山大虫。"圭诺之。

又移居鼓山,进院至三门。德升把住问曰:"国师不夸石门句,请师速道!"圭震声喝之,升亦领旨。

圭既年老,罢上堂,惟临轩随机,不计旦暮而已。以绍兴丙寅七月晨起,沐浴升座,命声鼓集众。众方集,圭顾视左右,就法座,泊然坐化。茶毗舍利无数,送者均得之,塔于鼓山。

赞曰:竹庵以魁梧奇伟之姿,初剃染,即受知于宗雅。游方,复际遇于龙门。及行道,又逢真歇而襄之,辄与高庵正堂辈齐名海内。噫!其所谓狮子乳得器,有以哉!

南宋元明禅林僧宝传卷二

（补辑）祖、奇二首座（南岳下十五世　临济宗）

　　黄龙曰："道如山，愈升而愈高。如地，愈行而愈远。学者卑浅，尽其力而止耳。惟有志于道者，乃能穷其高远，其他孰与焉。"

　　悲夫！众生之见，以形影为高，以肝胆为远。远则生疑，高则生慢。慢疑之疾，痼于胸次，所以与道日劫相违。故大慈示现，始假之以名，终昭之以迹。然名忘则形影之山非高，实迹则肝胆之地非远。俾血气之属，莫不一贯而归之，且名迹又安可少哉？达士则不然，若华亭白丁，日扰矍于烟波渚月之间，投之者有夹山。至于城隅破院，一语之下识老僧，而终嗣之者清凉也。又若贯首座单丁三十载，至今闻其风，莫不高山在仰。呜呼！岂尽必万指围绕，始称有志于道，而后定向往哉！

　　余辑《传》，见有宗振首座者，出昭觉之门，尝书壁云："住在千峰最上层，年将耳顺任腾腾。免教名字落人齿，甘作今朝百拙僧。"味其语句，盖龙山大梅之俦也。惜后事莫考，不可得而传。惟祖、奇二首座能穷山地之高远耳，倘所谓有得于道者，非耶。

　　《传》曰：道祖首座者，成都人也。缁裘敝履，健于游。操乡音见圆悟，众笑之。然悟爱其品堪任大法，乃以即心是佛话，上下鞭策之，祖忽开悟，于是出语惊人，人莫测也。一日圆悟白众，以祖为堂中第一座。众窃议曰："老汉大有乡情在。"祖辄为众入室，骋其石光电闪之机。素称强项魁杰者，皆为失色。尚余二十许人，祖蓦击案问曰："生死到来，如何回避？"左右无对。祖掷下拂子，奄然脱去。众大惊，亟闻圆悟。悟至召曰："祖首座！"祖张目视之。悟曰："抖擞精神！"祖点首，竟长往矣。

世奇首座，亦成都人，常随佛眼和尚。其慈祥博厚，为众所仰。真参实请，不间寅昏。佛眼每叹曰："若奇阇黎，可谓晚季之精进幢子也。"奇既得旨于佛眼，佛眼命奇首众于龙门，奇固辞曰："此非细事也，如金针刺眼，毫发有差，睛则破矣。愿尽未来际生居学地而自煅炼。"佛眼因以偈美之曰："有道只因频退步，谦和原自惯回光。不知已在青云上，犹更将身入众藏。"

暮年学者力请，不容辞。每与宿衲盘桓斜结①处，一语释之，佛眼益为嘉叹。一日，集众说偈曰："诸法空故我心空，我心空故诸法同，诸法我心无别体，祗在而今一念中。且道是那一念？"良久，震威一喝而终。自是之后，宇内禅社，常追绎二首座之风以率众焉。

赞曰：建丛林，立宗旨，独掌委，不浪鸣。自我本师能仁分座于多宝世尊之后，其激扬法化为人天眼者，斑斑较着焉。今观祖、奇二公，以去来自在三昧，克壮一代宗猷，岂偶然哉！或以九峰侍者之机而冒按之，所谓夜郎王初具君臣，不知汉大也。

---

①斜（tǒu）结：纠结。

护国此庵景元禅师（南岳下十五世　临济宗）

此庵禅师者，东瓯人也，出张氏，名景元。元以妙年谒圆悟勤公于钟阜，公即许元入侍。时悟公左右皆显名宿德，元与之抗，或议其少丛林，公不顾。然元不离公榻下，洞彻玄旨，机发触众，有诉于公。公笑曰："我家聱头侍者，汝姑避之耳。"自是众惮其锋。

靖康改元，圆悟归蜀，元辞还浙。悟公曰："向去有人问，你作么生？"元拊傍僧背曰："和尚问你，何不抵对？"公大笑曰："我有些子禅，被元聱头一布袋盛将去也。"丛林又共称为元布袋云。圆悟乃题小像而付元曰："平生只说聱头禅，撞着聱头如铁壁。脱却罗笼截脚跟，大地撮来墨漆黑。晚年转复没刁刀，夲金刚锤碎窠窟。他时要识圆悟面，一为渠侬并拈出。"元既受嘱，铲彩埋光，不求闻达。

耿龙学守括苍，因阅《圆悟录》，得元之为人。时南明虚席，遂遣使物色之，至台之报恩，获于众中，迫授南明之命。众尚咿唔，无信可意。有僧问曰："逢人则出，出则不为人，意旨如何？"元曰："八十翁翁嚼生铁。"进云："逢人则不出，出则便为人，又作么生？"曰："须弥顶上浪翻空。"

报恩方丈古禅师，乃灵源高弟，深骇异之，即推崇元，勉应其命。元受请日，古公先引座，举"白云见杨歧①，歧举茶陵悟道"公案，请元批判。元乃升座曰："诸禅德！杨歧大笑，眼观东南，意在西北。白云悟去，听事不真，唤钟作瓮。检点将来，和杨歧老汉都在架子上，将错就错。若是新南明则不然，我有明珠一颗，切忌当头错过，虽然觌面相呈，也须一槌打破。"举拂子云："还会么？棋逢敌手难藏拙，诗到重吟始见工。"于是海众闻风，奔集南明。

南明开堂日，僧问："昔年三平道场，重兴是日。圆悟高提祖印，始自师传。如何是临济宗？"元曰："杀人活人不眨眼，目前抽顾鉴，领略者还稀。"

"如何是云门宗？"元曰："顶门三眼耀乾坤，未举先知，未言先见。"

"如何是沩仰宗？"元曰："推不向前，约不退后。三界惟心，万法惟识。"

"如何是法眼宗？"元曰："箭锋相值不相饶，建化何妨行鸟道，回途复妙显家风。"

"如何是曹洞宗？"元曰："手执夜明符，几个知天晓。"

僧曰："向上还有路也无？"曰："有。"曰："如何是向上路？"元曰："黑漫漫地。"僧便喝。元曰："贪他一粒米，失却半年粮。"

又问："天不能盖，地不能载，是甚么物？"元曰："无孔铁锤。"曰："天人群生类，皆承此恩力也。"元曰："莫妄想。"

①歧：应为"岐"。

又问："三世诸佛说不尽底，请师速道！"元曰："眨上眉毛。"乃曰："威音王已前，者队汉错七错八。威音王已后，者队汉落二落三。而今者队汉坐立俨然。且道，是错七错八、落二落三，还定当得出么？"举拂子云："吽、吽。"

又曰："野干鸣，师子吼。张得眼，开得口。动南星，蹉北斗。大家还知落处么？金刚阶下蹲，神龟火里走。"

又历应仰山连云诸刹，晚迁天台护国寺。寺久废，元乐而新之。绍兴丁丑，辄请西堂应庵禅师首众，以后事嘱之。俄顷，握右拳蜕去，年五十有三，坐三十五夏。荼毗得五色舍利，齿舌右拳无少损，塔于寺东刘阮洞前。

松窗居士钱端礼闻讣，乃喟然曰："吾师何独行也？"适平田简堂禅师，并瑞岩国清二主人至，礼与详叙达旦，遂书语别之。置笔顾曰："先师握拳而去，礼坐去好，卧去好？"简堂哂曰："一去便了，理甚坐卧。"礼合爪曰："法兄当为祖道自爱。"正坐敛目而逝。简堂名行机，后住国清，或庵住焦山，而元公之道大弘焉。

或庵师体禅师（南岳下十六世　临济宗）

或庵禅师，名师体，台州罗氏子也。师事此庵，兄事简堂。简堂既得契证，因密言于此庵曰："体公他日十倍于某，愿和尚怜之。"此庵默然。自是护国诸役，皆遣体任之。体勇于谋道，虽百冗终岁，未见喜愠之色。忽彻旨于此庵一喝之下，乃投颂曰："商量极处见题目，途路穷边入试场。拈起毫端风雨快，者回不作探花郎。"此庵密书片纸而付体曰："老寿开花，佳火结子。"体乃匿迹天台，居无定所。崖穴之士，率得法利。丞相钱公象先，遂以天封招提，勉令应世。体宵遁去，钱公深为太息。

乾道初，远公瞎堂住国清，因见体"题圆通像赞"曰："不依本分，恼乱众生。瞻之仰之，有眼如盲。长安风月贯今昔，那个男儿摸壁行。"惊喜曰："不谓此庵有此儿耶。"遍索之，得于江心寺，固于稠人中，请充第一座。

僧问体曰："一种没弦琴，久居在旷野。不是不会弹，未遇知音者。知音既遇，未审如何品弄？"体曰："钟作钟鸣，鼓作鼓响。"丛林杂然称善。

瞎堂迁虎丘，体就省。道俗闻体高风，力以觉报兰若延之。觉报旧名老寿庵，体忻然来就，以为此地符先师所谶。体初住老寿，衲子难构。瞎堂尝谓体曰："人之才器，自有大小，诚不可强。故楮小者不可怀大，绠短者不可汲深。鸱鸺①夜撮虱，察秋毫，昼出瞋目，不见丘山，盖分定也。"于是体别展机宜，以归来学。室中常摩拊苕帚柄。问学者曰："依稀苕帚柄，仿佛赤斑蛇。"学者拟议，辄舞苕帚柄驱之。有老衲请其旨，体曰："棒下无生忍，临机不见爷。"僧传至虎丘，瞎堂曰："者个山蛮杜拗子放拍盲禅，治你那一队野狐精。"体闻，说偈曰："山蛮杜拗得能憎，领众匡徒似不曾。越格倒拈苕帚柄，拍盲禅治野狐僧。"瞎

---

①鸱鸺（chī xiū）：俗名猫头鹰。

堂知之大笑而已。

晚移焦山，上堂，举"临济四喝"话，乃召众曰："者个公案，天下老宿，拈掇甚多，第恐皆未尽善。焦山不免四棱着地，与诸人分明注解。如何是金刚王宝剑？咄！如何是踞地狮子？咄！如何是探竿影草？咄！如何是一喝不作一喝用？咄！若也未会，拄杖子与焦山吐露看。"卓一下曰："笑里有刀。"又卓一下曰："毒蛇无眼。"又卓一下曰："忍俊不禁。"又卓一下曰："出门是路。""更有一机举话，长老也理会不得。"

又曰："道生一，无角铁牛眠少室。一生二，祖父开田说大义。二生三，梁间紫燕语呢喃。三生万物，男儿活计离窠窟。多处添，少处减，大虫怕吃生人胆。有若无，实若虚，争掩骊龙明月珠。是则是，只如焦山坐断诸方舌头一句，作么生道？肚无偏癖病，不怕冷油齑①。"拍禅床，下座。

又，云水率以十智同真，浩浩商量。体曰："朝暮三四，岂良狙哉？"乃大书于僧堂曰："阳春白雪非难和，藻鉴水壶岂足观。一把柳丝收不得，和烟搭在玉阑干。"

有居士爱问诸禅，曰："夫妇相打，通儿子作证。且道证父即是，证母即是？"江湖对者，不满其意。体寄以语曰："小出大遇。"居士从此不问话。

淳熙己亥八月示疾，召众言别曰："先师结子之谶，今其时矣。"众涕哀不已，体挥其手，复弹指曰："铁树开花，雄鸡生卵。七十二年，摇篮绳断。"遂趋寂。

---

①齑：本意是指捣碎的姜、蒜、韭菜等，也指混杂、调和。

先一日，手书并砚寄别侍郎曾公。逮曾公奔至，以偈讽曰："翩翩只履逐西风，一物浑无布袋中。留下陶泓将底用，老夫无笔判虚空。"

赞曰：千峰合岳，岳影自崇，万籁灵秋，秋光自迥。盖理之必然也。顾瞎堂索或庵于寂寞穷海之心，岂闲相识哉！然或庵一出，天下英灵霍然左袒，揆厥所由鳌头之禅峻矣。乃其后叶与瞎堂远公齐鸣，岂非汉家子弟尽隆准乎！

（补辑）文殊心道禅师（南岳下十五世　临济宗）

禅师名心道，眉州人也，生徐氏。性刚毅，矜气节。施德于人，使人不知。赴人之厄，如救己溺。然厌世法，布衲芒鞋，出入古招提，意趣纯一，苦行头陀也。以三十岁出家，自恨其晚。习教参禅，寒暑衣不解带，遂为佛鉴勤禅师之长子。襄守慕其节操，请主天宁。解包之日，一拂临轩，龙象不啻千来。后迁常德之文殊寺。

宋道君皇帝，宣和初，尚方术，敕改僧为德士，天下禅林刹竿易号。一时我诸老宿皆结舌而遁，惟道公与祖镜英禅师受诏。英仍住太梅，道仍住文殊。人讥之，道束发加冠，升座曰："祖意西来事，今朝特地新。昔为比丘相，今作老君形。鹤氅披银褐，头包蕉叶巾。林泉无事客，两度受君恩。所以道，欲识佛性义，当观时节因缘。且道即今是甚么时节？毗卢遮那顶戴宝冠，为显真中有俗。文殊老叟身披鹤氅，且要俯顺时宜。一人既尔，众人亦然。大家成立丛林，喜得群仙聚会，共酌迷仙酎，同唱步虚词。或看《灵宝度人经》，或说长生不死药。琴弹月下，指端发太古之音。棋布轩前，妙着出神仙之外。进一步便到大罗天上，退一步却入九幽城中。祗如不进不退一句，又怎么生道？直饶羽化三清路，终是轮回一幻身。"

英公则恣笔注《老子》以进道君。道君嘉悦，命颁道藏流行，乃赐英冠佩坛诰。人复讥二公为佞。

次年复僧，道公升座曰："不挂田衣着羽衣，老君形貌颇相宜。一年半内闲思想，大抵兴衰各有时。我佛如来预谶法之有难，教中明载，无不委知。较量年代，正在于兹。体得其便，惑乱正宗，僧改俗形，佛更名字，妄生邪解。删削经文，铙钹停音，钵盂添足，多般矫诈，欺罔圣君。赖我皇帝陛下圣德圣明，不忘付嘱，不废其教，特赐宸章，颁行天下。仍许僧尼重新披剃，实谓寒灰再焰，枯木重荣。不离俗形而作僧形，不出魔界而入佛界。重鸣法鼓，再整颓纲。迷仙酎变为甘露琼浆，步虚词番作还乡曲子。放下银木简，拈起尼师坛。昨朝稽手擎拳，今日和南不审。只改旧时相，不改旧时人。敢问大众，旧时人是一个两个？"良久曰："秋风也解嫌狼借，吹尽当年道教灰。"

英公独不改服，仍冠佩逍遥，山居大梅，人益讥之。道闻而叹曰："大梅老真不忝云门之裔也。"后果于南宋绍兴间，击鼓集众，捐冠佩象简于地，乃露顶披伽黎。拈拄杖说妙法竟，掷下拄杖,敛目而逝①。

道居文殊既久,时南北烽燧竞发,宇内丛社率苟简安众而已。道独不然,有以翰墨随身,常嗔诃之。或问其故,道叹曰:"嗟乎取舍情存,是非斗乱。行未一尺,说便一丈,不足取信于天下。使血气之属,偷心不息者,皆此辈也。而握造化之柄,能辞其责乎!"言讫潸然。

建炎三年春,示众曰:"正法眼藏瞎驴灭,临济何曾有是说。今古时人皆妄传,不信但看后三月。"

至闰三月,贼钟相叛,其徒请南避之。道叱曰:"学道所以了生死,何避哉!"贼至,道端坐木榻,若不知。贼疑,举槊残之,血皆白乳。贼众大骇,引席覆之。及靖火化,颜不少异,香烟如云。

门人慧方,闻道婴难,则隐于潭州,不肯应世。其继文殊席者,乃思业也。业世为屠宰,因戮猪忽彻心源,弃刀走文殊,呈偈曰:"昨日夜叉心,今朝菩萨面。菩萨与夜叉,不隔一条线。"道公笑曰:"你正杀猪时,见个甚么?"业作鼓刀势,公颔之。

赞曰:戈矢播广长之音,枭獍说殊胜之法。处违常顺,履险常安,道公得之矣。公词华闳放,望盖天下,不许参徒驰骋翰墨,盖亦三折股而知医者,乃云:"学道所以了生死,岂虚言哉!"又与大梅脱印同文,所谓其利断金也。

---

①原本夹注:英嗣九峰韶,为云门六世。

（补辑）宏智正觉禅师（青原下十三世　曹洞宗）

禅师名正觉，姓李氏。李氏为隰州善族。觉公生则肉环特起于臂，盖其母孕时，梦感之征也。七岁日诵数千言，佛陀逊禅师见而大异，以法室祥麟记之。又四载，公果得度。

年十八游方，决誓而行，亲友俱贤之，遂依枯木成禅师于香山。香山多佳士，成独器公。公受严折不发。闻诵《法华经》有省，即陈所悟于成。成指台上香盒曰："里面是甚么物？"对曰："是何心行？"曰："你悟处又作么生？"公画圆相呈之，又抛向后。成曰："弄泥团汉有甚么限？"曰："错。"成曰："别见人始得。"公诺诺而去。

造丹霞，时丹霞淳禅师居焉。淳为芙蓉楷之子。揩①嗣投子青。青嗣太阳玄。玄公神观奇伟，慎其付授。年至八十，叹无可继者，乃以皮履直裰，寄浮山远录公，使为求法器，兼谶以偈，偈曰："杨广山头草，凭君待价焞②，异苗翻茂处，深密固灵根。"远既任荷两宗，居圣岩，出洞下宗旨示青，青悉妙契。远以大阳顶相皮履直裰，令青续其宗系，故青为淳之祖，而淳为青原思下十二世也。

淳受公展讫，即问曰："如何是空劫以前自己？"对曰："井

---
①揩：应为"楷"。
②焞（tūn）：光明，盛大。

底虾蟆吞却月,三更不借夜明帘。"曰:"未在更道。"公拟议,淳以拂打曰:"又道不借。"公大悟其旨,便作礼。淳曰:"何不道取一句?"对曰:"某今日失钱遭罪。"淳辗然曰:"未暇打得你。"自此丹霞白椎日,非公莫敢发响。淳移大洪,命公居七众之首。四年,又分同门真歇了之座于圆通。六年,出住泗州普照。历舒州太平、江州圆通能仁、真州长芦,俱为禅衲区薮,而洞上之风大廓。

有问五位宗旨,公以颂示曰:

"正中偏,霁碧星河冷浸天,夜半木童敲月户,暗中惊破玉人眠。

偏中正,海云依约神仙顶,妇人鬓发白垂丝,羞对秦台寒照影。

正中来,午夜长鲸蜕甲开,大背摩天振云翼,翔游鸟道髅难该。

兼中至,觌面不须相忌讳,风化无伤的意玄,光中有路天然异。

兼中到,斗柄横斜天未晓,鹤梦初醒露叶寒,旧巢飞出云松倒。"

建炎初,又住天童。屋庐湫隘,衲子结草树居,常数千指。未几所废俱成,而宏胜冠南国焉。有羽客私进干汞之术,公曰:"我辈非不能也,顾欲檀家有所植福耳,为汝验之。以汞纳口坐,逾时吐白金于地。"客骇谢而去。

公之再住天童,适金人陷明州,诸刹皆毁。及窥小白岭,见谷积阴云,疑有伏甲,惧而退。时江声绝渡,千二百众俱安床藉，知事忧之。顷之嘉禾钱氏致谷千斛。岁虽艰，远施无厌，赡众之余，存活白衣老少数万人。有诏移灵隐，未越月解归。公于天童计三十载，而名号所彰，万方革面。

上堂曰："黄阁帘垂，谁传家信。紫罗帐合，暗撒真珠。正恁么时，视听有所不到，言诠有所不及，如何通得个消息去？梦回夜色依稀晓，笑指家风烂熳春。"又曰："诸禅德，吞尽三世佛底人，为甚么开口不得？照破四天下底人，为甚么合眼不得？许多病痛，与你一时拈却了也。且作么生得十成通畅去？还会么？擘开华岳连天色，放出黄河到海声。"

僧问："清虚之理，毕竟无身时如何？"曰："文彩未痕初，消息难传际。"僧曰："一步密移玄路转，通身放下劫壶空。"曰："诞生就父时，合体无遗照。"僧曰："理既如是，事作么生？"曰："历历才回分化事，十方机应又何妨。"僧曰："恁么则尘尘皆现本来身也。"曰："透一切色，超一切声。"僧曰："如理如事，又作么生？"曰："路逢死蛇莫打杀，无底篮子盛将归。"僧曰："入市能长啸，归家着短衫。"公曰："木人岭上歌，石女溪边舞。"又僧问："如何是向去底人？"公曰："白云投壑尽，青嶂倚空高。""如何是向来底人？"公曰："满头白发离岩谷，半夜穿云入市廛。""如何是不来不去底人？"公曰："石女唤回三界梦，木人坐断六门机。"公提唱语句，湖海争馨炙之，均以为因公得见青、楷二尊宿也。

公虽年老，日常过午不食。缕丝不衣，有巨贾献奇制新锦，公坚却之，曰："为老僧一人，劳千里信施，老僧不忍居也。"必不已，估直以供众。是以廉约成风，天下效之。

绍兴丁丑九月,出队言别于越帅赵公令詪①及诸檀信。次月七日还山,遂作书请妙喜主我法门后事已,而沐浴更衣,告众曰:"梦幻空花,六十七年。白鸟烟没,秋水连天。"俄报妙喜至,公泊然蜕去。妙喜为公剃发,舍利随指而下,龛留七日,颜不少异,塔于东谷。谥曰宏智,塔曰妙光。

赞曰:观觉公唱教,当乾坤鼎沸之秋,辟启东南,缜言密行,为湖海倾归。妙喜尚左逊之,其余欲并驾争驱,知其孰可也。嗟乎!洞上宗风,微公孰慰浮山之望,而足太阳之心哉!

真歇清了禅师(青原下十三世　曹洞宗)

真歇禅师,讳清了,蜀之左绵安昌雍氏子也。生有慧根,眉目疏秀,神宇静深,见佛则欣恋不舍。年十一,依圣果寺俊僧受业。又七岁,试《法华经》得度。具戒听讲,玄解经论,以为言说终非究竟。

出峡直抵沔汉,扣丹霞子淳禅师。淳问:"如何是空劫时自己?"师拟对,淳掌之,师契旨。翌日淳上堂曰:"日照孤峰翠,月临溪水寒。祖师玄妙诀,莫向寸心安。"师趋进曰:"今日瞒某甲不得也。"曰:"试举看!"师良久。淳曰:"将谓你瞥地。"师便出。辄北游五台、京汴。南抵仪真,谒长芦祖照,一语契合,

---

①詪(hěn):通"很"。

命为侍者，逾载分座。照常以老疾拟闲退，梦人告曰："蜀僧可代。"照未决蜀僧为谁。至宣和壬寅，照病笃，恍省前谶，蜀僧即了首座也。乃嘱经使陈公，请了继席长芦。

开法，以香酬丹霞淳，语曰："我于丹霞先师一掌下，伎俩俱尽，觅个开口处不可得。如今有怎么快活不彻底汉么？若无，衔铁负鞍，各自着便。"于是洞宗大振，禅流如归，亦多照公逊席之力也。及照殁，师以父礼行丧事，亦宜矣。师居七载。建炎二年戊申，南游普陀，以沤和机，引道海山七百余家皆弃网业。

庚戌，应天台国清寺，寻受闽之雪峰。绍兴五年丙寅，奉旨补明州育王寺。育王院务旷贩，不易承理，因递代逋①负几二十万贯，咸为师忧。而师居未几间，偿旧逋负十有八九矣。戊午诏迁蒋山，疾辞不赴。明年，朝旨以温之龙翔、兴庆二院合一禅林，诏师主之。僧集如云，斋粥不继，朝以法田千亩赐之。又诏主双径，慈宁太后建崇先寺居师，赐金襕银绢法物，隆渥殊甚，师以为可作归休计。

上堂，"转功就位，是向去底人，玉韫荆山贵。转位就功，是却来底人，红炉片雪春。功位俱转，通身不滞，撒手无依，石女夜登机，密室无人扫。正怎么时，绝气息一句怎么生相委？"良久云："归根风堕叶，照尽月潭空。"寻示疾，中使问候，师从容叙谢，乃呼首座曰："吾行矣。"跏趺瞑目而逝。时绍兴二十二年壬申十月朔日也，越世六十有二，坐四十五夏。

凡七处说法，五承紫泥之诏，得度弟子四百，嗣法者宗珏等

---

①逋：拖欠。

三十余人。所编《语录》二集若干卷行世。其语曰："穷微丧本，体妙失宗。一句截流，玄渊及尽。是以金针密处，不露光芒。玉线通时，潜舒异彩。虽然如是，犹是交互双明。且道，巧拙不到，作么生相委？"良久云："云萝秀处青阴合，岩树高低翠锁深。"师之语句精妙，约类如此。

僧问："不落风彩，还许转身也无？"师曰："石女行处不同功。"曰："向上事作么生？"师曰："妙在一沤前，岂容千圣眼。"僧礼拜，师曰："只恐不恁么。"

师一日入厨看煮面次，忽桶底脱，众皆失声曰："可惜许。"师曰："桶底脱，自合欢喜，因甚烦恼？"曰："和尚即得。"师曰："灼然可惜许一桶面。"临机勘辨，约类如此。

赞曰：师初于丹霞掌下，洞彻根源，便乃遨游南北，衡抗时机，不无离师太早之讥。殊未知真龙不借涓滴，而能霖霈九天，岂与点额钝鳞同日量论哉！况师夙承弘愿，以英伟之操，深明的旨。宜请假观方，非分外也。不期际长芦推代之风云，卒尔广泽，宜矣。故曰："得时而动，则功成百世。"其师之谓乎！

南宋元明禅林僧宝传卷三

虎丘绍隆禅师（南岳下十五世　临济宗）

禅师和之含山人也，名绍隆。机投佛果勤禅师，出世开圣。次迁彰教，果还□，移居虎丘。时佛果门贤虽有妙喜辈尚庵居，楚吴衲子惟趋虎丘，故虎丘法筵之盛，无异佛果之住蒋山也。

师凡见学流，必以湛堂死心诸宗匠而龟镜之。盖师初为大僧，辄知有于长芦信公言下因慕佛果老人，造夹山，而道由宝峰，见器于湛堂。又过黄龙，抗机①于死心。抵夹山，适佛果移道林，师从其行。佛果问曰："见见之时，见非是见。见犹离见，见不能及。"竖拳云："见么？"对曰："见。"曰："头上安头。"师脱然契证。佛果复召曰："见个甚么？"师曰："竹密不妨流水过。"佛果深肯之。于是二十载，侍从于果。而隆睡虎之名，饫惊丛社矣。

宣和间，辞归省亲，因住褒禅山。靖康改元，领开圣。为建炎之扰，退隐铜峰。尚书李公光，起师居彰教。间有老宿，闻而笑曰："瞌睡虎今插翅矣。"

绍兴癸丑，迁平江之虎丘。虎丘为南国衣冠之薮，怀香请益外，掀禅床喝。大众之辈，腾腾不绝。僧问："为国开堂一句作

---

①抗机：对机。

么生道？"师曰："一愿皇帝万寿，二愿重臣千秋。"曰："只如生佛未兴时一着，落在甚么处？"师曰："吾常于此切。"曰："官不容针，更借一问时如何？"师曰："据虎头，收虎尾。"曰："中间事作么生？"师曰："草绳自缚汉。"曰："毗婆尸佛早留心，直至如今不得妙。"师曰："几行岩下路，少见白头人。"问："九旬禁足，意旨如何？"师曰："理长即就。"曰："只如六根不具底人，还禁得也无？"师曰："穿过鼻孔。"曰："学人小出大遇。"师曰："降将不斩。"曰："恁么，则和尚放某甲逐便也。"师曰："停囚长智。"问："如何是大道真源？"师曰："和泥合水。"曰："便恁么去时如何？"师曰："截断草鞋跟。"问："古人到者里，因甚么不肯住？"师曰："老僧也恁么。"曰："忽然一刀两段时如何？"师曰："平地神仙。"问："如何是截铁之言？"师曰："满口含霜。"曰："何必如此？"师曰："阇黎又作么生？"曰："痛领一问。"师曰："也须吐却。"

　　诸方以师之机，类于五祖。其上堂曰："凡有展托，尽落今时。不展不托，堕坑落堑。直饶风吹不入，水洒不着，简点将来，自救不了。岂不见道，直似寒潭月影、静夜钟声，随扣击以无亏，触波澜而不散，犹是生死岸头事。"拈拄杖一划，云："划断古人多年葛藤，点头石不觉拊掌大笑。且道笑个甚么？脑后见腮，莫与往来。"又曰："目前无法，万象森然。意在目前，突出难辨。不是目前法，触处逢渠，非耳目之所到，不离见闻觉知。虽然如是，也须踏着它向上关棙子始得。所以道，罗笼不肯住，呼唤不回头。佛祖不安排，至今无处所。如是则不劳敛念，楼阁门开。寸步不移，百城俱到。还委悉么？路逢死蛇莫打杀，无底篮子盛将归。"

诸方又以师语类于白云。白云端和尚尝立祖堂,昭享先泽师追绎其事,图其像而安奉之。故有语曰:"天子之庙九,诸候①之庙七。"况金轮世谱,宁甘草草饮水,邈昧其源,于义安乎!于是丛林咸遵行焉。师前后据室,严展化仪,不以狮乳暴迸非器。所以得法于师者,气宇如王。

丙辰五月,佛果讣始至。师乃白众曰:"当以第一座宗达承虎丘院事。"复索笔书最后法语,俨然化去,寿六十,坐四十五夏,塔于本山。有门人应庵华禅师。

应庵昙华禅师(南岳下十六世 临济宗)

应庵禅师,讳昙华。北宋徽宗崇宁癸未,生于楚黄江氏。神彩炳异,识度持重。年十七,具决定志,津济群品,弃家得道于虎丘隆公。隆先妙喜受印于佛果,佛果嗣法东山演禅师,而应庵为东山之四世也。当时推二甘露门,谓楚西有应庵,浙东有妙喜。妙喜谪梅杨,有传应庵法语至者,妙喜誉不容口,以偈柬曰:"坐断金轮第一峰,千妖百怪尽潜踪。年来又得真消息,报道杨岐一脉通。"应庵之语曰:"九年面壁,坏却东土儿孙。只履西归,钝置黄面老子。"以拄杖画一画云:"石牛横古路,一马生

---

①候:应为"侯"。

三寅。"

又曰:"十五日以前水长船高,十五日以后泥多佛大。东海鲤鱼打一棒,雨似盆倾,直得三千大千世界,一切众生悉皆欢喜。谓言打者一棒,不妨应时应节,山僧不觉通身踊跃。"遂作诗一首,举似大众:"蜻蜓许是好蜻蜓,飞来飞去不曾停。被我捉来,摘却两边翼,恰是一枚大铁钉。"

又曰:"饭箩边漆桶里,相唾饶你泼水,相骂饶你接嘴。黄河三十年一度清,蟠桃五百岁一次开花。鹤勒那咬定牙关,朱顶王呵呵大笑。归宗五十年前有一则公案,今日举似诸人。且道是甚么公案?王节级失却帖。"

又曰:"参禅人切忌错用心。悟明见性是错用心,成佛作祖是错用心。看经看教是错用心,行住坐卧是错用心。吃粥吃饭是错用心,屙屎送尿是错用心。一动一静一往一来是错用心。更有一种错用心,归宗不堪与诸人说破。何故?一字入公门,九牛车不出。"其前后语要,约类如此。

僧问:"只者是埋没自己,只者不是孤负先圣。去此二途,和泥合水处,请师速道!"曰:"玉箸撑虎口。"僧曰:"一言金石谈来易,万事鸿毛脱云轻。"曰:"莫谩老僧好!"

侍郎季浩拟达所畜,应庵骤起,揕①其胸曰:"死后向甚处去?"浩噤不能发,应庵叱退之。浩不旬日,彻见临济宗旨。其妙密钳锤,又类如此。故一时无表里贵贱,耆艾饱参,经其炉鞴②,无不汗下心死。

----

①揕(zhèn):击。
②鞴(bài):古代用来鼓风吹火的皮囊。

隆兴改元五月，虎丘忌晨。应庵拈香曰："平生没兴撞着无意智老和尚，做尽伎俩，凑泊不得。从此卸却干戈，随分着衣吃饭。二十年来坐曲录床，县①羊头卖狗肉，知它有甚凭据？一年一度烧香日，千古令人恨转深。"已而以丛林嘱累教授严康朝，以潭沱正宗分付密庵咸杰。次月将告寂，犹挂牌入室。或以偈请，应庵呵曰："吾长笑诸方所为，而自蹈之耶！"区分院事，洪纤不遗。趺坐迁化，世龄六十一，僧夏四十三，塔于玲珑岩之外冈。未逾月，妙喜亦迁化。

　　初，应庵道既通，闻此庵元布袋住连云，深山广泽，衲子难近。徒步访之，故为分座，而连云之风立震。已而主明果，则雪堂每过，盘桓永夜。间有窃议者，雪堂叱之。应庵凡八历名刹，两住归宗。始明果，终天童。其居天童时，妙喜亦生，还住育王焉。

　　赞曰：临济宗枝，若无首山，几到大风吹止。虎丘命脉，一有应庵，家声始不寂寥。如珠中如意，花里优昙，色色改观。但圆悟为一睡虎，发其千片之弩，岂有鼷鼠怏怏负其所望哉！

（补辑）大慧宗杲禅师（南岳下十五世　临济宗）

　　禅师宗杲者，字昙晦，别号妙喜，大鉴十五世圆悟勤公之嗣

---

①县：通"悬"。

也。妙喜出宣州宁国奚氏，年十三就乡校，不旬而弃之。亲奇其志，乃许衣缁成大僧。遍探诸家语录，于云门睦州尤笃意焉，竟有五家浅深门庭之疑。遂请益于广教珵公，珵示其节目，妙喜辄领意。珵私叹曰："杲乃再来人也。"妙喜又弃之，遂至真如喆座下，入庆藏主贤蓬头之室。因之过黄龙谒晦堂，跨东林参昭觉，俱雅珍爱。妙喜又弃之，往见心印询。询与语连三日，大奇之，欲留不可。因指见湛堂准公于宝峰，机辨纵横，准漠然不诺，妙喜始伏膺事之。及准疾革，妙喜惶启曰："某向后当见何人？"准曰："有个勤巴子，当能了子事。"准殁，乃茧足千里，请塔铭于张公无尽。无尽时为禅室领袖，契之，嘱妙喜必见川勤老也。

会东京天宁席虚，诏起蒋山勤禅师为住持。妙喜心庆曰："此天赐我也。其禅若不异诸方，妄相许可我，则造无禅论去也。"遂入勤公之室，闻公拈提，期年不敢犯其机。一日，公举"东山水上行"公案以示众，妙喜跃然，急呈所得于公。公曰："未未，悬崖撒手，自肯承当，绝后再苏，欺君不得。"令居择木寮，为不厘务。侍者日同士大夫入室，公每举"有句无句，如藤倚树"话，妙喜拟对，公辄禁之，乃至握箸忘食。公笑曰："者汉却参黄杨木禅也。"妙喜益茫然无措，乃坚请公在五祖时问答。公良久曰："我问有句无句如藤倚树，先师但向我道，描也描不成，画也画不就。又问树倒藤枯句归何处？先师则云相随来也。"妙喜豁①然大彻，连呼曰："我会也！"于是随声酬对，势如涌泉。公拊掌称善，举以首众，宿衲皆下之，士绅争相从游。

---

①豁：原本为"豁"。

丞相吕公舜徒尤悦之，奏赐紫衣，号佛日禅师。是时已有诏，移勤公住云居，赐号圆悟。圆悟又以妙喜首云居之众。其秉拂小参，万指轩腾。昭觉元禅师出，问曰："眉间挂剑时如何？"妙喜曰："血溅梵天。"圆悟于座下以手约曰："问得极好，答得更奇。"于是海众争颂老东山之再见也。

圆悟还蜀，妙喜始庵居古云门，迁湖南，转江右，入八闽，又结庵洋屿。僧昙懿者，久依圆悟，自谓不疑。绍兴初，出住祥云，法席颇盛。妙喜知其所见未实，致书令来。懿故不起，妙喜鸣鼓痛斥，榜告四众。懿乃破夏来洋屿，妙喜鞫①其所证，大笑曰："汝恁么见解，敢嗣我圆悟老人耶？"懿愧汗浃背，即退院求侍于妙喜。入室次，妙喜曰："我要个不会禅的做国师。"懿对曰："我做得国师去也。"妙喜喝出，复召曰："阇黎香严悟处，不在击竹边。俱胝得处，不在指头上。"懿失声横趋而去。妙喜笑曰："懿阇黎此回堪住院子也。"

又僧弥光，字晦庵，流誉诸方，趋风来见，妙喜命坐而商略，光一一具对。妙喜曰："虽有落处，只是不着所在。今诸方浩浩说禅者，见解只如此，何益也？其杨岐正传三四人而已。"语讫呵呵大笑，光愠而起去，妙喜即挝鼓入室，光颦额而至。妙喜曰："吃粥了也，洗钵盂了也。去却药忌，道将一句来！"光遽对曰："裂破。"妙喜震威喝曰："汝又说禅也。"光乃得旨。遂以书招其友鼎需曰："洋屿庵主手段，与诸方别。"需干笑而已。

需字懒庵，乃闽人，幼登进士，绝婚为比丘。一锡湖湘，遍

---

①鞫（jū）：古同"鞠"，审讯罪人。

参名宿，以为法无异味。归隐羌峰绝顶，久不下山。佛心才禅师已挽出，首众于大乘。需尝以"即心即佛"问学者，毅然无可意。光强速其至，会入室鼓鸣，需随喜焉，妙喜以拂指曰："即心即佛作么生？速道！"需从傍下语，妙喜诉之曰："汝见解如此，敢妄为人师耶？"即普说，讦其生平珍重得力处，排为邪解。需涕泪交颐，不敢仰视，乃归心决择。一日垂问："内不放出，外不放入，正恁么时如何？"需拟对，妙喜连击之，需释然厉声曰："和尚已多了也。"曰："今日方知，吾不汝欺。"妙喜之精猛开发，约多类此。时及门者五十三辈，期未半得法者十三人。

　　丞相张公浚在蜀时，圆悟为言："杲真得吾宗之髓。"张公还朝，遂以杲补径山。径山之席，常随二千余辈。方来无地以容，乃构千僧阁安之。侍郎张子韶、状元汪圣锡、少卿冯济用，悉预其列。当是时，秦桧居权，司谏詹大方阿之曰："鼓唱浮言，谤讪朝政，张九成为之首，径山僧宗杲和之。"乃坐编置。

　　九成毁衣焚牒，窜妙喜于衡阳，起遣日而恻声载道。识者曰："日月无私成其明，圣贤无择成其大。"岂杲公之化应南，故天假之以示现于衡阳者耶！且法门正气，表烛千秋。又以群愿所系，公必寿还，何忧①哉？凡十载，徙梅杨，虽瘴疠之乡，而妙喜竖拂不倦，缁素腾腾，仍光风霁日也。

　　又五载，有旨赐还复僧衣，四方虚席迎之，皆不就。最后有旨，强起主育王，筑涂田数百顷，以继众食，赐其庄，名般若。

　　又二年，改移径山，径山益盛。虽龙象互相蹴踏，而上堂每

---

①忧：原本为"夏"。

赞犹子应庵深得先人机用，于是天下益称其公。妙喜腊高，屡求退居明月堂，告谢方来，莫可禁止。

先是孝宗居藩时，遣内监至径山，见妙喜献以偈，孝宗大悦。及在建邸，复遣近侍请上堂，亲书妙喜庵额，并赞真制赐之。及即位，又锡法号大慧禅师。洎召对，妙喜已示疾。一夕忽大星陨地，流光四散，鸟兽皆鸣。遂乃告寂，于明月堂亲封遗疏。侍僧请留偈，妙喜厉声曰："无偈便死不得也？"乃大书曰："生也只恁么，死也只恁么。有偈与无偈，是甚么热大！"掷笔长往。时隆兴改元八月十日也，世寿七十五，坐夏五十八。上览遗语凄然，制词奠曰："生灭不灭，常住不住。圆觉空明，随物现见。"诏以明月堂为妙喜庵，全身瘗于庵后，谥曰普觉，塔曰普光。入其全录八十卷于大藏焉。

赞曰：端祖云："悟了须是遇人始得。"余虚度林间数十载，每耳目所有诸道者，莫不据高广座，自称曹溪正脉少室真传，但惜未遇大慧老人耳，若遇，自当别有壶天。而端祖之言岂谬哉？呜呼！马逢伯乐，薪遇中郎，吾宗之大幸也与。

径山大禅了明禅师（南岳下十六世　临济宗）

禅师了明者，不知何许人，长身大腹，所至惊众，众皆称之曰："大禅，大禅！"机锋敏疾，仪度豪朗，为妙喜杲禅师会中之龙象。当妙喜住育王时，室中不许下喝。大禅每入室，必振声一喝而退。妙喜榜示曰："下喝者罚钱一贯。"大禅乃密袖千钱，先顿于地，高声连喝而出。妙喜曰："奈者汉何！"再榜曰："下喝者罚当日堂供一中。"大禅即往言库司和尚要金十两，主事者不疑与之。随袖以入，复顿于地，高声一喝。妙喜大骇，徐问知之，为之一笑。

一日妙喜谓大禅曰："你者肥汉，如是会禅，驴年未梦见在。"大禅曰："灵山授记，何异今日？"妙喜乃以德山托钵因缘，征其节目。大禅对曰："凛凛吹毛照胆寒，不容拟议岂容传。抬眸已是身三段，此是吾家红铁团。"妙喜叹曰："此话它日大行去在。"于是出赴投子，丛席改观。

次迁长芦，百废俱修。尝过径山，省妙喜。妙喜送以偈曰："人言棒头出孝子，我道怜儿不觉丑。长芦长老怎么来，妙喜空费一张口。从教四海妄流传，野干能作狮子吼。孰云无物赠伊行，喝下铁团颠倒走。"大禅既主长芦，颇着异迹，虽万指周旋，而檀施如山，故时以布袋和尚拟之。

晚年继席径山室中，惟以台山婆子话验学者。遁庵以偈嘲曰："一按牛吃草，一与贼过梯，早知灯是火，饭熟已多时。"大禅答曰："干戈中有太平基，不用干戈始得之。若无举鼎拔山力，千里乌骓不易骑。"

径山当妙喜迁化之后，其法政大禅为之再新。然岁计浩大，知事以将来不给为谏，大禅独以龙天常住慰之。杨和王梦一异僧长大幡髯，坦腹缓行，言欲化苏州一庄。王异之。次旦大禅杖履而至，阍人不能止，急启王。王立见大禅，奇伟与梦合，乃炷香设礼。大禅首言："大王庄田至广，可施苏州一所，以供佛僧，无穷之利也。"王未可否。大禅斋毕,便出,无他语。是时内外訇①传:"和王以苏州庄田,施径山大禅布袋和尚。"王入朝,孝宗闻王舍业,为王助喜。王谢归,遣使至径山请大禅,而大禅前二日无疾别众示化矣。自是和王宴居寤寐,或少交睫。即见大禅在前语曰:"六度之大,施度为先。善始善终,则为究竟。"王嗟慕,即以庄隶径山。此庄岁计十万,舟库皆备,乃大禅之遗光也。

初妙喜谪梅州,防送甚严,或为祸在不测。大禅挺力,荷枷从行,而师资仪礼,旦夕益慎。至贬所,衲子追随者,率二三百辈。妙喜以斋用不给,复虑生议,尝勉之令去。大禅曰:"不可。衲子所抱者道也,所履者义也。况重茧千里,咨决为事。纵拮据辛劳,风波不定,听之龙天,安忍弃之。"遂身任斋粥,每日肩栲栳②,行乞至晚,则数十人为之荷馚③,成列而归。衲子虽多,无不具足,如是十六年似一日。顾妙喜法嗣之盛,在贬所接者居其半,大禅明之力也。

赞曰:禅师明公,于盘错之际,执礼凛若冰霜,可法也。及读其生平语句,如神锋出匣,截铁如泥。稽其行事,顺逆普应,灵异叠出,一时疑为慈氏下生,抑何神也。经云:"譬如心王宝,随心现众色,众生心净故,得见清净刹。"信哉!

---

①訇(hōng):形容声音很大。
②栲栳(kǎo lǎo):由柳条编成的容器,形状像斗,也叫笆斗。
③馚(fēn):蒸熟的饭。

（补辑）育王端裕禅师（南岳下十五世　临济宗）

禅师名端裕，会稽人，吴越钱王之裔也。年十四，驱乌于境之大善寺。目光外射，有异量。每闻灯笼露柱、佛殿山门之语，则罔然。行脚经宿净慈，有僧击露柱云："如何不说禅？"裕有省。谒诸名宿，皆以特迈见推，裕终歉然。别见佛果勤和尚于钟阜，勤每瞬目顾之，裕不领。一日，勤问曰："谁知正法眼藏，向瞎驴边灭却。即今是灭不灭？"裕对曰："和尚合取口好。"曰："此犹未出常情在。"裕拟进语，勤击之，裕顿去所滞，自此当机敏绝。

会朝廷加勤圆悟师号，主天宁。裕以毫彩典记室，价倾一时。初出住丹霞，众盈千辈。每挂牌入室，罕有构机者，裕垂涕长叹不已，众俱愤发自新。及迁虎丘双径，成大器者数十人。尝示众曰："德山入门便棒，多向皮袋里埋踪。临济入门便喝，总是声尘中出没。若是英灵衲子，直须足下风生，超越古今涂辙。"卓拄杖，喝云："只者个何似生，若唤作棒喝，瞌睡未醒。不唤作棒喝，未识德山临济。毕竟如何？"复卓拄杖，喝云："总不得动着。"

又曰："动则影现，觉则冰生。直饶不动不觉，犹是秦时𨍏[①]

---

①𨍏：音"duó"，转动。

轹钻。到者里，便须千差密照，万户俱开。毫端拨转机轮，命脉不沉毒海。有时觉如湛水，有时动若星飞，有时动觉俱忘，有时照用自在。且道正恁么时，是动是觉，是照是用，还有区分得出么？铁牛横古路，触着骨毛寒。"

又曰："行时绝行迹，说时无说踪。行说若到，则朵生招箭。行说未到，则神锋划断。就使说无渗漏，行不迷方，犹滞壳漏在。若是大鹏金翅，奋迅百千由旬，十影神驹，驰骤四方八极，不取次啖啄①，不随处埋身，且总不依倚，还有履践分也无？刹刹尘尘是要津。"

又曰："尽大地是沙门眼，遍十方是自己光。为甚东弗于逮打鼓，西瞿耶尼不闻，南阎浮提点灯，北郁单越暗坐。直饶向个里道得十全，犹是光影活计。"撼拂子云："百杂碎了也。作么生是出身一路？"掷拂云："参！"

绍兴庚午十月，示微疾，尤示众，谆切异往时，众多涕下。门人法全请垂遗训，裕振色曰："尽此心意，以道相资。"语讫而逝。茶毗，目睛齿舌不坏，其地发光终夕，得舍利者无计，逾月不绝。弟子分塔于鄮峰、西华两处。

有黄冠罗肇常，频经问道于裕，适远归，独无所获，慕念诚切，方与客食咀嚼间，若有物吐哺，则舍利大如菽，色如琥珀。遂再拜于茶毗所，闻香爇有声，函开所获如前，而差红润。

裕凡十历名刹，赐号佛智禅师。终于育王，谥曰大悟。

---

①啖（dàn）啄：又写为"淡啄"。

（补辑）道场法全禅师（南岳下十六世　临济宗）

法全禅师者，姑苏人也，姓陈氏，号无庵。早岁父携见东斋川和尚，川熟视曰："若能从我乎？"全欣然膝地请名，其父奇之，遂舍断发。

及游方，所至正大，人不易就。依佛智于虎丘，每入室，智以狗子无佛性话问之。全结舌。但见棒如雨，喝如雷，益迷闷，不知所以。频背众求示，佛智叱之。

一日，闻僧举五祖颂云"赵州露刃剑"，忽惊汗下。趋呈智曰："鼓吹轰轰祖半肩，龙楼香喷益州船，有时赤脚弄明月，踏破五湖波底天。"智乃肯之。然全所抱慎重，人莫知者。

及佛智补灵隐，以全首众，林下知名。或以大刹请全主持，不应。每蹙额叹曰："古断臂以求安心，今卖身以要续祀。吾道殆哉，明矣。"久之，佛智以年迈，归西华旧隐。全始说法安吉道场，乃拈拄杖云："汝诸人个个顶天立地，肩横椰栗，到处行脚，勘验诸方。更来者里觅个甚么？才轻轻搛着，便道天台普请，南岳游山。我且问汝：还曾收得大食国宝刀么？切忌口衔羊角。"

又曰："欲得现前，莫存顺逆。"以杖横案云："三祖大师变作马面夜叉，游遍四大部洲，却来山僧手里呈身，元来只是一条黑漆拄杖，还见么？直饶见得，入地狱如箭射。"

乾道己丑秋有疾，医至，全乃让之曰："为一幻躯求良医，觅佳穴，是可忍乎？"竟尔告寂。众泣求偈语，全大书无无二字，弃笔而化。火浴设利五色，塔于金斗峰。

初，全居灵隐首座时，有权道者久参无证，请益于全。全以无住本建一切法征之，权有省，乃私笑曰："暗里穿针，耳中出气。"遂定师资焉。

（补辑）华藏有权禅师（南岳下十七世　临济宗）

禅师名有权，临安祁氏子也，号伊庵。虽机契无庵全首座，而权益自砥砺。常兀坐如木石，因过堂忘展钵，邻僧以手触之，有偈曰："黑漆昆仑把钓竿，古帆高挂下惊湍。芦花影里弄明月，引得盲龟上钓船。"佛智大称赏之，乃召权问曰："心包大虚、量廓沙界时如何？"权对曰："大海不宿死尸。"智拊其座曰："此子他日当据此诃佛骂祖去在。"于是诸山请权出世，不就。以竿木随身，游戏湖江，来往应庵、妙喜之庭。

会全公殁，华藏虚席，物色求权，权仍却之。或曰："无庵老人法道，宁不在公乎！公今拘小节，乐林泉，即洁如巢由①，信如尾己，何足贵也！"权感起就之。

次迁万年，诸刹常随万指，肃如公府，日与众均其劳逸。或

---

① 巢由：巢父和许由，相传皆为尧时隐士，尧让位于二人，皆不受。因用以指洁身自好、隐居不仕者。

曰："住持安坐演法，何自苦耶？"权曰："法末憍慢，未得谓得，借位自恣，身帅之且不从，敢自逸乎！"

淳熙庚子秋示寂，茶毗齿舌不坏，舍利无数，塔于横山，又分诸不坏塔万年山寺。

权为人剽刚毅，法不容私。有贵人入寺施财，衣冠不整，权终不受。又僧充化主，归纳厚疏，颇有矜色，权叱还之，故门下不易出入，俱以气节自化。权暮年法令森严益甚，有语曰："今朝结却布袋口，明眼衲僧莫乱走，心行灭处解翻身，喷嚏也成狮子吼。栴檀林，任驰骤，剔起眉毛顶上生，剜肉成疮露家丑。"

赞曰：佛智三代以稳实起家，当时禅风为之一转。观其前后垂迹，如虫书鸟篆，体势虽殊，谛理则一。使非亚圣大人，曷克臻此。矧止啼饶黄叶之方，而济讯绝悬沙之秘哉！

南宋元明禅林僧宝传卷四

（补辑）道场明辨禅师（南岳下十五世　临济宗）

禅师讳明辨，吉安州俞氏之子，说法于郡之道场山，以正堂自号，据令端方，毫不苟贷。每缁素入山请法，必令先具香设，拜佛眼远和尚，然后受谒，谒者悚然。

有问："语默涉离微，如何通不犯？"辨曰："横身三界外，独脱万机前。"

曰："只如风穴道，长忆江南三月里，鹧鸪啼处百花香。又作么生？"辨曰："说者个不唧��汉作么？"

曰："嫩竹摇金风细细，百花铺地日迟迟。"曰："你向甚么处见风穴？"

僧曰："耳里眼里绝萧洒。"曰："料掉没交涉。"

又问："如何是佛？"辨曰："无柴烧猛火。"

"如何是法？"曰："贫做富装，裹如何是。"

僧曰："卖扇老婆手遮日。如何是一喝如金刚王宝剑？"曰："古墓毒蛇头带角。"

"如何是一喝如踞地狮子？"曰："虚空笑点头。"

"如何是一喝如探竿影草？"曰："石人拍手笑呵呵。"

"如何是一喝不作一喝用？"曰："布袋里猪头。"

"如何是向上事？"曰："锯解秤锤。"

"如何是和尚栗棘蓬？"曰："不答此话。"

曰："为甚么不答？"辨大笑曰："吞不进，吐不出。"

辨机要精悍，每经旬掩室，即近侍罕得见进。然其章训，痛绝名根，不把玩，不暴用。故及门皆三二十载，韬神晦颖。诸方有盛名者，率闻而钦畏之。

暮年上堂云："猛虎口边拾得，毒蛇头上安排。更不钉桩摇橹，回头别有生涯。婆子被我勘破了，大悲院里有村斋。"

又上堂，以杖左卓云："三十二相无此相。"右卓云："八十种好无此好，僧由一笔画成志公，露出草稿。"又卓杖顾众曰："莫懊恼，直下承当休更讨。"下座，归方丈，跏趺而化，火后得舍利，塔于仙人山。

雪堂见辨《达磨赞》，乃叹曰："当今满目珠玑，慰我白首独有此耳。"其词曰："升元阁前懡㦬①，洛阳峰畔乖张。皮髓传成话把，只履无处埋藏。不是一番寒彻骨，怎得梅花扑鼻香。"

赞曰：辨公初至少林，览立雪遗迹，乃至陨涕。及出世，必指人知，其得法源委，昧者往往以世谛失之，盖择乳在鹅王也。当时佛眼门下，作略逸群，独于辨公，俱嗟不及。呜呼！熠熠赤帜，皎皎白眉，千秋节合，其揆一也。

---

①懡㦬（mǒ luó）：羞愧的样子。

(补辑) 乌巨雪堂道行禅师（南岳下十五世　临济宗）

禅师名道行，号雪堂，处州人也。其父叶公常游禅社，自称见独居士，以积厚流光而生行。行生而岐嶷，壮克节俭绝笑，俚爱博施。叶公尝谓行曰："中无主不立，外不正不行，此语宜终身践之，圣贤事业备矣。"

行茂年不乐与诸子伍，乃依普照英禅师得度。英有鉴裁，春汲樵爨①，必使行董之，行乘间参请不倦，无所得辞。英参佛眼，因与高庵、竹庵，同得究竟法。方是时，佛果、佛鉴人满大江南北，而佛眼下诸贤，多驰化于浙水东西，是以东山法道大阐于三佛。

高庵初在龙门时，骨鲠寡交，独喜行，盘桓不间。尝叹曰："稠人广众中，鄙者多，识者少。鄙者易习，识者难亲。果能自奋于其间，如一敌万，庸鄙之习，力尽真挺特，没量汉也。"行感佩其言，如雪峰之事岩头，故终其身未尝不举高庵之为人。行居荐福，谓众曰："我佛眼老人住龙门时，龙象满席，尚自潸然太息，以为终愧老东山也。今山僧复愧老人倍倍耳，其流涕太息，可胜道哉！"

行虽寓名山，去就如流云，闻妙喜之子博山本有贤操，遂达

---

①春汲樵爨（cuàn）：舂米、抽水、砍柴、做饭。爨，烧火煮饭。

郡守吴公,以本住持荐福。行迁乌巨,为终焉计,及门者有且庵仁、退庵休、晦庵光辈,俱为懿范。

行老且病,汪乔年、王十朋来往问道,行答不厌频。尝谓十朋曰:"金堤千里,溃于蚁壤。白璧之美,罹于瑕玷。况无上妙道,非特金堤白璧也,而贪欲非特蚁壤瑕玷也。要心之端谨,行之精进,守之坚确,修之完美,然后可以自利而利他也。"又示乔年曰:"识则识自本心,见则见自本性。识见本心本性,正是宗门大病。"一日,召乔年嘱以后事,沐浴更衣,跏趺而寂。阇维,齿舌不坏,五色舍利,烟所至处,人皆获之。塔于西寺。

赞曰:济下宗师,如巨鹿鏖兵,万夫辟易,壮矣。行公去临济,其世十三番,为名葩秋月,人人得而就之。经云:"具足优婆夷,得菩萨无尽福德①藏解脱门。能于小器中,随诸众生种种欲乐,出生种种美味珍奇,悉令充足。"② 其行公之谓耶!

慈化普庵印肃禅师(南岳下十六世　临济宗)

普庵禅师,名印肃。政和乙未冬,生于袁州宜春,余姓。肃生,祥光烛天。莲生道周,异香远馥。襁褓中即善世言,梦异僧

---

①德:原为"得",据经文改。
②此段在《华严经》中为:"尔时,善财既见具足优婆夷已,顶礼其足,恭敬围绕,合掌而立,白言:'圣者!我已先发阿耨多罗三藐三菩提心,而未知菩萨云何学菩萨行?云何修菩萨道?我闻圣者善能诱诲,愿为我说!'彼即告言:'善男子!我得菩萨无尽福德藏解脱门,能于如是一小器中,随诸众生种种欲乐,出生种种美味饮食,悉令充满。'"

点其胸曰："汝他日当自省去在。"即瘥，白母王氏，视胸有赤点，如含桃状。王氏恍悟初征，遂舍肃于寿隆寺。

师事沙门贤公，贤尝授以《法华经》。肃曰："诸佛玄旨，贵悟于心。数墨循行，何益乎道？"贤大惊，以大器期之，遂遣行脚。侣戒修谒牧庵忠于沩山，度岭，望丛谷中有跨黄犊人，近之则忠公所跨者虎也。修拟避，肃下腰包，进前不审，忠微笑以手西指，令其前行。将及寺门，回望，惟忠公策杖而来，失虎所在。二人具威仪，请益于忠。忠曰："何迟乎？望汝久矣。"肃进曰："万法归一，一归何处？"忠以拂示之，肃有省，时年二十九矣。

归寿隆，袁州尹梦金甲人告曰："普庵大士，行道时至。"言讫，天光五色，尹惊异。适刘长者亦感异征，捐资鼎建大伽蓝。袁尹俾物色于寿隆，请肃主之，号曰大慈化寺。肃既居慈化，楮衣粝食，胁不沾席，十有二年。

一日，诵《华严论》，至"达本忘情，知心体合"，通身汗流。乃大声示众曰："我今亲契华严法界矣。李公长者，于此大经之首，痛下一椎，击碎三千大千世界，如汤消雪，不留毫发。许于后进作得滞碍，普庵一见，不觉吞却五千四十八卷，化成一气，充塞虚空，方信释迦老子出气不得之句。然后破一微尘，出此《华严》大经，遍含法界，无理不收，无法不贯。便见摩耶夫人是我身，弥勒楼台是我体，善财童子是甚茄子。文殊普贤是我同参，不动道场，遍周法界。悲涕欢喜，踊跃无量。大似死中得活，如梦忽醒。"良久云："不可说，不可说，又不可说。"即说偈曰："捏不成团擘不开，何须南岳又天台。六根门首无人用，惹得胡僧特地来。"复谓心斋圆通二子曰："达本情忘知心体，合汝作么生会？"二人各以颂呈。肃不诺，乃引声长吟，以示之曰："先天先地，何名何样，阿曼陀无物比况。触目菩提，自是人不肯承当。且轮回滞名著相，圆融法界无思无想，庐陵米不用商量。血脉才通，便知道击木无声，打虚空尽成金响。"又曰："柏庭立雪，一场败缺。了无为，当下休歇。百币千围，但只者孤圆心月。不揩磨镇常皎洁，无余无欠，无听无说。韶阳老只得一橛，十圣三贤闻举着，魂消胆裂，惟普庵迥然寂灭。"

俄有异僧，名称道存，冒雪而来。肃大喜，互相征诘，棒喝交驰，心心密契。存合爪叹曰："师再来人也，大兴吾道，非师而谁。"乃指雪书颂而别。于是肃大唱佛眼宗旨。盖其师牧庵忠观水磨，发明心要于佛眼拂下。后尝以白木剑迫死心禅师，死心引颈而笑，忠作舞而出。故冯济川曰："佛眼磨头悟法轮之常转，死心室内容慧剑以相挥。"忠出入江湖，人莫测之。

宣和间，湘潭大旱，祷雨不应，忠跃入龙渊，呼曰："业畜当雨一尺。"雨随至，时以佛僧目忠。肃既见忠后，亦以裨异利济含灵，藏污耐垢，不知有己。演释谈章咒，旋天地，转阴阳，世盛传之，布于弦谱，而弭灾焉。至其异迹，不可胜纪。

有问曰："师修何行业而得此三昧？"肃当空一画云："会么？"曰："不会。"肃曰："止止，不须说。"归宗贤禅师曰："慈化乃吾党黄钟也。惜哉，时流独传其迹耳。"

肃道满异邦，义学窃疑，其宗趣莫详。肃悯而说偈曰："苍天苍天，悟无生法，谈不说禅，开两片皮，括地该天。如何是佛？十万八千。"

一日，书偈方丈西壁云："乍雨乍晴宝象明，东西南北乱云深。失珠无限人遭劫，幻应权机为汝清。"乃结跏趺坐，令侍者鸣钟众集，瞑目而逝。时干道己丑年，七月二十一也。

赞曰：荻苇之间，病鸟栖焉。六合之外，曲士藐焉。故肃公现三头六臂，而传持祖道，其心良苦矣。悠悠者独以神通见推，则公之大慈悲愿足乎否邪？

天竺佛堂守仁禅师（南岳下十五世　临济宗）

禅师名守仁，号佛堂，洛阳人也。少持重，宽夷好学。初依东京奉先沙门，宣和间试经于庆基殿得度。往来三藏译经所，谛穷经论。每游刃胶结之队，恢有余地，故互称曰："酥酪仁焉。"于宗门语句，则曰："按黑豆法也，何足为奇。"然疑周金刚蜀之杰士，胡得蘱苴①之甚耶。

当是时，佛果勤公居天宁。天宁参头则有宗杲、端裕、昙玩等。择木寮则有枢密徐俯、侍郎李弥达辈。禅风大盛，仁益疑，乃摄衣探之。值挂牌入室，仁默自计曰："若有所长则得，倘违吾教乘，自当别有议论在。"佛果知仁在侧，乃召仁问曰："依经解义，三世佛冤。离经一字，即同魔说。你还凑泊得么？"仁拟引对，佛果以铁如意迅击之，因坠一齿。仁以手抹血，大悟。因

---

①蘱苴（yuè chá）：漂浮的枯草。

太息曰："一人发真归源，十方世界悉同消殒。以为一时表法之诠，安知实有此等境界。至于清净本然，云何忽生山河大地。不是其人，大难承当。"由是师资契合。住后，每嗔学者滞于奇妙言句，独以毒棒出没，江湖着其声。

尝易服过武林，访《圆觉》讲主。值其升堂，勾引经文，反覆浩浩。仁从傍失笑。讲主下座，请仁曰："上座高隐何处？"仁曰："长行粥饭僧，安有定处？"曰："适来上座致笑，非我说与经有违乎？"仁曰："违虽未违，合则未合。"曰："上座能明此义否？"仁曰："明则不明，背却不背。"讲主即请仁升座剖判，仁即蹑履而登。举经中道："居一切时，不起妄念。于诸妄心，亦不息灭。住妄想境，不加了知。于无了知，不辨真实。"以手空指曰："会么？庭前栽莴苣，莴苣生火箸。火箸生莲花，莲花结木瓜。木瓜才劈破，撒出白油麻。参！"讲主彻见《圆觉》宗旨不从人得，即散席南行。

仁为人，不务名，不苛察。轮蹄辏集，罕见其面。衲子至，不时进谒。然机要险绝，且过堂无宿客。

淳熙甲午，召入内廷。上问曰："朕尝披法典。襄州庞蕴奇士也，问马祖：'不与万法为侣是甚么人？'祖云：'待汝一口吸尽西江水，即向汝道。'蕴于言下领会。尔师圆悟颂云：'一口吸尽西江，栗棘硁杀老庞，当阳若也吞得，管取海内无双。'禅师可中更出手眼，剖朕衷。"仁对曰："秤锤搦出油，闲言长语休。腰缠十万贯，骑鹤上杨州。"上大悦。

癸亥丹书复至，仁集众①说法毕，即法座而逝。

赞曰：宝觉云："一尘飞而翳天，一芥堕而覆地。安乐处切忌许多骨董，直须死却无量劫偷心乃可耳。"盖仁公以经论鸣世，偷心正炽。及遇本色作家，一击而绝骨董，即家珍也，忌云乎哉！但其前后垂机，所谓浪子怜乡客，杯翁爱醉人者，非也。

（补辑）瞎堂慧远禅师（南岳下十五世　临济宗）

瞎堂禅师者，名慧远。生眉山之彭氏，为圆悟禅师之晚子也。圆悟复领昭觉时，年老，乃以化柄属之门贤，其门贤已播海内矣。以故摩竭之令，复行于昭觉。而远新从灵崖来，灵崖为徽禅师所居，得起铁拂为首座，敲唱黄龙宗旨。远事之二载，于徽言下得其概焉，然起首座屡诱掖之。远无留意，乃抵昭觉。侯②十日，始得通谒于悟公。公与语，大奇之，叹曰："吾道未衰也。"许远得非时入室。远每大跪请益，公但笑曰："将谓吾老矣，故如此着急耶？"远屏气自失，不敢进言。

一日，闻举庞居士"不与万法为侣"因缘，大彻其旨。越众进问曰："净裸裸空无一物，赤骨立贫无一钱，户破家残，乞师赈济。"公曰："七珍八宝一时拏。"曰："贼不入谨家之门。"公曰："机不离位，堕在毒海。"远便喝。公以拄杖击禅床曰："吃

---

①众：补入"众"字。
②侯：疑为"候"。

得棒也未？"远又喝，公连喝两喝，远作礼趋而去。自此机发莫御，丛林共加其号为铁舌，远遂与元布袋辈齐名。

绍兴间，嵋守请居象耳山，不赴。未几圆悟顺世，远勃然起曰："芳躅云亡，继之者谁？高卧北窗，顾可得耶？"扁舟出峡，抵淮南开化龙蟠。迁琅琊，由琅琊迁普济，由普济迁定业，由定业迁光孝。历十八载，名辈归之。

僧问："即心即佛时如何？"远曰："顶分丫角。""非心非佛时如何？"曰："耳堕金环。""不是心，不是佛，不是物，又作么生？"曰："秃顶修罗舞柘枝。"

又问："浩浩尘中，如何辨主？"远曰："木杓头边镰切菜。""莫便是和尚为人处也无？"曰："研槌撩馎饦。"

又问："不与万法为侣，是甚么人？"远曰："脚踏辘轳。"曰："庵里人为甚不知庵外事？"远曰："拄杖横挑铁蒺藜。"

又问："昔有一秀才作《无鬼论》。《论》成，鬼叱曰：'争奈我何？'意作么生？"远以手斫额曰："何似生？"曰："只如五祖以手作鹁鸠嘴曰：'谷孤孤。'又且如何？"远曰："自领出去。"曰："东山水上行，明甚意旨？"远曰："初三十一不用择日。"曰："十二时中如何用心？"远曰："蘸雪吃冬瓜。"其机海无涯，约多类此。

又过南岳，寓南台。是时琏禅师住龙王，与方广行公皆月庵高弟，道着湖湘，私相语曰："此间壁立万仞，远来何所措足乎？"故请升座，设三十余问，皆从上誵讹，险节关棙。远毕酬之，辞旨超伦。琏等屈服，欲以名刹居远。远不顾，东隐天台，来往国清、护国、鸿福三寺。

乾道丁亥，平江守以虎丘迎远。又奉旨历崇光、灵隐二处。孝庙常召见，咨询法要，加号佛海禅师，名儒日绕座下。以居士身而嗣法者，则有内翰曾开、知府葛郯。

郯号信斋，闻远发挥即心即佛之案，有省，而呈颂曰："非心非佛亦非物，五凤楼前山突兀。艳阳影里倒翻身，野狐跳入金毛窟。"远曰："公见处只可入佛，难入魔在。"郯愕曰："何也？"远曰："何不道金毛跳入野狐窟？"郯乃领旨。

曾开字天游，久升圆悟大慧之堂。闻风来访，故问曰："如何是善知识？"远曰："露柱灯笼，猫儿狗子。"曰："为甚赞即欢喜，毁即烦恼？"远曰："侍郎曾见善知识否？"开变色曰："三十年参方，何言不见？"曰："向烦恼处见，向欢喜处见？"开拟议，远喝之。开复拟进语，远摇手曰："开口底不是。"开愧汗透重襟。远召曰："侍郎向甚处去也？"开猛省踊跃，说偈曰："咄哉瞎驴！丛林妖孽，震地一声，天机漏泄。有人更问意如何，拈起拂子劈口截。"远笑曰："也只得一橛。"

妙喜在岭南，因阅远语录，大骇曰："老师暮年有子如是耶！"遂以圆悟所付法衣寄赠之。于是，江湖以为远公见超妙喜云。

一日忽示众曰："淳熙二年闰，季秋九月旦，闹处莫出头，冷处着眼看。明暗不相干，彼此分一半。一总作贵人，教谁卖柴炭。向你道，不可毁，不可赞，体若虚空没涯岸，相唤相呼归去来，上元定是正月半。"时都下喧传，颇疑之。遂达上听，至期无疾，升座如常。然士庶竞集，上亦密遣中使伺起居。远命侍者并赴堂，及斋毕，寝室窅然①，白气氤氲。侍者入帷，见猿行者手捧卷庄立榻前，远已化矣。急取行者手卷视之，乃辞世偈也。偈曰："拗折秤锤，掀翻露布。突出机先，鸦飞不度。"四众殷留十日，受朝廷最后之供，其颜不少异也。年七十四，坐五十九夏。

远公素蓄一黑猿，驯知人意，名曰猿行者，亦悠然脱去。其小师道济及缁素，奉远公塔于寺之乌峰，亦葬猿行者于其侧焉。

赞曰：姬氏曰："贞，胜者也。"余考佛海提唱，如赤帝子断蛇，而神姥夜号。其出没纵横，与五祖演公类也。此妙喜宁不望风而骇焉！

湖隐济颠书记（南岳下十六世　临济宗）

书记禅师，出浙东天台李氏贵族，名道济。母梦吞日而孕，娩时红光烛室。国清本禅师以为法中之宝，摩顶而谶之。

济年十八，走灵隐，见瞎堂远公，远即为济斩发。未逾年，神悟绝伦，远为印可。然济性狂简，出入僧堂，每大言忤众。众以济犯规，白远。远曰："禅门广大，岂不容一颠僧耶。"自后常出冷泉亭，与少年扑跤。或狂歌酒肆，或去呼猿洞，引猿同翻筋斗。或携荤酒，污看经处。主事复白远，远惟以颠僧保护之，是

①窅（yǎo）然：幽暗。

以呼为济颠云。

远公殁,济之颠酒愈甚,寺不容住,遂挂搭净慈。净慈德辉长老,奇济行履,以书记延之。然终不能忍酒,净慈之众亦短济于辉前,辉之曲护亦如瞎堂。

书记常私游十六听朝官之门,毛、陈二太尉日以香醪馈之,人不敢非。

书记醉则赋诗千百言,言超意表,识者尚之。

一晚,醉卧十里松寺,主令人扶归,憨睡厨下。初夜分,忽起绕廊,狂呼火发,众以为颠。中夜,罗汉堂琉璃火延幡脚,寺毁。辉公乃留偈,承光化去。书记遂请嵩少林主方丈,嵩之贤书记亦如辉公。书记则曲设灵机,而梦感朝廷。不二载,万础千楹,顿还旧观。又以两廊影壁未就,欲达临安新任王安抚而成之。嵩止曰:"不可。我闻王公微时,常投斋僧寺,业被寺僧所卖。王公怒,题寺壁曰:'遇客头如鳖,逢斋项似鹅。'今凡见僧皆恨,汝干之可得耶?"众亦阻之。书记笑而唯。径投府前,值王公升堂。书记则探头引望,王公大怒,令阴执拟笞之。书记曰:"吾乃净慈书记济颠僧也,有段因缘,惟阁下能省,特来计较耳。"公亦微闻济颠诗酒之名,意稍解。书记遂以王公昔年题壁事,造妙语讽之。王公大笑,留济公,宿内衙。济公徐以影壁意扣之,王公遂捐钞三千贯,以忏前非。济公之演化无碍,约类如此。

至若释结弭灾,游戏三昧,异迹饶剩,不胜述也。一日入城访旧,与张提点饮酒赋诗,归便卧疾。嵩下安乐堂问公,公抚榻谢曰:"惭愧。"乃请嵩为沈万法披剃。万法为人诚重,事公有年，公随命万法报诸诗酒故檀，即沐浴跏趺书偈，瞑目而逝。

太尉朝官俱赴净慈，诸山宿德毕集会，送者千万人。至虎跑寺前，茶毗，获无数舍利。回至净慈寺前，有二行脚僧谒嵩曰："某甲适从六和塔过，遇济公寄书一缄、僧鞋一双。"嵩大惊曰："济公终时，我以此鞋易其敝屣。"对众启缄，其辞恳切，计二百零九言。纸余又附颂曰："看不着，错认笊篱是木杓。昨夜三更月正西，麒麟撼断黄金索。幼年曾到雁门关，老少分明醉眼看。忆昔面前当一箭，至今犹是骨毛寒。只因面目无人识，又往天台走一番。"

又旬余，有钱塘差使过天台山下，会济公复寄来诗二首。又后五十年，有范村人送木料于净慈，言近属济公所化。

赞曰：济公彻枢旨于瞎堂言下，遂以格外玄机，混俗同尘，或嘲风弄月，发明佛祖心宗。时不怪，以颠僧目之，幸也。及示化天下，始同称公为不可测人。岂非末后实效光明之被于万物也博矣。于戏，鉴公生平，若非贤圣应世，求不巧尽拙生亦不可得也。

南宋元明禅林僧宝传卷五

密庵咸杰禅师（南岳下十七世　临济宗）

　　禅师名咸杰，号密庵。其先福州世族也，姓郑氏。母梦庐山皓鬓头陀入室而生。生之夕，境内皆闻天乐，不知何祥，其亲亦秘之。师幼颖悟，气宇深沉。事亲以孝闻，亲有贤行，勖①之远游，遂得度受具。不结侣，不备衾，寒暑一衲。遍扣诸方，诸方敬之。晚依应庵，屡遭呵詈，不假一词，默师默契其机。

　　一日，应庵晚参垂问："如何是正法眼？"师遽趋对曰："破砂盆。"应庵颔之，命入侍，大拥众心。及辞归省亲，应庵送以偈曰："大彻投机句，当阳廓顶门。相从今四载，征诘洞无痕。虽未付钵袋，气宇吞乾坤。却把正法眼，唤作破砂盆。此行将省觐，切忌便踥跟。吾有末后句，待归要尔遵。"

　　师闽还，应庵乃上堂，举师分座曰："一棒一条痕，一掴一手血。临济老瞎驴，至今犹未瞥。须弥顶上浪拍天，大洋海水无一滴。伟哉本色人，顶门亚三只辨龙蛇。百草头，擒虎兕②，一毫力穿大地人鼻孔，坐断衲僧摇舌。虽然，犹未拨动向上一窍在。且作么生是向上一窍？问取堂中首座杰。"

　　未几，开化衢之乌巨，其节概大类应庵，应接浑如妙喜。一

---

①勖（xù）：勉励。
②兕（sì）：古代指犀牛。

时厌饫丛林者,皆起而归之。秘阁张镃,矢向宗风,改宅为慧云寺,请师据室。师怜其正信,示以赵州"无"字。镃得旨,及师应祥符蒋山,历华藏双径,而镃皆随侍。又迁灵隐,床历无所容,乃举破庵先,分座接纳焉。

师尝被召入禁庭,或留宿内观堂。天子屡欲加赠,师屡以疾辞。教授严康朝曰:"穷则独善其身,达则兼济天下,理固然也。况良时莫再,圣主难逢,法兄每用藏六之机,不顾从上县丝之脉,朝不取也。"师曰:"汝之所见,本为通论。但弘道设教也以时,当此际,京畿宫观金碧交辉,古德高风杳不闻矣。而躁进孟浪之病,庶几老成持重者有以振之。且华亭渡、西山隐,独非兼济天下乎哉!"力请退休平江。

淳熙甲辰春,天童使至。师告众曰:"去年八月间,得旨与安闲,摆脱水云性,纵步到阳山。元宅诸子弟,忻然力追攀。庵居三个月,开怀宇宙宽。忽接四明信,来书意盘桓。天童虚法席,使君语犹端。迢迢遣尚使,不问路行难。山僧临晚景,不敢自相瞒。捶鼓乐与行,四众亦忻欢。先师未了底,应是起波澜。敢问大众,如何是先师未了底?一回饮水一回咽,临济德山俱汗颜。"

入寺,以应庵遗规结制。升座曰:"数十年前旧公案,今日拈来重剖判。任是铁眼与铜睛,也须曳入红炉煅。众中忽有个不受瞒底出来道:'尽大地是个红炉,也煅某甲不破。'只向他道:'也知你在鬼窟里作活计。'"

淳熙丙午,无病示寂,塔于寺东。其嗣法者,破庵先等一十二人,而澄照自镜,复住天童。

赞曰：应庵廓虎丘之风，时出入其庭者济济耳。以其废钩绳而取曲直，故窃讳之。及密庵开化，山不束岳，海不束涛。岂非过师之智，自与齐眉共躅者异欤！不然，则临济宗风何能西咸四七而东登二三也！

育王妙堪禅师（南岳下十七世　临济宗）

禅师出四明毛氏，名妙堪，号笑翁。十岁授以世典，过目成诵，不悦也。乃从野庵钦，潜心释训，竟为大僧。受无用全禅师之嘱，住后以持纲不屈，声达朝廷。朝廷屡以名山居堪，堪去就自若淡如也，一时争慕之。

堪初参松源于灵隐，不契。偶禅者读全无用自赞曰："匙挑不上个村夫，文墨胸中一点无。曾把虚空揣出骨，恶声赢得满江湖。"堪悚然，欲见全。未及发，会全公访灵隐，堪心幸之。松源引座，全乃曰："适来松源和尚举竹篦话，令天童纳败缺。诸人要知么？听取一颂：'黑漆竹篦握起，迅雷不及掩耳。德山临济茫然，懵底如何插嘴。'"堪于此信入，即随至天童，告香入室。全公以赵州"无"字征堪，堪拟对，全骤击之，堪大悟曰："大涂毒鼓，轰天震地，转脑回头，横尸万里。"全公可之。

堪后出世妙胜，迁金文，又广孝，始终不务姑息，诚感征应。绍兴乙亥，祷雨。有司欲援徽宗事例，以道居僧之左而尊其符水之术。堪力言不可，遂退归雪窦，天竟不雨。童叟谣曰："以右为左，天曰不可。四月五月，池潭起火。"闻于朝，复旧序，雨乃大通。卫藩遂以台山报恩请堪，堪以台山旧无律宗，乃议十寺为坛，弘施毗尼。于是四众云合，化行南国，乃至屠父行慈，狗盗弭节。

奉诏住虎丘，未几升灵隐。卫王特建大慈寺，请堪为开山首祖。既而退隐上柏，台郡陈使君邀居瑞岩。居无何，又迁江心寺，乃淳熙壬寅年也。当是时，孝宗留神内典，常制《圆觉》《楞严经》注，普赐文臣。又尝召对诸禅宗，如佛照光者，出入禁廷，以内观堂为禅师邸，甚盛典也。俄有奏，令僧道买紫衣师号，为大刹住持。堪骇叹曰："审是，则商贾皆可主法耶，吾道危矣。"即诣阙抗疏，切直数千言议寝。

绍熙癸丑年，佛照再赴寿皇诏，而育王席虚，以堪补之。堪历主名坊，机不虚发，深怜根有利钝而法无小大。

尝以颂示诸学流曰："车牛脑后痛加鞭，弃却黄金抱碌砖。逐恶随邪至今日，即非心佛错流传。"

又曰："觉城东际老婆婆，白发毵毵①意气多。与佛同生嫌见佛，恶人无奈恶人何。"

又曰："柳毅传书只自知，得便宜是落便宜。亲生爱子都抛却，痛惜深怜乞养儿。"

犹以柬致石鼓夷曰："先师法道，惟我与公。我既日就衰颓，无足道者。公今应迹灵隐，利生接物，去就当如秋叶春云，任缘

---

①毵（sān）毵：毛发、枝条等细长的样子。

聚散。凡与公卿贵人相见，务翻其窠窟，绝其偷心。若稍有院子，一念挂在胸次，模棱苟合，便成流俗阿师。虽为万指住持，何足贵也！"词甚激切。

庆元庚申春，书遗表上达，并作短语，挽张寺丞主后事，乃跌坐白众曰："业镜高悬，七十二年。一锤粉碎，大道坦然。"再与曹通守诀别，敛目而逝，其僧腊六十也。后嗣无文灿，灿付愚叟鉴。鉴闽人，有实德，元世祖诏住攴①提，赐号通悟明印。明印去妙喜，其世有五。

赞曰：硕果不食，厥功伟也。当南迁后，司衡多建中之余，至今方外以市名职，吾道微矣。公乃毅然拨乱而反之正，功孰大焉，谓之硕果，非耶。殊不知浩然纲领之节，又原于妙喜云。

（补辑）华藏安民禅师（南岳下十五世　临济宗）

禅师生于嘉定府朱氏，讳安民，字密印，有异表，声若洪钟心契圆悟之机，圆悟举民首众，曰："休夸四分罢《楞严》，按下云头彻底参，莫学亮公亲马祖，还如德峤访龙潭。七年往返游昭觉，三载翱翔上碧岩，今日烦充第一座，百花丛里现优昙。"

盖民初开讲于成都，雅称《楞严》独步。因访友过昭觉，适圆悟小参，举赵州拈南阳三唤侍者话云："如人暗中书字，字虽

---

①攴（pū）：轻轻地击打，古同"扑"。

未成，文彩已彰。且道那里是文彩已彰处？"民闻疑之。次日拟行，踌躇未决。其友谓民曰："君既匡徒领众，文彩日彰，倘有从上道理消不去处，直与堂头和尚坐而商略，何不可耶？顾而蕴结胸次，无乃病乎！"民唯唯，遂告香入室。

圆悟徐举《楞严》，征其心之所在。民多呈义解。悟笑曰："座主他日入地狱，莫怨老僧不道。"民愕然折节，胡跪求说前旨。悟又笑曰："文彩已彰。"民俯首出而叹曰："禅门委有长处，叶公之龙不足贵也。"即散讲依栖焉。

一日白圆悟曰："和尚休举话，待某说看。寻常拈椎竖拂，岂不是经中道：'一切世界诸所有相，皆即菩提妙明真心。'下喝敲床时，岂不是'反闻闻自性，性成无上道'。"悟唾之曰："你元来在者里作活计。"民于此信入，复请曰："古帆未挂时如何？"悟曰："庭前柏树子。"民积滞顿豁，踊跃趋出曰："古人道：'一滴投于巨壑。'殊不知巨壑投于一滴矣。"于是民之美誉溢丛林。佛鉴闻而笑曰："何日吹到蒋山门下，别有商量在。"

民后谒鉴，鉴问曰："佛果有不曾乱为人说底句，曾向你说么？"对曰："合取狗口。"鉴变色震声曰："不是者个道理。"曰："无人夺你盐茶袋，叫作甚么？"鉴曰："佛果若不为侬说，我为你说。"曰："和尚疑时，退院别参去。"鉴呵呵大笑，以殊礼延之。

民遂开法保宁，而建康缁素强民至华藏，升座，以篆朝委之，座下各趋而去。民知中计，叹曰："三十年弄马骑，今日却被驴子扑。"是时海内宗风大盛，丛林最小者，千指聚集。民独严持风裁榻，无杂宾舂爨之役，常躬为之。至法鼓鸣时，龙蛇竞势，民不禁也。

示众曰："众卖花兮独卖松，青青颜色不如红，算来终不与时合，归去来兮翠蔼中。可笑古人恁么道，大似逃峰赴壑，避溺投火。争如随分到尺八，五分馒头边，讨一个半个。虽然如是，山僧半个也不要。何故？富嫌千口少，贫恨一身多。"

又从华藏退居故里之中峰，乃以圆悟白拂付之宝印。会圆悟归蜀，民遣印省之。悟问曰："从上诸圣以何接人？"印竖拳悟曰："此是老僧用底，怎么生是从上诸圣用底？"印以拳挥之，悟亦举拳，相交大笑，一众改观，而民公之望益重。民竟无疾，终于本山。阇维，心舌不坏，舍利无数。细民穴地尺许皆得之，尤光明莹洁焉。

（补辑）径山宝印禅师（南岳下十六世　临济宗）

宝印禅师者，嘉州人，号别峰。初业儒，弃儒剃染，业华严。又弃华严，从华藏民禅师悟明心要。其祖圆悟每誉之，谓印有超师之略，印之名遂着。乃通谒于妙喜，自称西川法侄，时径山多士窃笑之。妙喜问曰："未出剑门关，与你三十棒了也。"印遂展拜曰："不合起动和尚。"妙喜忻然，顾左右曰："你们骑马趁不及。"是日万指丛林为之震动。于是西还开法，而两川素称义虎之雄者皆从印游。印仍慰其开讲曰："宗教无二致，而公自岐耳。公以无欺心而演教，教中之宗也。我以无欺心而弘宗，宗中之教也。我佛初转四谛于鹿苑,而憍陈如乃无欺之首也。后拈枝花于灵峰,而迦叶乃无欺之终也。故其间谈经三百余会,皆以无欺法而利无欺众。公但自反能无欺乎?既无欺矣,以无欺舌而流无欺教,则教与宗是一是二乎?惟诸公勉之。"

印又出峡,住持保宁,次迁金山,自金山移雪窦,自雪窦补双径,其众盛矣。尝示众曰:"世尊初成正觉于鹿野苑中,转四谛法轮,憍陈如比丘最初悟道。真净拈云:'今日新丰洞里,只转个拄杖子。'遂拈拄杖卓左边云:'还有最初悟道者么?若无,丈夫自有冲天志,莫向如来行处行。'遂喝一喝,下座。若是印上座不然,今日向凤凰山里,初无工夫转四谛法轮,亦无气方转拄杖子。只教诸人行须缓步,语要低声。何故?欲得不招无间业,莫谤如来正法轮。"

又曰:"三世诸佛,以一句演百千万亿句,收百千万亿句只在一句。祖师门下半句也无,只恁么合吃多少痛棒。诸仁者,且诸佛是、祖师是?若道祖是佛不是,佛是祖不是,取舍未忘。若道祖佛一时是,佛祖一时不是,颠顸不少。且截断葛藤一句,作么生道?大虫裹纸帽,好笑又惊人。"又曰:"将心除妄,妄难除。即妄明心道转,纤桶底趯穿,无忌讳等闲,一步一芙蕖。"

印年迈,日常宴坐,匡床颓然。一老比丘士夫访拜床下,爱慕倍于父母,孝宗皇帝知而召之。印以足疾,辞不奉诏。帝赐肩舆,于东华门内,迎入选德殿。初礼臣议朝仪,及见印直登榻跏趺,群臣皆失色。帝喜其真率,乃问《圆觉》之旨。印随机酬对,帝默有契,辄注《圆觉经》,命印撰经首之序。自是东华门置禅师舆,以备顾问。十五年冬,力请庵居。

绍熙改元，过访智策禅师，兼与言别。策问行日，印曰："水到渠成。"归索纸书："十二月初七夜鸡鸣时。"如期而化。奉蜕质，返寺之法堂，留七日，颜色明润，发长顶温。又七日，择退居之西冈而闷[①]焉。谥慈辨禅师，塔曰智光。

赞曰：民禅师义坛之翅虎也。一入昭觉之门，翻然易辙，与夫抱英敏之姿，负昂藏之表，甘若捉月之猿、趋阳之鹿者，岂非日劫相倍乎哉！师以己愈之方，施之别峰，印自然水乳合而针芥投，为万古我慢之正鉴，是则西山亮何足为多耶！

道林渊禅师（南岳下十六世　临济宗）

渊禅师者，失其里氏。木讷寡文，为人无竞。尝点胸自警曰："参方须具择法眼。不然，踏碎铁鞋，何益哉！"

是时吴楚法席，以物色相胜，独大沩月庵果公峭甚。室中惟置一方木榻，兀坐如铁橛，霜雪不释。每诫知事，不可以软语诱人。学流见辄引去，惟渊坚侔决择。每受诃责，株立弗避，月庵每切齿熟视而休。有檀家入山求法，月庵因起谓众曰："奚仲造车一百辐，拈却两头除却轴。"蓦打圆相曰："切莫错认定盘星。"渊于此尽脱廉纤。

后出世潭州道林，法嗣月庵。月庵嗣开福宁，宁入五祖演禅

[①]闷（bì）：古同"闭"，隐避。

师之炉鞴①，故渊为演克肖之孙也。同出月庵之门有八人，各化一方。独渊瞿然，以卑自牧，群贤竞起成襵之，故道林声价甚迈。穷谷琏尝曰："道林颔下有逆鳞，不可撄他。"有僧挺身曰："便撄时如何？"琏曰："横尸万里。"僧传语道林。渊曰："穷谷瞎秃，错下名言。"僧请别置一答。渊曰："只恐不是玉，是玉也大奇。"于是禅流往来，馨炙其语。

僧问曰："雪峰一问德山，低头便归方丈，意旨如何？"渊曰："奔雷迸火。"曰："岩头道其未会末后句，又作么生？"渊曰："相随来也。"曰："未审那里是岩头密启其意处。"渊曰："万年松在祝融峰。"曰："三年后果迁化，还端的也无？"渊曰："摩尼达唎吽癹②吒。"

渊令不易出，出则风行草偃，而便懒之氓，靡然易向。然复不驰刺檀家，日以锄钁为佛事。普请归，忽拈拄杖，告众曰："离却色声言语，道将一句来！"众无对。渊曰："动静色声外，时人不肯对。世间出世间，毕竟是谁会？"言讫倚杖当轩，庄立而逝。

赞曰：余读《东山演祖语录》，则青山白云，开遮自在。嗣后尊宿肖之者几几。岂碧潭明月，捞摝方知乎！今拣道林数语，颇类之，不可不传之也。然月庵恣于孤硬，而道林继之。青阳解冻矣，万类不获荣，愿者未之有也。

---

①炉鞴（bèi）：古代火炉鼓风的皮囊，亦借指熔炉。
②唎吽癹（lì hōng bá）：佛教咒语用字。

白杨法顺禅师（南岳下十五世　临济宗）

法顺禅师者，绵州文氏子也。弃家行脚，观宝轮藏迅转，顿彻教外别传之旨，得受记于龙门佛眼。同出佛眼门者，有高庵悟、竹庵圭、雪堂行辈。顺住白杨时，其同门俱播令名矣。独白杨败屋数楹，东倾西压，以木丫支拄焉。顺日携钵袋，走抚之乡城，至晚或负斗粟而还。及门，数十人乐与之俱。每夜参，必端据木床，徒属或栗足侧耳而听曲折。顺曰："好事堆堆叠叠来，不须造作与安排，落林黄叶水推去，横谷白云风卷回。寒雁一声情念断，霜钟才动我山摧，白杨更有过人处，尽夜寒炉拨死灰。"忽有个衲僧出来道："长老少卖弄得怎么穷乞相。"山僧祗向它道："却被你道着。"

又曰："鸡啼晓月，狗吠枯椿。只可默会，难入思量。看不见处，动地放光。说不到处，天地玄黄。抚州尺六状纸，原来出在清江。大众，分明话出人难见，昨夜三更月到窗。"又曰："风吹茅茨屋脊漏，雨打阇黎眼睛湿，恁么分明却不知，却来者里低头立。"

顺住白杨既久，激励学者，妙有方略。虽枯淡不堪，有青原绍灯辈始终侍从，后俱出世，大显其声。

顺老疾，一日诸山趋询。顺起示众曰："久病未尝离木枕，人来多是问如何。山僧据问随缘对，窗外黄鹂口更多。只如七尺之躯,甚处受病?众中具眼者,试为山僧指出病原看!"众争下语,顺乃拊掌一下,作呕吐声曰:"好个木枕子!"便趋寂。依法阇维,收五色舍利,并诸不坏者,曰目睛齿舌数珠,瘗于寺西。

初顺在龙门时,云居虚席,闻高庵悟表里端劲,趋龙门聘之,悟固辞。佛眼勉其出住,悟仍不就。顺告悟曰:"先知觉后知,先觉觉后觉,盖素分也。况云居为江右名刹之首,安众甚便,沾沾小节,奚足喜焉。君应之,顺虽不敏,愿请为辅。"悟乃欣起。于是顺自为藏主,邀贤真牧任维那,通乌头典知客,应庵华茌副寺,德用为监寺,自圆为首座,故佛眼之风大振焉。

赞曰:余初阅师行实,疑其为踽凉①之士。逮味师语句,乃政黄牛端狮子之上也。高庵最劲挺,不近人情。师降尊招贤,阐扬一代时教,其迹岂可测哉!然其示枯淡于一时,流膏腴于百代,于戏尚矣。

径山涂毒智策禅师(南岳下十五世 临济宗)

涂毒禅师,名智策,祖籍天台陈氏。幼入塾强记,父携游桐柏宫,策见古石相,问曰:"此为谁?"其父曰:"周之义士伯夷叔齐也。"策低首,良久曰:"审如是,则人世富贵不足取矣。"父奇之。又过护国寺,遍观僧寮佛舍,恍忆前因,坚求脱白。父

---

①踽(jǔ)凉:孤独冷清,形容孤独寡合的样子。

亦不阻其志，遂为大僧。

首谒国清光，光指见万寿圆。圆曰："甚处来？"策对曰："天台。"曰："见智者大师么？"策曰："即今亦不少。"曰："因甚在你脚跟下？"策曰："当面蹉过。"圆曰："上人不耘而秀，不扶而直，款之不可。"

闻云岩游老人退居武宁，策趋求依，道经云居，阻雪月余，偶闻板声，大悟。不俟霁，达武宁。适游庭坐，乃指策曰："何处见神见鬼来？"策曰："打破虚空，全无把柄。"游摇手曰："未在。"策曰："东家暗坐，西家厮骂。"游大喜曰："他日起家，一麟足矣。"于是亲侍。久之，辞应双径，游谓策曰："阐扬一代时教，必须福与慧齐。汝福不逮慧，吾为汝忧。"策对曰："惟愁己眼不明，己眼若明，即独对圣僧吃饭，何歉焉？"游以为贤。既而果策一人大唱黄龙之道。

盖游初为儒生，不屑贡籍，弃名，出成都。道遇黄山谷，山谷见游风骨不凡，乃同舟下江陵。竟染衣匡庐，而投机于湛堂准。准之师真净文，文师黄龙南，是南为游之四世祖也。

游年九十三，退休武宁，扁曰典牛。典牛之户，无冗履闲，和《牧牛颂》寄张无尽居士。其颂曰："两角指天，四蹄踏地，拽断鼻绳，牧甚屎屁。"无尽发笑曰："狂翁故态也。"

策主丛席，其拈提大类湛堂，操重坚劲，又似黄龙。故黄龙三关之旨，至策为之一新。尝举教中道："'若以色见我，以音声求我，是人行邪道，不能见如来。'虽然恁么，正是捕得老鼠，打破油瓮。怀禅师道：'汝眼在甚么处？虽则识破释迦老子，争奈拈馉①舐指。'径山则不然，色见声求也不妨，百花影里绣鸳鸯，自从识得金针后，一任风吹满袖香。"又曰："一见便见，犹隔铁围。玄沙老汉，脑后痛锥，名高岂在镌顽石，路上行人口似碑。"

庆元庚申秋，上堂抚法座曰："此床子我不复临矣，汝等当以文祭我。"明日沐浴，更衣端坐，命供头设祭。弟子如命，鞠躬拜跪，宣其文。策倾听至"尚飨"，为之一笑，遂引声曰："四大既分飞，烟云任意归，秋天霜夜月，万里转光辉。"竟化。

赞曰：眇视报缘，独尊道眼，盛衰之迹，何足浼焉。此盖中峰赞公生平之略也。或怪公大泄典牛之气，门士如云，全不肯诺，岂王刀有异耶？抑精金跃冶乎！虽然，不肯诺中即肯诺矣。末法觅人肯诺，起自雌黄，哀哉！

---

①馉（duī）：古代的一种面食，现代称为麻圆、麻团、油堆、芝麻球等。

南宋元明禅林僧宝传卷六

松源崇岳禅师（南岳下十八世　临济宗）

禅师名崇岳，号松源，乃龙泉吴氏子也。师事密庵，得法后，凡七竖刹竿，有嗣一十二人，人各有名。

岳为人重嘿，每见贵客，则问曰："大力量人，因甚抬脚不起？"见禅流，则问曰："明眼衲僧，因甚脚跟红线不断？"有对者辄哂而顾之。时称岳得应庵之机、得密庵之用云。

盖岳早岁厌尘弃家，以白衣参灵石妙，不契，即上径山。径山万指轩腾，岳随众末听妙喜杲和尚说法，蒙无所知，但闻杲盛赞。当今应庵真得临济正传，岳辄走参应庵。应庵益难近，岳乃奋励，垢面露肘不暇恤。应庵怜之，示岳曰："世尊有密语，迦叶不覆藏。"岳随声进曰："钝置和尚。"应庵喝之，岳有省。应庵笑曰："者俗汉成得甚么？"岳乃求剃发，时年三十矣，既受满分戒。

入闽见木庵永，永谛视曰："树倒藤枯，知落处么？"对曰："裂破。"曰："琅琊道，好一堆柴，謽！"对曰："矢上加尖。"永休去。于是岳益自负。永曰："公每下语，老僧不能过。其如未在，他日拂柄在手，为人不得，验人不得。"岳曰："为人者，使博地凡夫，一超入圣，固难矣。验人者，打向面前过，不待开口，已知骨髓，何难哉。"永举手反覆曰："明明向你道，开口不在舌头上。"岳愤去之,出岭,逢二道者耦坐评论诸方。岳所举心肯者,道者皆拂之。岳曰:"如是,则谁可君意?"道者以指书"密庵不凡"四字。岳已知密庵为人,遂至衢之西山,折节事之。几进商略,密庵几笑之。岳复心疑,乃至密庵移居双径,于入室时,始彻木庵道开口不在舌头上。久之,出世澄照,演唱宗乘,以报密庵。湖海以岳言行无欺,多从之,迁光孝,遂有大名。

庆元间,诏移灵隐,盖晚年也。是时门弟有文礼辈,已阐化大方。岳仍升堂入室,从未以风晨雪夕不打参钟。尝以秘魔擎叉语,接谦头陀。以有贼无赃语,接肇道者。以心学无闻语,接陆游枢密。游得证后,隐镜湖,自称放翁。

嘉泰壬戌秋,岳年七十有一,忽召众言别。有偈曰:"来无所来,去无所去,瞥转玄关,佛祖罔措。"跏趺脱去,塔于北高峰。

岳居灵隐时,与密庵尊严无异。初密庵居灵隐,岳首众僧。密庵常称疾,阖户不许通谒。潜上座窃议之,岳曰:"不然。师严道尊千古,明鉴当今。汲引豪贵者,将谓行道建立为心。殊不知,礼轻则慢易生,辞繁而情识长。尘劳卜度,安有了期!缁俗既为道而来,必发露真心,至诚激切。然后一言入耳,永为道种,兜率悦之,待张无尽、叶县省之接浮山远是也。若区区老婆禅,何足重哉!"

赞曰:岳公以白衣有省,于应庵语下固非草草矣,终乃死心于密庵。其祖父壸奥,如樊将军拥盾入鸿门,孰得而御之!故驱耕夺食,于分座灵隐时,班班著闻见焉。不然,彼天目礼辈,各抱奇志,其甘入公彀中哉!

净慈义云禅师（南岳下十六世　临济宗）

　　禅师义云者，号退谷，福州闽清黄氏子也。黄氏世以诗礼传家，云有异姿，一目数行。然偶傥不善浮沉，每病其宗不达圣原，各执隅说，疑误后学，乃淹贯性理，先辈重之。

　　时有胡妪，居乌石山，年将百岁，精术数，眇忽不遗，人争谒之。云亦诣妪，妪大喜，款留数日，乃谓云曰："君，福人也，当有大遇。我目下即归国，有一敝裘奉赠，聊表殷勤。"云受归，怪其重，折线路，皆珍珠碎金。云失足叹曰："嗟乎七尺丈夫，乃为胡妪所买也。"遂沉弃其裘于江而北游，国学群士俱出其下。

　　因释《中庸》，有所悟入，裂缝被而去，问道于山堂淳禅师。淳曰："子以聪明之质，枉顾山野。山野毫无所长，试言子之见处，为子证据。"云论静定工夫，娓娓千余言。淳曰："子所说道理，似不违背。更有一问：譬有一人正走后面，百千虎狼赶来。又有一人扯住，要问静定工夫。若答它，后面虎狼迫至，则伤身失命。若不答他，则静定工夫安在？汝于此时毕竟如何施设？"云茫然，淳公大笑而起。云彻夜惭惶，抚膺叹曰："涂路之学，终非实着。"乃求落须发，择絮务以自励，且勇不自矜。

　　行脚至吴，见铁庵。铁庵与语，大奇之。云又辞去。铁庵曰："抱道衲子，须以己度人，不可矫激其行，自居清白地上，以骇聋俗。于此行去,形卜于影,毫不生惭,斯可为人师范!"云书其语于襟,遂造灵隐,机契佛照。佛照移住育王,云为首众。佛照命其秉拂,以为宛如雪堂,惜妙喜先师未及见也,遂以妙喜所付袈裟披云。

云出世香山,次继育王。育王以佛照遗风规摸①阔大,岁计浩繁,云独以朴俭为先,中多引去者。宗印禅师过访,云奉蔬食之外,焚炉对坐,永宵清淡而已。印心笑之,间谓云曰:"冰淡家风,千秋美典。至若尊宿士夫过我山门,礼体似不可简也。"云良久谢曰:"我非不知也。老人住世,德尊寰宇,岁计勾满千万,诸方相习成风,非锦屏大碗不见客。云尝窃怪,以为过当。据蒙见,如尊宿惠慈山门,有幸住持,则当率众翘勤恭请,普施法利,此待尊宿礼体也。至于士夫为道,相访住持,面无韬色,心无求事,直辞开道,俾贵人知有林下气象,其礼体也不亦优乎!否则古风凌夷,必为明眼取笑。"印大然之。

庆元间,诏云居净慈。杖履渡江,同禅徒数十,皆敝衣楚楚,意貌翛然。武林吏佐并绅士迎于途,私相慰谕,易其华服,而尊礼如一佛出世焉。既主净慈,规制画一,与育王时无异,惟提唱纲宗,以为供养。

其上堂曰:"奔流度刃,疾焰过风。啐啄同时,崖州万里。有的道,如人学射,久习则巧。殊不知,未彀以前中的,早涉纡迴了也。赵州到茱萸,靠却拄杖则且置,只如孚上座道圣箭子折也,作么生?"喝云:"若不同床睡,安知被底穿!"又曰:"昔僧

---

①摸:应为"模"。

问云门："杀父杀母，佛前忏悔，杀佛杀祖，甚处忏悔？"云门曰："露！"还会么？斗转风雷吼，星移海岳昏。谁知席帽下，元是昔愁人。"

开禧二年示疾，侍僧以榻施褥，云叱去之，曰："吾末骨立也，安用此？"遂卓杖别众曰："意乌猝猝，万人气索，佛法向上，何曾踏着。临行业识茫茫，一任诸方卜度。"投杖敛目而寂。

赞曰：昔高庵闻成枯木住金山侈甚，叹曰："比丘法贵清俭，岂宜如此？此与后生习轻肥者何异？得不愧古人乎？"按退谷处可为之秋而能简约乃尔，其清操真足龟镜将来。

灵隐之善禅师（南岳下十七世　临济宗）

禅师名之善，吴兴人也。其先刘姓，世历膴仕①，善自视欿②。然年十三，志决出尘。其亲谓之曰："吾家欬唾青云之上，若更何慕而欲为之？"善对曰："欲为佛耳。"其亲恻异，知不可禁，乃许受业于齐政沙门，内行纯粹，人敬爱之，出入经论，胸无宿义。乃遍扣禅坊，未得究竟。

晚谒佛照光禅师，辨论风幡公案。光不诺，善固求明破。光示曰："非风幡话露全机，千古丛林起是非。咄者新州卖柴汉，得便宜是失便宜。"善厉声曰："啊哪，却只恁么！"光以杖击曰：

---

①膴（wǔ）仕：高官厚禄。
②欿（kǎn）：不自满。

"今日与君通一线，斩钉截铁起吾宗。"光自此旬月不下堂。问其故，光曰："吾妙喜先师担子幸卸肩矣。"

善历衡湘，游庐岳，保养圣胎，于妙高峰下，叠柴为室，不谋宿舂①，一住十载，时以妙峰尊宿称之。尝咏曰："庐陵米价报君知，浩浩尘中识者稀。回首不知何处去，白云流水共依依。"又曰："有时笑兮有时哭，调高和寡难拘束，一派清音彻九天，风前谁解联芳躅。"

邻山有座主，自负妙悟《楞严》，携数徒属访善，善揖坐相视。移时，座主曰："昨见大慧有八还颂曰：'春至自开花，秋来还落叶，黄面老瞿昙，休摇三寸舌。'语虽工俏，但未出经意耳。"善蓦召座主，座主应诺。善曰："经意且止，还出得大慧老人意么？"座主咿唔莫措。善呵呵大笑而起。座主归，避席数月。复具师弟礼请益于善。善示偈曰："没弦琴上无私曲，一曲弹来转辘辘。断崖流水少知音，六六不成三十六。"

善东游雁山，阐法于临海慧因，历洪福，迁万年，乃示众曰："久参高士，眼空四海。鼻孔撩天，见也见得亲，说也说得亲，行也行得亲，用也用得亲，只是未识老僧拄杖子在。何故？将成九仞之山，不进一篑之土。"是时善之名满江南。卒退休皋亭，道俗仍以明州瑞岩居。善居无何，平江晋陵请符叠至，善任缘而应，不执可否。善既久领众事，法令益略，衲子益新。及却天童赴灵隐，盖暮年也。虽檀旋憧憧，善仍萧然一衾，室中长物竹篦、禅杖而已。

---

①舂：疑为"旧"。

端平二年，自题小像，遗龙济宗鍪。复诫诸弟子曰："像法垂秋，名利根深，如象没深泥，珠沉巨海，识浪尘缘，终无了日。我为僧七十余载，目之所到，耳之所闻，卫护法门，隐忍受垢者，间或有之。求其不奉明诏，不接公卿，如寒岩枯木，确不可回者鲜矣。人但知法门由显而盛，殊不知由盛而衰。故有缘之功于法门者，其功一时也。无缘之功于法门者，其功万世也。谚云：'庭前生瑞草，好事不如无。'又岂谬哉！"

九月二十八日，书偈趺坐，瞑目而寂。寿八十四，僧夏七十有一。火浴，舍利无数。门人善珍，号藏叟，丐清之郑公为铭，塔于灵隐之西冈。

龙济宗鍪禅师（南岳下十八世　临济宗）

宗鍪①禅师者，号友云，姓王氏，庐陵人也。幼不茹荤，年十九，辞亲修大僧事，长者多器之。既而遍见大有道者。不事宗乘章句，独以睡梦时不能作宰为忧。

晋陵华藏善公迁灵隐，鍪南渡依之。逾年机不合，拟别参。未发，偶见僧读珍藏叟自赞，鍪亦随玩，乃咀嚼其语，始骇灵隐门贤非泛泛也。其词曰："参禅无悟，识字有数。眼三角，似燕山愁胡。面百折，如赵婆呷醋。一着高出，诸方敢道饭是米做！"

---

①鍪（móu）：1. 古代打仗时戴的盔。2. 古代的一种锅。

鋆遂坚志请益于善,而兄事于珍。久方契旨。辞去,道由佛顶峰下,倦行,憩山庄磐石,爱其山林蓊蔚①。指问庄叟,叟告曰:"内有龙济古寺,先系修山主故址,今废。"鋆曰:"居之可乎?"庄叟曰:"彼中狼虎甚多,师能居之,何不可。"鋆竟剪棘,缚茅以居,木食涧饮。或雪寒无宿火,日啖菖歜②数寸而已。有时长笑而吟曰:"山僧有分住烟萝,无米无钱莫管它。水似琉璃山似玉,眼前尽有许来多。"

灵隐善公知之大喜,自题小相,以赠鋆曰:"妙峰孤顶草离离,横按竹篦三尺铁,只许佛顶龙济知,父子不传真妙诀。"于是有志之士,餐风而向之。因人建立丛社焉,鋆尝书门曰:"除却眼耳鼻舌,那个是你自己?若也道得,许你亲见龙济。其或未然,且居门外。"有对者,鋆皆叱逐之。珍藏叟闻而笑曰:"怎么为人,其灵龟曳尾乎。虽然,也是六月霜花。"乃遣僧问曰:"和尚曾接得几人?"鋆曰:"山僧失利。"僧回举似藏叟,叟唯唯,乃疏辞径山,推鋆代之。鋆曰:"先师垄土未干,遗训在耳。矧我龙钟无似之人,更何所图甘言软语,而与朱紫为邻哉!"称病不起。

鋆年八十,日不停务,夜据匡床。合众环听垂训,孜孜不倦。一日告众曰:"先师春秋八十有四,吾年虽得企及,但法运衰矣,罪在我躬。"言讫涕下,已而弹指一声曰:"只此是别众语也。"僧问:"腊月三十日时如何?"鋆曰:"门无索债人。"众凄然,请开末后方便。鋆曰:"一灯在望,更无言说。大地平沉,

---

① 蓊蔚(wěng wèi):草木茂盛貌。
② 菖歜(chāng chù):菖蒲根的腌制品。菖蒲,多年生草本植物,生长在水边,有香气,地下有根茎。古代有端午节食菖蒲葅与饮菖蒲酒之俗。

虚空迸裂。"泊然而化，塔于佛顶峰上。初道俗请建寿塔，鳌固止之曰："何哉？老僧朝死夕埋，独污龙济一块土，不必寻山择地也。我每笑溺信形家，图穴兴旺，使圣贤法缘媚于黄土。顾而为之，岂初心乎？"

赞曰：妙峰父子，始末行藏，不汇而符。所谓水月交罗，镜灯互入，岂可以孤峻而病之！《易》曰："十年乃字，反常也。"

净慈自得慧晖禅师（青原下十四世　曹洞宗）

自得禅师，名慧晖，乃会稽张氏之宠子也。自少割爱辞亲，得度于澄照寺。孤锡云游，见长芦真歇，以为有所证。于闪电机下，竟南归。所遇丛社如逆旅，一阅而弃之，遂投谒于觉宏智和尚。宏智威德自在，道望隆当世，当世见者，皆为神悚。晖独心负所畜，不借通词，特拟观光于座下，宏智熟视晖而容之。晖微疑其所以，乃自请挂塔。宏智召晖至榻前，诘以《宝镜颂》，晖骤进语，智正色遣出之。晖乃折节自悔，从前宝惜一齐放下。一夕，正往圣僧前烧香，适宏智来前，晖见之，顿悟大旨。自尔问答无滞，得授记莂焉。

绍兴丁巳，开法补陀，驰其提唱，语于宏智，宏智大悦。其语曰："朔风凛凛扫寒林，叶落归根露赤心，万派朝宗舡到岸，六窗虚映芥投针。本成现，莫他寻，性地闲闲耀古今，户外冻消春色动，四山浑作木龙吟。"又曰："释迦老子穷理尽性，金口敷宣一代时教。珠回玉转，被人唤作拭不净故纸。达磨祖师以一乘法，直指单传，面壁九年，不立文字，被人唤作壁观婆罗门。且道作么生行履，免被傍人指注？衲被蒙头万事休，此时山僧都不会。"

又曰："巢知风，穴知雨，甜者甜兮苦者苦。不须计较作思量，五五从来二十五，万般施设到平常。此是丛林饱参句，诸人还委悉么？野老不知尧舜力，冬冬打鼓祭江神。谷之神，枢之要，里许旁参，回途得妙。云虽动而常闲，月虽晦而弥照。宾主交参，正偏兼到。十洲春尽花凋残，珊瑚树林日杲杲。"于是补陀风范与天童并峙。其迁万寿，次吉祥，又雪窦，皆名公巨卿为之劝请。

淳熙丙申，有诏补净慈。上堂曰："皮肤脱落绝方偶，明了身心一物无，妙入道寰深静处，玉人端驭白牛车。妙明田地，达者还稀，识情不到，唯证方知。白云儿灵灵自照，青山父卓卓常存。机分顶后光，智契劫前眼。所以道，新丰路兮峻仍韣①，新丰洞兮湛然沃。登者登兮不动摇，游者游兮莫忽速。亭堂虽有到人稀，林泉不长寻常木。诸禅德，向上一着，尊贵难明，琉璃殿上不称尊，翡翠帘前还合伴。正与么时，针线贯通，真宗不坠，合作么生施设？满头白发离岩谷，半夜穿云入市廛。"

当是时，大振曹洞宗风者，多出宏智之门。瑞岩有石窗恭，光孝有了堂彻，常州善权有法智，而闻庵居翠岩，法真居清凉，乃至大洪长芦皆属焉。以故净慈典职班序者，半皆诸方弟侄，酬唱叶谐，称为新丰正韵也。

庚子秋，退归雪窦。白发垂肩，逍遥怡怿。爱携禅客，谈空

---

①韣（dú）：同"韣"，藏弓箭的器具。

白日，而笑落青山。常作偈曰："重重去尽自平常，春暖风和日渐长。户外鸟啼声细碎，岩花狼借满山房。"以癸卯冬月二十九，沐浴而逝，痊于明觉塔右。

赞曰：晖公以奇隽之，姿英发锐。上睹影响，于掣电光中，便肯承当。及入天童炉鞴镕成大器，辄能振大声，以达九重。其境何顺也！细简今古，匪流则兀矣。公乃履满不溢，顺而能节，抑何谦以退也。芳型在望，不禁高山仰止之思云。

北涧居简禅师（南岳下十七世　临济宗）

禅师名居简，出潼川王姓，号敬叟。又称北涧，盖居北涧之日久也。

简姿秀而文当世尚之。游广福，读出世典，辄弃冠具戒。参别峰，别峰指见涂毒。涂毒示其心要，简以从前所学凑泊不可，疑情猛切，常立达旦。偶过择木寮，阅万庵语云："欲识诸佛心，但向众生心行中识取。欲识常住不凋性，但向万物迁变处会取。"简于此忽省，以为万庵与佛照同条。遂别策造灵隐，机契佛照光禅师。于是往来妙喜下尊宿，一十五年，激扬宗旨，大有力焉。乃辞佛照，经瓯闽，历江西，过罗湖，访仲温。仲温与论，大喜曰："妙喜之后一人也。"乃以妙喜居洋屿庵竹篦为赠，且曰："公之后必大。"

未几，出住台州紫箨，迁报恩，及广孝，名大振。退居武林飞来峰之阴，卿士犹物色之，不顾。当是时，出佛照之门者，有灵隐善、径山琰、天童派、东禅观、上方铦，交章劝简应盱江刺史之命，又不顾。而江州使者以东林云居力致之，简亦不顾。乃寿《北涧集》行世，宿儒附之。叶水心曰："简公话柄特惊人，六反掀腾不动身。说与东家小儿女，涂青染绿未禁春。"简叹曰："狼虎之害，世人易知也。文章害世，则难知矣。狼虎在山，藜藿不采。文章欺世，耳目沉沦。余比见近流施为阔略，非先圣之言不言，非古哲之迹不举。然境风乍飘，荣辱无主，取快一时，名节扫地，则向之所言所举，皆为饰词，以欺世者也。欺世之害，甚于狼虎。余颡颡不逮，深为是惧。所见所闻，偶笔咸集。若稍存心，欲以诗文鸣世，则又吾教之罪人也矣。"遂毁板。

晚居净慈，其门人大观以高庵《楞严纲要颂》，请简发其旨。简向慕高庵为人，乃联和而序之。

淳祐丙午春，示众曰："识得一万，事毕了事。衲僧一字不识，直饶恁么，未称全提。禹力不到处，河声流向西。"归方丈，大书"四月一日珍重"六字。至期，言语移时，敛目而逝。

简初在紫箨，委羽有二姓，争竹山竭产不已。仙居丞启简讽之，简示以《种竹赋》，二姓之讼遂止。台氓谣曰："简公笔，甜如蜜。"

赞曰：齐桓侯有疾，在腠理以忽扁鹊。终至骨髓，虽司命无奈之何。而末造众生言行参差之，疾不啻在骨髓间也。故北涧生平行李，惟恐针石之不逮。然以文字得度者，则北涧法化，宁当有别论也，否乎？

南宋元明禅林僧宝传卷七

径山无准师范禅师（南岳下十九世　临济宗）

无准禅师者，讳师范，蜀都雍氏子也。九岁依阴平山沙门，试经，目不遗照。绍熙五年，具戒访道。乃求坐禅，诀于老宿尧公。有信入，即出峡谒佛照光禅师。光曰："生缘何处？"对曰："剑州。"曰："带得剑来么？"师便喝。光笑曰："者乌头子也乱做。"

又过灵隐，参密庵禅师。密庵不易见，乃入破庵先首座之室。先与语，阴奇之。一日要师游石笋庵，有道者问："胡狲子捉不住时如何？"先答曰："如风吹水，自然成纹。"师恍然大彻，失声曰："诺！"先大喜而归，师遂事先公，赴穹窿。盖先以师深得玄要、主宾之旨，可倚重正宗也。先公移居卧龙，师辞，游天台。寻开法明州清凉，以香酬破庵先公，于是吴越知名。

师初寓瑞岩，梦伟衣冠者持茅授师，及至清凉，见伽蓝像，即向所梦者也，茅乃神之姓焉。三年迁焦山。次三年迁雪窦，有大名者皆归之。乃示众曰："面面相看，眼眼厮觑，衣外别传，有甚凭据。到却门前刹竿着，凤栖不在梧桐树。"又曰："兀兀地思量，无可得思量。无可思量处，真个好思量。大庾岭头逢六祖，鳌山店上见曾郎。"又曰："贼火相逢恰五更，现成赃物不须争。暗中多少都分了，天晓依然各自行。"又曰："日面月面，突出难辨，拟欲抬眸，空中两片。"

师居雪窦三年，诏补育王。又三年，住径山，居无何。径山毁，知事者惧，师引咎自归，一众咸安。师整顿荒基，说法如故。仍请希叟为副寺，退耕为监院，别山智为化主，雪岩钦为座元。未久寺成，朝旨召入慈明殿升座。师举宾头卢尊者赴阿育王宫因缘，乃曰："君王一语出如纶，尊者眉毛八字分，四海风清烟浪静，碧天无际水无垠。"上大悦，赐金纹袈裟，号佛鉴禅师。

六年径山复毁。毁之夕，风雨暴作。师端座别舍，漠然不问，且笑且吟曰："雨散云收后，崔嵬数百峰。王维虽妙手，难落笔头踪。"仍结茅安众，寺复成。又去四十里，别筑万年，正续以憩。云水不远，复建精舍为归藏所，藏前后所赐宸翰，敞室左右奉祖师与先世香火。或期诞讳，必为饭僧佛事，以赞冥福。盖蜀乱，师之先祀绝矣，故祠之。上闻嘉叹，赐名圆照庵。淳祐戊申，又小筑于明月池上，为退休计。

师腊既高，纶音次序，存问不间。师惟历书古德机缘，谢对而已。或大宾过山，师独揭心宗要领，间咨南比国运，师俯首一默而已。

己酉三月望，升座曰："山僧既老且病，无力得与诸人东语西话。今日勉强出来，从前所说不到底，尽情向诸人面前抖擞了也。"乃起抖衣曰："是多少？"遂区嘱后事，复手书达上言别。上遣中使慰问后事，师曰："来时空索索，去时赤条条。更欲问端的，天台有石桥。"移顷而寂，塔于圆照庵。嫡嗣有雪岩钦禅师。

赞曰：南堂谓："师居五峰，法席之盛，不下妙喜时也。众多粮少，而重罹回禄，不无奔走四方之劳。想见其曲折，苟非以荷负正宗为心，则安能篷篨①若此！"呜呼！南堂其知言矣。

别山祖智禅师（南岳下二十世　临济宗）

别山祖智禅师者，蜀人也。其先杨姓，世有显任。智既生正信之家，幼绝世缘。七岁绍印沙门化为行童，授以圭峰《圆觉叙》，脱口成诵。宋嘉定癸酉，试所习得度，其年十四矣。又五年，参仞牛全于昭觉。经二载，苦制话头，不敢展衾。每至后夜，或假寐而已。偶闻姑苏僧诵杀六岩法语，字字皆点著自己禅病。时岩住姑苏之穹窿山，智径走见，以古德因缘求指。岩惟瞑目端坐，展掌示之，不决请益。岩如前无它语，于此又二载，智所求益哀。岩竟不换机，智乃拟简藏经融会本参。因阅《华严》善财入弥勒楼阁，见阁中有无量不可思议诸佛境界，有省，默举祖师公案皆会节目，举似于岩。岩方启齿曰："灵云见桃意在甚处？"对曰："万绿丛中红一点，几人欢喜几人嗔。"岩以为然，乃可之。

智复遍历名席，俱获美誉。渡钱塘，游天台，友断桥伦，见无准范禅师于雪窦。范棒喝风驰，智结舌不能仰对。范每受参垂

---

①篷篨（qú chú）：粗竹席。

问，智每拟当机瞻视范公，不能进措一辞。乃私叹曰："我生平所参所悟底，皆死法也。死法何济哉？"乃尽捐宿负，坚依范公。久之，于范公棒喝中，大通妙旨。遂呈偈曰："用尽工夫夜欲阑，东挑西拨见还难。无端豆爆寒灰里，便把柴头作火看。"

范公迁育王径山，智皆负包与俱。径山毁，知事者多惧，劝范弃之。智曰："不可。昔南禅师住归宗，归宗被火，有司责其咎，南尚顺而居之，以故南公之名大重。今径山虽火，而时清道泰，且堂头和尚以咎自归，无弃去之心。我辈为人子臣，当仰体君父之心。父子君臣道合，反废为新，庸何虑焉。"智于是自充化主，而殿阁楼台，从鼓舞中涌起五峰矣。

嘉熙二年，出住洞庭之天王寺，以真言实践，接纳方来。然好贬剥诸方，江湖以智天王哂之。痴绝冲尝问洞庭来僧："曾见智天王否？"对曰："学人适从天王来。"曰："寻常有何言句？"僧举天王示众语曰："带锁担枷招罪犯，安禅入定坐深坑。两头踢脱无依倚，一个闲人天地间。"冲笑曰："恁么，则智天王罪过不少。"

丞相游公侣以西余虚席，请智补之。未久，智自西余荷策迁金陵之蒋山，参徒蚁聚，名满淮南。

悦堂訚道者初游吴，闻智寻常怒气噀人不减。居天王时，乃谒智。智问曰："是何法讳？"对曰："祖訚。""近离何处？"对曰："江西。"曰："马大师安否？"对曰："起居和尚。"智拽杖便起，訚蹑履便行。侍僧问曰："适来者僧未知留否？"智笑曰："是必去也。"侍僧出访，且过堂，果去矣。訚住后乃曰："我当时只肯别山收，不肯别山放。"

宝祐四年，天童火，无少剩。州帅吴公潜以疏闻上，上以智居天童。智曰："携吾白骨以伴青山足矣，兴复之事，岂吾望也？"遂于瓦砾堆中构草庐，以安众。三载之间，松关尽处，青山捧出梵宫而壮甲东南焉。

智处众，能耐小节，深得衲子之心。衲子互相颂曰："吾师讳祖智，即弘智再来也。"

景定改元九月朔，示众曰："云淡月华新，木脱山露骨。有天有地来，个个眼睛活。"乃掩室。复令传语曰："不及相见，各自努力。"越十日，珍嘱后事，叉手捐世。寿六十一，坐四十七夏，塔于中峰。

赞曰：我师翁悟老人新天童时，修辑历祖石塔。余得见智公之塔，圮于荆棘丛中。及考天童中兴图志，惟公大有功于天童者也。公初事无准，居径山，以大义鼓舞，遽成五峰楼阁。后公居天童，不三载而重兴莫大之精蓝，亦座下有其人而鼓舞之。嗟乎！非忠于事上，诚以接下，曷克有此哉！

净慈断桥妙伦禅师（南岳下二十世 临济宗）

断桥和尚，名妙伦，姓徐氏，台之黄岩人也。弱冠欲入瑞岩邻寺出家，其父兄不许，强伦治生产。伦不乐业，乃遁永嘉圆顶，于广慈寺受戒归省，得问道于瑞岩谷源禅师。源以麻三斤话示伦，伦大疑之，如面千尺铁墙。因邻僧读《楞伽经》曰："蚊虫蝼蚁无有言说,而能辨事。"伦有省。

会无准范公中兴雪窦,雪窦风峻,禅者不易上谒。伦下包,直趋方丈,左右莫能止。范公怒曰:"甚处来底?"对曰:"瑞岩。"曰:"到此何为唐突若是耶?"伦从容进曰:"实为己躬事切,来呈似耳。"曰:"有甚驴事马事,试举看!"伦乃陈其所得。范曰:"狗子因何有业识?"伦进语,范不顾。如是滚滚不住,连进三十语,范俱不顾。拟再进语,无可凑泊者,乃跪泣请曰:"师宁无方便乎?"范公怜之,以古颂示曰:"言有业识在,谁云意不深,海枯终见底,人死不知心。"伦悚栗沉吟,忽闻板响,通身汗下,连拜范公足下。范笑曰:"我不汝欺也。"伦弗吐一词而出。

范公移居育王径山,伦皆从而相之。是时出公门者,雪岩钦、别山智等,各化一方,称有道焉。伦亦领祇园小刹,据室烧香,甚有大体,一时名衲趋其座下。院窄无所容,移居瑞岩,又移国清。

伦为人径直无讳,好采群言,评量古今,议论既出,如束湿薪。然皆援经据史,如披晓镜,人以为博物宗匠。若智若愚,争识一面而后已。

晚居净慈,尝谓众曰:"荆山有玉,获得者不在荆山。赤水有珠,拾得者不在赤水。衲僧有无位真人,证得者出入不在面门。"横按拄杖曰:"会么?幽州江口石人蹲。"又曰:"德山低头,夹山点头,俱胝竖起手指头,玄沙筑破脚指头。"拈拄杖云:"都来不出山僧拄杖头,何以见得?"卓一卓曰:"一叶落天下秋。"又曰:"达观颖云,七佛是性隶,万法是心奴。且道主人翁在甚么处?"自喝云:"七佛以下出头。"又自喏云:"各自袛候唤七佛作性隶,指万法为心奴。达观自谓有出身路,及其自喝自喏,又是奴隶边事,主人翁何曾梦见?在要么会?"挥拂云:"晓来一陈春风起,开遍园林百树花。"

伦晚年罢上堂。一日忽挂牌入室,已而谓众曰:"斯乃老僧末后一场搬弄也。"复问间上人曰:"临济三遭黄檗痛棒,是否?"对曰:"是。"曰:"因甚大愚肋下筑三拳?"对曰:"得人一牛,还人一马。"伦怡然抚几曰:"后当有人据此为你证明在①。"遂以后事分付门人方山宝、竹屋简。又裁书,别诸方知己。魏国公阅伦书,大惊,即遣使问曰:"师生天台,为甚死在杭州?"伦微笑,以手指左右曰:"日出东方,夜落西。"其使拟拜,伦已化去。

赞曰:断桥和尚以英伟之姿,入雪窦范公之门,始知肘后灵符不从人得。及出世而簸扬淘汰,可谓精于得人矣。以故方山宝辈数传而世其家,诸方称之曰:"断桥一脉有以也。"不然,则如世暴流,朝盈夕涸,而断桥一派嘉声何从而挹之?

径山道冲禅师(南岳下十九世 临济宗)

禅师名道冲,字痴绝,出武信荀氏。少为书生,精通六艺有

---

①原本夹注:间号悦堂,后嗣介石朋。

声,然数困棘围。冲自解曰:"无忧也,非当成我出尘之志乎!"竟剃落于梓州妙音院,具戒,出蜀放浪于吴楚间,藐诸宗匠而不愿见也。

当此之时,曹源生禅师唱密庵之道于妙果。冲几拟进谒,复中止。流连讲肆,惟见禅者接足往来妙果,且颂妙果之机用。冲心计:"生公若无长处,何得人心若是耶?"乃奋起往见。与生酬对数语,深畏之,求侍左右,不去者一年,生公宗乘玄旨冲俱领会,但于拳棒交驰,似有所滞。且屡呈伎俩,生屡拂之。冲恨,辞去曰:"尚余一双穷相手,要向诸方痒处爬。"竟去历诸保社信宿。即行,又见灵隐岳。岳又不诺,冲又拟去。乍遇故友挽之,住经八余月。或告岳曰:"冲君才华非易得也,不以方便接之,其失士乎!"岳曰:"我已八字打开,渠当面错过,却怪阿谁。"冲闻之,口耳俱丧,彻见生公妙用。乃北面妙果而拜之曰:"几负吾师,几负吾师!"住后嗣法曹源生。

初,江湖衲子观望不归,及其开堂接纳,星飞电卷,老师宿德称善,于是众归如云。

上堂,有僧问:"心佛及众生,是三无差别,如何是过去心?"曰:"放待冷来看。""如何是现在心?"曰:"你问我答。""如何是未来心?"曰:"后次上堂向你道。""如何是过去差别智?"冲以拂子击禅床左。"如何是现在差别智?"冲击禅床右。"如何是未来差别智?"冲向中间一点。僧乃礼拜曰:"心佛众生无向背,十方刹海一毫收。"冲曰:"过去心不可得,现在心不可得,未来心不可得。三心既不可得,唤甚么作差别智?若人见得彻去,三世诸佛无一时不在诸人顶颡上转大法轮。更来者里癸肩并足,讨甚么碗?"以拄杖一时赶散。

冲初住嘉禾光孝,次迁蒋山。蒋山濒江,多恶岁,艰于行乞,一众有菜色。冲振起谓之曰:"我佛祖门风,处违常顺,且饥寒冻馁,独非佛事乎!况法喜之食,食无穷也。"即自携布袋,日走街坊,不以风雨自间。每回必命鼓集众,提持不倦。如此一十三载如一日,丛林不窘。

有诏移居天童,会育王又虚其席,以为冲善荷大众,请冲摄理之。乃小参曰:"天童用底来,育王用不着。育王用底来,天童用不着。用不着处用有余,一箭双雕随手落。"

晚迁径山,一日上堂曰:"世尊生平用尽伎俩,及其摩胸告众,求生不得生,求死不得死。山僧则不然,要行便行,要去便去,八臂那吒拦不住。"移时坐寂焉。

冲善书,暮年尤好之。然所书者,皆先觉古德警策偈颂,无杂言也。有学士求书,欲冲自撰诗文。冲诺,即命引纸,乃大书"摩诃般若波罗蜜"七字。学士笑曰:"仍是旧底。"冲以手婆娑曰:"我不敢轻慢你等,你等皆当作佛。"

赞曰:田单持不二心以守节,即墨不逾年,下七十余城,还之于齐,可谓壮矣。冲公以妙年持不二心入道,蹶然绍生公一脉于将绝未绝之际。且处违常顺,奠蒋山一众于风雨飘摇中,俾曹源生公之道复振于时,不亦伟哉!

天目文礼禅师（南岳下十九世　临济宗）

　　天目禅师文礼者，字灭翁，生阮氏，为临安籍也。得度于真相寺智月沙门，得道于荐福松源岳禅师。出世于郡之广寿，次则雁山能仁。复诏居南屏净慈。终于天童者，盖赴暮年之诏也。四会谈禅，两赴明诏。于其西丘福泉，乃退闲之所也。

　　礼居雁山时，南国衣冠君子多从之游。礼杖拂萧然，清风迫人，松下云间，泉声石色，无尊卑，目遇而已。然卒不乐，乃退居梁渚西丘。自述曰："我自南山退席回，懒将藤杖接方来。有时拄到晴坡上，简点梅花几树开。"方是时，晦庵居士朱熹者，以道学开馆台南，订有司挽礼，再居能仁。不起，乃作偈简雁山耆宿曰："我抛一语堕龙湫，逗石穿云几度秋。白发讵那看不透，月寒高挂冷猿愁。"礼既休闲于梁渚，道俗相寻不绝，礼多兀坐绳床，熟视摇手而已。或格外相惬，礼自理瓶铛，谈笑连朝夕不厌也。

　　节斋赵公慕礼高行，微服过访，坐语竟日。节斋去，礼竟不问其姓名。适净慈席虚，节斋起礼补之，不赴，节斋乃言于上。上强命之入院，礼曰："九重命下，四海同钦。山岳欢呼，禽鱼起舞。且物外道人因甚也被转却？顺是菩提。"四众称善。

　　未久又杖策宵遁，退居福泉。上惜之，复敕天童居礼。礼居天童，常以南山筀笋①、东海乌鲗话验。方来拟对，礼辄督牙三下，识者惊焉。一时及其门者，非智过于师，不易放行。故自书曰：无韶阳来扣门，终不拶人脚折。有德山至诘问，方才吹灭纸烛。堪嗟狐媚，妄相嗣续，宁教草满法堂，苔封古屋。杨岐不得保宁白云晦堂，若非死心灵源，其余碌碌，难为接足。

礼住天童，不久又弃，归西丘旧隐，然方宾益胜。朱晦庵尝诣礼，礼以格外潇洒示之。晦庵则彬彬然有容，整冠进问毋不敬。礼蓦起叉手。晦庵退语人曰："碧落碑果无赝本也。"杨慈湖亦问不欺之力，礼答曰："要明兔象全提句，看取升阶正笏时。"

礼四历住持，仅八九载。而退居之日，多其风调高古，见者神肃。然叙及法道体势，则慷慨太息，或继以涕。故嗣其志者，皆着大名于当时。

淳祐十年冬月，忽晨起，谓众曰："谁与我造个无缝塔？"侍者曰："请师塔样。"礼微笑曰："尽力画不出。"即蜕去，年八十有四矣。阇维，顶骨牙齿不坏，舍利如灿珠，附天童应庵祖塔之左而闷焉。

赞曰：余核公道行，垂手三十余龄，四迁五退。如白云影内神仙，可仰而未可攀也。再味其说法，若志公之容谩，许僧由描摹。当时君子以公之名齐于妙喜应庵，诚不谬矣。

---

①筀（guì）笋：筀竹之笋。

天童如净禅师(青原下十六世　曹洞宗)

如净禅师,字长翁,奇逸有远大志,受可印于足庵。不屑肥遁,广诸方便经。其笑詈者,皆脱略成器。故尝开会浙江左右,六坐名坊,而净慈天童最久焉。其升座曰:"有问有答,矢尿狼借,于是眉毛庆快,鼻孔轩昂,直得大地平沉,虚空迸裂。正当恁么时,且与宏智古佛相见。"竖拂云:"相见已了,合谈何事?从前汗马无人识,只要重论。"盖代功开炉打圆相,召众曰:"个是天童火炉,近前则烧杀,退后则冻杀。忽有汉出来道作么生?团!火炉动也。"又曰:"螟蛉子殪①而逢蜾。祝之曰,类我类我。天童门下莫有类我者么?万里不挂片云,天地一团猛火。"又曰:"陆修静、陶渊明、文殊、普贤。"作圆相云:"咦,一款具呈。且道凭谁批判?若是孔夫子,吾无隐乎。"

尔有觉禅者,亲依年久,夜分请决于净。净曰:"我因倦,且去,明日为你说。"觉念日月蹉跎,含涕而出。露立待旦,整威仪入室。净怜之,乃上堂曰:"一个乌梅似本形,蜘蛛结网打蜻蜓。蜻蜓落了两边翼,堪笑乌梅咬铁钉。"觉傍失声曰:"早知灯是火,饭熟已多时。"净便喝。识者称净险要,颇类云门。其缜密实如洞山,但未见禀承何人。或间请曰:"师唱道多年,名

---

①殪(yì):杀死。

满丛林，高足已阐化，方得法源委，乞明指示。"净良久笑曰："涅槃堂里向汝道①"

又示众曰："古人大雪满长安，天童卖却者心肝。无神通菩萨猛劈，一椎千手眼大悲。捏怪多端。还会么？狮子教儿迷子诀，老婆心切不相瞒。"

净年六十六，忽命侍者设香案，声鼓集众，拈香嗣足庵焉。其语曰："如净行脚四十余年，首到乳峰，失脚堕于陷阱。此香今不免拈出，钝置我足庵大和尚。"足庵名智鉴，鉴法嗣天童珏，珏嗣长芦清了。了字真歇，乃丹霞子淳入室之子也。是净为青原下十七世之正裔。初足庵鉴公为儿时，母与洗手疡，执鉴手曰："好似个甚么？"鉴曰："似佛手。"亲殁，即从长芦真歇禅师得度。珏首座器其进止端庄，以方便示鉴。鉴即隐象山，屏绝诸缘，一镬为伍，廓达玄旨。复就珏，珏可其见处。鉴住后，以枯淡集方来。晚年徙居雪窦座下，明眼衲子皓首相依。如净以柏子话请益鉴，鉴本色策之。净乃领悟曰："西来祖意庭前柏，鼻孔寥寥对眼睛。落地枯枝才蹦跳，松萝亮格笑掀腾。"鉴曰："老成持重，为人天眼。声光暴耀，非我所望。"净既受记莂，乃重其师训。半生开化，不邀虚名。又疾时辈冒称越继，故临末际，方示法源。乃召众曰："六十六年，罪犯弥天。打个蹦跳，活陷黄泉。咦！从来生死不相干。"奄然长往。

赞曰：丹霞大隆洞宗之后，而冒滥之弊，骎骎有矣。长翁举措风规，无乃涂毒鼓不容侧耳，抑识法者惧乎？但其入理深谈，

---

①原本夹注：有本云：涅槃堂里看。

不滞玄微。真洞下狞龙，而云行雨施，讵可量哉！

（补辑）上都华严全一至温禅师（青原下二十三世曹洞宗）

禅师名至温，字全一，邢州郝氏子。为天童如净禅师八世之裔也。性敏捷，不易出语，语则合度。六岁从万松秀禅师，祝发为大僧。是时万松之庭多俊杰，会伪金章宗明昌四年①，召秀说法于内廷。其王亲贵戚罗拜求示，秀俱无言说，惟合爪当膺而已。温大疑其所以，乃请问于秀公，秀公拂之。温益疑，遂心计曰："至道虽玄，非言莫显。师于佛法，得无吝乎？"一日见僧问秀曰："是处是慈氏无门无善财，为甚道琉璃殿上无知识？"秀厉声曰："折却殿了，与你相见。"温不觉失笑。秀顾温曰："笑甚么？"对曰："可惜打破瓦。"秀曰："打破后如何？"温又无语。

然温博学强记，与雪庭裕公往还辩论，裕每誉之。

秀公迁大都仰山之栖隐寺，丞相耶律楚材常问道栖隐，因与温甚善。

会同学林泉伦上座出住万寿，温以大事未了为愧，且忧愦成疾。久之乃得秀公之旨，于是机不可撄。

秀公暮年常课华严，门下得法者虽一百二十人，惟温最惬公

---

①原本夹注：即南宋光宗绍熙四年癸丑。

意，其金都应酬，悉以温代之。秀公殁，会元主伐金。温开法华严，林泉伦继席报恩，其道价齐重于京都。

元主研究三教典籍，以为宋徽宗不业三教正经，佞于方士丹升之说，以至亡国。诏有实学之士，较诸道藏伪撰，除《道德》《南华》外，尽行烧毁，命林泉伦于大都悯忠寺举火。是日倾都传闻，士庶毕集。伦乃以火炬打圆相云："诸仁者，只如三洞灵文，还能证此火光三昧也无？如斯会得，家有北斗经，枉教人口不安宁。其或未然，从此灰飞烟灭后，任伊到处觅天尊。急着眼看！"便烧之，众口杂然称正，时至元庚申也①。

元主将西征，有嫉我教者遂奏议曰："释氏虽托方外，然多忠烈之辈。今五台等处，僧徒有能咒术武略及膂力者，宜募为部伍，扈从西征，可为开国之一助也。"温闻大惊，乃顾楚材而折其说。楚材亟白元主曰："释氏之高行者，必守不杀戒，奉慈忍行，故有危身，不证鹅珠，守死不拔生草者。法王法令拳拳奉行，虽死不犯。用之从军，岂其宜乎！若不循法律者，必无智行在，彼既违佛制，在此岂终王事哉！一举两失，实不可也。"元主遂然之。

太保刘秉忠以僧服而辅元主，元主甚敬之。忠曰："臣乃宇宙之废品耳，何当圣眷？此有万松秀禅师之高弟，名曰至温，唱曹洞宗旨于上都华严寺。其学兼内外，道贯天人。陛下若诏而宾之，必充扩仁风，为苍生之依赖也。"于是温入内廷，与元主朝夕论道，元主尝恨相见之晚。

---

①原本夹注：即南宋景定元年。

河北诸禅刹，自宋政和以来，加之辽金壬辰兵秽，祖庭未得兴复。元主敕立禅僧为主持，于是三河寺院沛然兴矣。燕赵秦晋之间，洞室宗风大鬯，皆温之力也。温居内庭，三载如一日，辞还，锡号佛国普安大禅师。至元丁卯五月①示疾，沐浴更衣而逝，异香三日。茶毗，舍利无数，四众分塔而祀之。

　　赞曰：朝生凤雏，自与千岁玄鹤同途而异辙。余观温公驱乌于万松之庭，其胸中固已吞云梦八九耳。及演化大都，果远出群贤之上。然兵火之余，能使王公贵人信有此事，非冰霜洁行，不足以感之。今人独味万松评唱之语，而不闻公有回天之力。何哉？余故表而出之，为洞宗之威风云。

---

①原本夹注：即南宋度宋三年。夹注中的"度宋"应为"度宗"。

南宋元明禅林僧宝传卷八

北平庆寿印简禅师（南岳下二十世　临济宗）

禅师名印简，字海云，山西宁远人也，得道于庆寿璋禅师。

璋字仲和，乃天目齐之裔也。斋①参五祖演和尚，得演记莂，遂隐天目。当其时，出五祖之门者，化遍南州，而三佛之裔称盛。独齐公居天目，甚枯淡，法席寥然。暮年始有懒牛和上座绍齐之法而和之，枯淡尤甚，仅得竹林宝。宝得竹林安，安传容庵海，海之名颇着，乃有中和璋，璋之下有印简出焉。简出，则齐之道大于北平矣。

简本出儒家，有生知之质。其父宋氏授以《孝经·开宗明义章》。简掩卷进曰："开者何宗，明者何义？"其父愕然，提其耳曰："孺子可教也。"时方七岁。于是古今经纬之学，一目辄知要领。然疑喜怒哀乐未发以前之理，不遑寝食，乃尽捐宿学，走事中观沼禅师。每发问端，沼每止之。沼老，常命简扶行，偶下阶，简掣沼公之手。沼咄曰："者野狐精！"简恍然而诺。沼乃遣简行脚。简既饫游，孤策过燕京，雨阻松铺，中途夜宿岩下，因击石火，划然大悟，乃扪面曰："今日始知眉横鼻直，天下老和尚信不瞒语矣。"遂达庆寿，通谒于中和璋公。公先夕梦，异僧

---

①斋：疑为"齐"字之误。

策杖竟来方丈，据狮子座。晨起而心待之，简果应期而至。璋大喜受展问曰："你曾到此么？"简对曰："印简不来而来，怎么生相见？"曰："切莫打野榸①。"简曰："石火迸裂，眉横鼻直。"曰："吾此处别。"简曰："如何表信？"曰："牙是一具骨，耳是两片皮。"简曰："将谓别有。"曰："错！"简喝曰："草贼大败。"璋笑而休。

次日，璋公以临济两堂首座下喝机缘，令简下语。对曰："打破秦时镜，磨尖上古锥。龙飞霄汉外，何劳更下椎。"曰："你只得其机，不得其用。"简掀倒禅床。璋曰："路途之乐，终未到家。"简与一掌。璋曰："只得其用，不得其体。"简曰："青山耸寒色，月照一溪云。"曰："只得其体，不得其智。"简曰："流水自西东，落花无向背。"曰："要且没交涉。"简震拍其两掌，是时左右皆为变色。璋公乃曰："如是，如是。"遂命掌记室，而师资如水乳也。

元世祖辛卯年，简主庆寿，衲子不惧苦寒，趋归法会，而禅床几至折脚，其都中贵人多杂沓门下。简一以璋公真率之风应之，无不悦服。盖璋居庆寿，受公卿之刺，从未以名姓干复之。然以祖意征扣，则忉怛往返，不留余地也。

一日，简于廊下逢数僧，乃问曰："那里去？"一僧对曰："赏花去。"第二对曰："礼佛去。"第三对曰："那里去。"第四僧无语。简俱以棒打之。复问第五僧，对曰："觅和尚去。"简曰："觅他作甚么？"曰："待他打时，还他一顿。"简曰："将甚

---

① 榸（zhāi）：枯木根。

么来打?"曰:"不将棒来打。"简连打曰:"者掠虚汉!"众皆走散,简召曰:"诸上座,众同首!"简曰:"是甚么?"乃趋寂。谥曰佛日圆明大师。

赞曰:简公据无师之智,出家行脚,遍阅尊宿。而后扣中和室投机之语,盘旋密运,称可观矣。公不假能事而起天目,齐几湮之宗,则老东山之面目俨然,岂非巨冶无分金之体,而千江有得月之机乎!

径山妙高禅师(南岳下十九世　临济宗)

妙高禅师者,号云峰,闽之长溪人也。其母梦池上出大莲花,有婴儿合爪坐华心,以手捧得之而娩,故小名梦池。幼明敏好学,诸老宿皆以奇童称之,爱其吐词,有关圣化。

年未及冠,忽记宿因,乃弃业为大僧。一锡吴楚,首参痴绝冲。冲以道德文章倾动一时。高微露风采,冲大喜曰:"此子有冲霄之质,若坚其羽翮①,饱足秋风,实吾宗之望也。"因指见无准范。范公不近人情,及升堂入室,高对语雍容,范甚器爱。已而复见偃溪闻禅师,闻住育王,使高司藏钥。一日,闻公顾高曰:"不道子无见处,老僧只道未在。"高对曰:"未在底正是妙高受用处。"闻曰:"牛过窗棂,头角四蹄都过了,因甚尾巴过不

---

①翮(hé):鸟的翅膀。

得。"高连下语。闻但摇首曰："未在。"高词穷，愧汗横流，仰面视闻。闻震声曰："过也！过也！"高忽彻，乃踊跃作礼曰："鲸吞海水尽，露出珊瑚枝。"闻公笑曰："子此回可以说禅也。"于是从闻迁南屏。适宜兴大芦虚席，勤旧请命于闻，闻以高主之。及行，闻乃谓高曰："先师淛翁琰和尚尝云，我自离佛照老人之门，一味因时度日，不敢过为。盖恐辱吾老人也。嗟乎！先师德业冠世，犹其竞业若此。汝今此行，当体先人苦口，使大慧门风不滥则足矣，余何图哉！"高既居大芦，四众知名。迁居江阴之劝忠寺，又迁霅川①之何山。

景定间，有诏移高居蒋山。上堂曰："世界未形，乾坤奠定。生佛未具，觌体全真。无端镜容大士鹰巢跃出，劈破面门，早是遭人描摹。那更缺齿老胡不依本分，遥望东震旦有大乘根器，迢迢十万里来，意在搀行夺市，直得凤堂鼓响，阿阁钟鸣，转喉触讳，插脚无门，合国难追，重遭评露。蒋山迫不得已，跨他船舷，入它界分，新官不理旧事，毕竟如何？戌②搂夜贮千峰月，塞草闲铺万里秋。"

元兵渡江，或请避其锋。高曰："尽大地是戈矛，汝拟向何处去避？山门否泰，在我一人，汝勿复言。"兵至，有迫高索金者以刃拟高。高延颈曰："要杀便杀，吾头非汝砺刃处，即有金乃十方物也，终不敢奉君以求生。"执刃者悚然目之，舍而去。丞相伯颜勾戟长铍环错而进，高趺坐绳床，不涉言色，颜公甚致敬焉，乃舍牛百头，粮五百石。后伯颜问道于灵云定禅师，乃

---

①霅（zhà）川：水名，在浙江，现在叫霅溪。
②戌：当为"戍"。

言："蒋山高公有德圆通之雅量，惜当时军务在握，未及盘桓。"

元世祖庚辰岁，高迁径山，席未温，寺罹于火，众有咨嗟下涕，惜其旧而难其新。高曰："兴废由人，法无定相。"于是整理火场，而安众曰："五峰峭峙，到者须是其人。一镜当空，无物不蒙，其照祖师基业，依然犹在，衲僧活计何曾迁变。着手不得处，正要提撕。措足无门时，方可履践。直待山云淡泞，涧水潺湲，一曲无私，万邦乐业。正恁么时，功归何所？车书自古同文轨，四海如今共一家。"阅九年，径山复旧。

戊子，有毁我宗于朝廷者，以为禅说不合圣经。高闻而奋起曰："此宗门大事也，吾虽老尚强。"一行至京，得旨，集诸宗徒廷辩。元世祖问："禅以何为宗？"高对曰："净智妙圆，体本空寂，非见闻觉知思量分别所能到，惟悟得证。"宣问再三，高历举西东诸祖至德山、临济棒喝因缘，大抵禅是正法眼藏，涅槃妙心，趋最上乘，孰有过于禅。词旨明彻，朝廷震动，乃宣高进便殿赐坐。

又宣《百法论》师仙林者，与高持论。仙林曰："昔佛始从鹿野苑，终至跋提河，于是二中间不曾说一字，五千余卷且道自何而来？"高答曰："一代时教，如标月指，了知所标，毕竟非月。"仙林曰："如何是禅？"高以手打圆相。仙林曰："何得动手动脚？"高曰："上座讲得千经万论，且道者一圈，落在甚么法门？"仙林不能对，乃避座称谢。高曰："似则也似，是则未是。"世祖大悦，左右皆呼万岁。于是天下禅风大振。

径山复火，高曰："老僧宿负此山耳。"又力营建，不三载，以次落成，南北禅流大集。或请高说生平行实，高笑曰："衲被蒙头万事休，此时山僧都不会。"竟入灭。时世祖十四年癸巳也。阅世七十五，坐五十九夏。塔于寺西。

赞曰：妙高禅师出居双径，席未暖而寺遭毁，能以坚忍力而复新五峰楼阁，其事迹灼类无准。年垂七十，尚抵京廷辩，又类净因成之逢善华严、忠国师之验大耳三藏。嗟乎！岂非蛟龙斗则水势洪，金石击而火光烈，所谓小出大遇，千秋一合者耶？

灵云铁牛持定禅师（南岳下二十一世　临济宗）

禅师，吉安王氏子也，名持定。久依雪岩，因陈颂，得号铁牛。其颂曰："铁牛无力懒耕田，带索和犁就雪眠。大地白银都盖覆，德山无处下金鞭。"钦公曰："好个铁牛儿！"故人以是称之。

定初得度于肯庵勤禅师处，常读《杂华经》，以为积功累行，修行旷劫，始得成佛。复自忖曰："审如是，众生无有成佛之期耶！"乍闻教外别传之旨，身心踊跃，疾走参雪岩钦公，乞居槽厂，喜作净头。钦怜之曰："禅者无太劳乎？"定对曰："欲求无上妙道，岂敢言劳！"钦示以偈曰："昭昭灵灵是甚么？眨得眼来已蹉过。厕边筹子放光明，直下原来只是我。"定不领旨。一日钦示众曰："兄弟做工夫，若也七日夜，一念无间，目不交睫，无个入处，斫取老僧头去。"定益愧励，晓夜参究。忽染痢，自取触器，就坐屏处，单持正念，目睫不交者七日。至中夜，顿觉山河大地，觌露真常。良久如闻击木声，遍体汗流，其病亦瘳。举似钦公，钦复怜之曰："百尺竿头，进步为奇。"定更加精进。经六载，钦公垂问："亡僧死了烧了，向甚处去？"无酬对者。钦代曰："山河及大地，全露法王身。"定乃洞彻言下，厉声曰："和尚举扬般若，惊得法堂前石狮子笑舞不休。"钦曰："试哮吼看。"定曰："劫外春回万物枯，山河大地一尘无。法身超出山河举，笑倒西天碧眼胡。"钦敲香几曰："山河大地一尘无，者个是甚么？"定作掀禅床势。钦公笑曰："一彩两赛。"乃辞钦去，流览名胜山水。有以巨刹相挽，定概不欲居，乃曰："人劳于前，我逸于后，其可乎？"

至衡州郦县，过桃源山，眷其幽邃，刀庐于桃源。桃源深处人迹罕到，烟雾晦冥，而山君水王出没无时。定以迷悟因缘示之，授其五戒，于是神灵呵护，未久丛席大成，号曰灵云寺。

定为人好培养衲子，四事周备，间与谈论，靡所不至。然自受用处数十载，一折脚木榻而已。遇人无贵贱，危坐烧香，清茶对话，竟日夕无倦色。常有士夫过访，罄叹不堪而去。伯颜公入山问道，联床旬日，临行，定倚杖门送曰："公今生失脚，堕于尊贵，一念不来，即来生也。再若失脚，山僧无奈公何矣。"会公除政府欲疏朝廷赐定衣号，定晓以偈曰："大地山河一铁牛，多年忘把鼻绳收。堪嗟槐国人如市，旦暮笙歌闹画楼。"颜公发柬以示僚属，其挂冠归田者数人，而在朝办道者甚众。

大德壬寅冬，手书长语示众，其略曰："尘世非久，日销月磨。桃源一脉，三十年后，流出一枝无孔笛，虚空吹起太平歌。"癸卯春，泊然坐化，阅世六十有四，坐三十三夏。函全身于陶器,瘗于寺北沙潭。三年后启视之,爪发俱长,颜色如生。

赞曰:余读《中峰广录》,至题定公赞,有"茶陵千仞灵云寺,声播元朝数百州"之句。默想公之为人,必大有可观,中峰故归重之如此。及简《灯录》,见公投机颂,如多宝佛塔涌起虚空,人人得而瞻仰,益知公悟处的当,与高峰齐名宜矣。

悦堂祖誾禅师(南岳下十九世 临济宗)

禅师祖誾者,南康人也,号悦堂。宋端平改元,生于周氏。连眉秀目,神气夺人。

年十二闻钟声,嗒然自失,即厌家居,乃辞亲,求出世法,辙①受业于嘉瑞沙门,日阅大乘经论,夜则禅坐,或枯立终宵。栖贤法师诱誾入讲筵,誾曰:"讲经能了生死否?"曰:"代扬佛化,广利群生,况自了乎!"誾曰:"谁是群生者?"法师骇叹曰:"沙弥再来人也。"誾于是倍加精进。因阅《华严·入法界品》有所省发,乃受具足戒。

东游蒋山,见别山智语在智传中。智尝称曰:"誾江西气品,它日有过人处。虽然,也是六月梅花。"且指见断桥,断桥殁,别参介石朋禅师。朋曰:"道者何来?"对曰:"长桥分野岸,一棹举湖心。"曰:"空山云面合,何处觅形踪?"对曰:"一声金磬

---

① 辙:疑"辄"。

动,独露万机前。"曰:"先贤无字语,不妨速道看!"訚拟对,朋便打,自此服勤于朋,见朋不敢仰视。

一日,朋忽召訚阇黎,訚趋诺,朋曰:"赵州庭柏话,作么生会?"拟进语。朋击曰:"何不道黄鹤楼前鹦鹉洲!"訚深契妙旨,乃西还隐庐山。

会东岩日住圆通,诸山以晚辈藐日话不行,訚故移杖就访。值上堂,訚出大展,然后进问曰:"如何是佛?"日曰:"仁者问佛那?"曰:"实是某甲疑处。"日呵呵大笑,訚喝,日便打。日寻知訚,乃设特位尊之,訚谦就半座。凡遇大参入室,必展拜,益重其礼。或窃笑其迂,日怒责曰:"无我之风,杳不闻矣。非果地至人,难以至此。汝辈敢忽之耶!"是以圆通法席之兴,多訚力也。

九江钱刺史以西林聘訚,说法庐山,宿衲多起就炉鞴。尝勘僧曰:"微尘诸佛在汝舌上,三藏圣教在汝脚底,何不瞥地去?"僧罔措,訚便喝。又勘一僧曰:"释迦弥勒是它奴,它是阿谁?"拟对,便打。又问:"新到何处来?"对曰:"闽中。"曰:"彼中佛法如何住持?"对曰:"饥餐困眠。"曰:"错。"僧曰:"未审此间如何住持?"訚拂袖归寝室。至于移开先,迁东林,众满五百人。

宗廓人①室,訚曰:"溪声尽是广长舌,且道说的是何法?"廓大悟,訚乃以布衲授之。有僧进曰:"明眼英灵满师座下,未见肯可。今以大法顿授初参,可乎否耶?"訚展掌曰:"会么?"

---

① 人:当为"入"。

僧默然。间曰："将谓山僧多少奇特。"

元贞初，赐通慧禅师号，并紫法衣。大德间，补灵隐。年七十五，说偈而殁。其偈曰："缘会而来，缘散而去。撞倒须弥，虚空独露。"宗廓继席东林，闻讣，亦说偈殁。廓号无外，首住云居，以自强着节，志士仰之。

赞曰：余简介石朋公之语，不多得矣。独见其因行掉臂间，遂使悦堂廉纤脱尽。信哉！鱼肠匕首，立可毙人。宗廓之嗣悦堂也，颠末一致。可谓肖子区区，螺负而祝似我者，何足道哉！

匡庐一山了万禅师（南岳下十九世　临济宗）

禅师了万者，号一山，临川人也。其先金氏，为江右显族。

万生貌瘠而秀气格精厉。八岁指挥群小，肃若朝堂。又八岁好学，以淹博着声，每叹孟轲氏未达性理。同辈惊其狂，万曰："圣贤亦犹人也，何无是非眼目乎！"乃毅然求佛为师，竟于金溪常乐院弃发。是夕，芝产户枢，院主卜之，得乾之九五。占者曰："刚健中正，圣征也，当为法王。"万遂游方，遍见名宿，得旨于东叟颖。住后尝谓及门者曰："我当时初参偃溪闻尊宿，闻以为我齿牙超迈，每同商略古今间，谓我曰：'子姿质铦利，山僧实不及子。但有一着，若识得，山僧在子脚底。'我虽不测弃去，未尝不珍味其语。又见灵隐荆叟珏禅师，亦蒙隆遇。珏曰：'近日法社凄凉，鲜合中道。太过者生易，不及者生疲。疲病庶几可振，易病难医。何也？佛祖境界非世聪之可测度。'彼时虽铭其说，不能当下庆快。如是展转，所历非一。大抵遮前护后，遂乃拨妄求真。及到南屏，惟吾师东叟颖和尚，能捋下铁面，当众以如意指我曰：'万书记文彩灿烂，应酬时机则不无，管取涅槃堂里一字也用不着。'彼时我心识俱丧，乃强曰：'何也？'吾师曰：'别人根钝不得利，子则根利不能钝。'我对曰：'岂无方便？'师曰：'又怎么去也。'自此启口说不出，举笔写不出。一日偶经神祠，见纸钱灰旋风飞起，尽亡所执。吾师遂以妙峰师翁禅板如意交付于我。我今日举着，大似一回吃水，一回咽矣。"妙峰名之善，妙喜之嗣也。

万为人鲠直，少含蓄，好奖励后学。见有小善可录，必展转发明，人亦不敢伪。或有过，则曰："人非圣贤，孰能免焉，改之为贵。"人亦不敢饰。至若事关法化，知见差讹，则切直千余言犹不已，当时以此惮而怀之。

初住天台之寒岩寺，三年移仙居之紫箨山，大阐法化。有僧问曰："紫箨山庭如锦绣，是谁按拍画图中？"万曰："深沙休努眼。"僧顾左右曰："道甚么？"曰："碧水浪吞钩。"僧曰："将谓歌谣风日暖，元来鼓角阵云深。"曰："八千子弟归何处，消瘦秋空一笛霜。"僧曰："恁么则山河无意属英雄也。"曰："摘杨花。"僧次日复进曰："昨日公案未圆，乞师再垂方便。"万曰："分付直岁，不得普请。"曰："古老头巾，真难共语。"万掷下拄杖。僧出大叫曰："紫箨老汉，今日方始瞥地。"万便休。

十载迁疏山，疏山旧例，住持须通刺当道。万辄不可，曰："孔席不暖，墨突不黔，诚各行其志也。况我圆顶之夫，何天不可翱翔。乃为三间古院，委曲权门，是则法化未弘，僧风先扫地矣。"当道议不合，万留偈法堂，飘然而去。偈曰："叠叠韶华一杖藜，白云到处有山栖。等闲爱种蟠桃核，不把春红赚马蹄。"

江淮总统闻万高标，会诸山于灵隐，直指堂议，以开先迎万。或度其厌丛林不肯来，有耆宿曰："万公必来也。彼虽起居萧洒，然瞿瞿以法门纲目为任。若致之以诚，即十字街头肩，栲栳养闲汉，彼亦欣乐。况开先为山林之胜，且便于衲子，公岂木强人乎！公必来也。"万果携数禅衲，惠然而来。有偈曰："刹竿扶起本无心，教外金襕影自深。肯着三三前后力，波涛陆地起龙吟。"于是开先鼎新，英俊大聚。扣问之外，从未只字干及豪贵。其时道俗蒙万示语，如获珙璧。笑隐来参，万审其机缘，指往百丈，为晦机嗣。无我之风，海内仰之。

又十载，住东瓯江心寺，少不适意，又弃去。寺众数百泣挽，随至冯公岭，不从。万尝曰："古人因学道，以立丛林，事事随缘，法法周备。为住持者，观会中或有一个半个实心务本，则当不顾安危，竭力支撑。虽社庙神坛，亦可居而不愧。今人计丛林以学道，或三百五百，不顾日逐，何所用心？但云头头合辙，物物圆融，乃崇尚土木，鹜伺豪家，然后窃虚器传子孙，与蚯蛇恋窟，明无少异，毫厘既差，千里悬隔，良可悲夫！"

晚年匡庐月涧明公迎万归东溪，万翩然命棹曰："满望春江兴不违，一波才动万波随。烟岚调拍如相委，何待芳心托子规。"月涧殁，开先之众复请万。万力却之，曰："我住持三十载而法化寥寥，更何所望而不休乎！且精神非壮盛之时也。"诸公不复言。

皇庆壬子十一月二十六日示疾。越七日，命浴更衣，据室危坐，书诀众语，俨然而化。阇维，收五色舍利，大如菽，不可计，目睛齿牙顶骨不坏。

时改建豫章乌遮塔，江西行省丞相干赤，命以旧藏释尊舍利奉于中，遣使分一山万禅师目睛舍利，以宝匣秘之陪葬焉。余舍利塔东溪。

赞曰：名位虚器也，道德实迹也。据虚器而核实迹，则失矣。余观万公平生，住持独持大体，熙于实迹不以名位自累，少不合，辄弃去。此其节概大过于人。应庵曰："衲僧当着草鞋住院。"良有以哉！

高峰原妙禅师（南岳下二十一世　临济宗）

禅师讳原妙，出苏州吴江徐氏，为雪岩钦禅师入室之真子也。弘法于天目之狮子岩，因以高峰自号。关居三十载，横拈倒施，而令行吴越。

南宋嘉熙戊戌年三月而公生。公生性迟重，寡言笑，行如瘦鹤，望之似懦弱，然其神气精悍夺人。幼喜趺坐，凡见髡流，必合爪劳问成礼。

淳祐壬子，从秀水密印寺法住沙门得度。年十五，备知大僧事。及戒得满分，于其律度，开遮进止，不期而咸合焉。寻习教观于天台，其文句义，学弗可难也。公每忖达磨一宗不立文字，为教外别传，能了当人大事，为之立地成佛，岂徒然哉！即出杭州,参访宗门知识。

入湖南净慈,净慈为武林禅窟,伦断桥居焉。公参僧堂,立死限三载,拟求妙悟,竟无所发。时雪岩钦禅师寓北涧,断桥指公往谒。公谒雪岩,雪岩不许通谒,公益心切,乃告香通诚,雪岩许见。未作礼即连棒打出,公垂涕回惶。复入雪岩,便问:"阿谁拖你死尸来?"又以拳打出之。于是疑团猛结,无所攀仰,乃拟避喧求静,咬嚼话头。于径山禅堂及月,忽忆"万法归一,一归何处",掬战胸次,目不交睫者六昼夜。忽睹演五祖真赞云:"百年三万六千朝,反覆元来是者汉。"从前话头一并打失,其年二十有四矣。

雪岩已赴南明,公即走觐。才入雪岩,便问:"谁拖你死尸来?"公便喝。雪岩拈棒,公把住曰:"今日打原妙不得也。"曰:"为甚打不得?"公拂袖而出。次日雪岩召公问曰:"万法归一,一归何处?"对曰:"狗舐热油铛。"曰:"那里学者虚头来?"对曰:"正要和尚疑着。"雪岩休去。公以为妙契玄旨,自此随问即答。久之,雪岩谓公曰:"日间浩浩作得主么?"对曰:"作得主。"曰:"睡梦中作得主么?"对曰:"作得主。"曰:"正睡着,无梦无想,无见无闻,主在甚么处?"公不能对。雪岩曰:"从今日去,也不要你学佛学法,也不要你穷古穷今。但只饥来吃饭,困来打眠,才睡觉来却抖擞精神。我者一觉,主人公在那里安身立命?"公遂别入龙须,经五载,因邻僧推枕堕地作声,大彻,乃曰:"元来只是旧时人,不改旧时行履处。"

咸淳甲戌年,住湖之双髻峰,禅者登峰益众。公即入西天目山之狮子岩,岩绝跻攀,其来决择之者,又满百许人。公乃别居岩西石洞。石洞之险，非梯莫升，大书死关二字为额。尽屏给侍，日用一食，以瓮为铛，断缘撤梯，岩中弟子罕见其面。或垂语以验方来，不契即拒关。其垂语曰："大彻底人，本脱生死，因甚命根不断？佛祖公案，只是一个道理，因甚有明与不明？大修行人，本遵佛行，因甚不守毗尼？杲日当空，无所不照，因甚被片云遮却？人人有个影子，寸步不离，因甚踏不着？尽大地是个火坑，得何三昧不被烧却？"

元世祖丁亥年，雪岩遣白拂嘱公，偈曰："上大今已无人，雪岩可知礼也，虚名塞破乾坤，分付原妙侍者。"始升座开道，其语恳切，中古尊宿未之有也，丛林谓之禅经，抱道老成之士并归焉。一日民间讹谣，官选童男女。本小师问曰："忽有人来问和尚，讨童男女时如何？"公曰："我但度竹篦子与他。"本大彻于言下。或问诸弟子优劣，公曰："若初院主等一知半解，不道全无如义。首座固是铁根老竹，其如七曲八曲，惟本维那却是上林新篁，它日成材，未可量也。"

元贞乙未季冬朔日，命鼓告众曰："西峰三十年，妄谈般若，罪犯弥天。今日①有一句子，不敢累及平人，自领去也。大众还有知落处者么？"良久云："毫厘有差，天地悬隔。"复曰："来不入死关，去不出死关。铁蛇钻入海，撞倒须弥山。"跏趺泊然而寂，七日容色益明润，舍利结于爪发。越三七日，塔全身于死关。坐四十三夏，历世五十有八。仁宗戊午，谥普明广济禅师。

赞曰：古以潦沱机用，如涂毒鼓，闻者皆立死，或先后于近

---

①原文夹注：或云末后。

远稍异，迨密庵后，几不横死矣。幸雪岩得无准药授之师，师复涂而击之以立死。中峰辈至今，闻其余响，犹自胥丧。吁何伟也！非师玄要戈甲，吴越正令曷克臻此？

南宋元明禅林僧宝传卷九

中峰普应明本国师（南岳下二十二世　临济宗）

中峰普应国师者，讳明本。其先临济玄，玄七传杨岐会，会八传无准范，范传雪岩钦，钦传高峰妙。妙之嗣四人，师居其首。师自临济，其世十八，临济自少林，其世十一，是师为少林二十九世之正胤也。

师出钱塘孙姓，母李氏梦无门开道者，持灯至其家而生。师生之时，内室五色光明者三昼夜。襁褓即具大人相，坐则跏趺，嬉戏则为佛事。

既冠，阅《传灯录》，至"明知生是不生之理，为甚却被生死之所流转"，大疑，乃求依狮子院高峰妙禅师。妙公喜度之。三载观流泉有省，求妙公印证，被打趁出。自此日作夜侍，常至晨钟鸣不去，妙公不顾。久而洞彻玄旨，妙公大悦。书自相赞与师曰："我相不思议，佛祖莫能视，独许不肖儿，得见半边鼻。"

洎十载，妙公告寂时，以大觉寺属师，师推首座祖雍主之。遂一笠吴楚，西至皖山匡庐，乃东还，结幻住庵于吴雁荡，遂成丛席。霆发瞿公请主大觉，不就，举定叟泰应之。泰尝受职于一山万矣，乃欲改嗣于师，师大不然，以书却之曰："昨者坐语，未及它论，而首以住院承嗣扣之者，惟恐足下苟循世谛故也。本与足下纳交十六年，彼此心怀，洞然明白，岂意足下不谅愚情，反欲相及，何临事反覆若此耶？古人于法嗣嫡传，所以深明宗系者，大法源委，不可诬也。世漓俗薄，奉金请拂，以院易嗣者有之，本尝痛心于此。夫大觉虽先师开山，然十方丛林尽有尊宿，舍彼不取，而必欲本尸，何识量之不广也？本非畏住持，实畏嗣法于开山也，故退避力辞。而举足下为之主政，以足下自师一山禅师，岂可苟循世俗而易其所师哉？由此言之，本犹不欲以先师座下人迭尸大觉，而况牵枝引蔓，欲为本之嗣乎！闻命骇然，专浼逆流。塔主预此拜闻，望以玉峡之音，直与拈出。或欲循俗易嗣，则本断然不敢与足下一日相聚也。至扣至扣！"

师还天目庐高峰塔，至大戊申，仁宗在青宫，聘之不就。赐金纹衣，加号法慧禅师。师隐去仪真。已酉，即船以居，乃吟曰："懒将前后论三三，端的船居胜住庵，为不定方真丈室，是无住相活伽蓝。烟村水国开晨供，月浦花汀放晚参。有客扣舷来问道，头陀不用口喃喃。"

庚戌，又还天目。辛亥，复船居。吴江陈子聪为师建幻住庵，师又去之，北隐汴梁，吟曰："廛市安居尽自由，百般成现绝驰求，绿菘紫芥拦街卖，白米青柴倚户收。十二时中生计足，数千年外道缘周。苟于心外存诸见，敢保驴年会合头。"

明年，又结幻住庵于六安山，吟曰："胸中何爱复何憎，自愧人前百不能，旋拾断云修破衲，高攀危磴阁枯藤。千峰环绕半间屋，万境空闲一个僧，除此现成公案外，且无佛法继传灯。"

丞相脱欢公望风访师，师又弃庵，去之东海州，吟曰："道人孤寂任栖迟，迹寄湖村白水西，四壁烟昏茅屋窄，一天霜重板桥低。惊涛拍岸明生灭，止水涵空示悟迷，万象平沉心自照，波光常与月轮齐。"

欢公戒邑吏强师至私第，乃与中书平章并诸山必致师于灵隐，师固辞曰："夫住持者，须具三种力，庶不败事。一道力，二缘力，三智力。道体也，缘智用也，有其体而缺其用，尚可为之，但化权不周，事仪不备耳。使道体既亏，便神异无算，虽缘与智亦奚为哉？或体用并缺，冒然居之，曰因曰果，宁无慊于中乎！贫道无其实，故不敢尸其名。"竟称病还天目。

延祐丙辰，上谕宣政院，简采名山宿德以闻，承旨者期入天目。师闻，遁去。南徐丹阳蒋均为建幻住庵。戊午，又还天目。明年九月，朝旨褒号佛慈圆照广慧禅师，改狮子院为正宗禅寺。驸马沐王王璋，又赍御香紫衣，即所居而修敬慕焉。宣政又以径山请师，师不就，乃结幻住庵于中佳山。中佳去西峰三十里，岩磴险绝，缁素跋涉甚难，求师归院。

至治癸亥，西峰冻涸，大木摧折，师自叙曰："余初心出家，志在草衣垢面，习头陀行。以冒服田衣，抱愧没齿。平昔懒退，非矫世绝俗。盖以文字则失于学问，参究则缺于悟明，寻常为好事者之所称道，亦报缘之偶然耳。"

秋示微疾，有省候者，师皆曰："幻住庵漏且朽矣，不可久住也。"有僧告归吴门，师曰："何不过了中秋去？"十三日，手书属弟子曰："幻者朝死夕化，骨便送归三塔。依清规仪式，不许循世礼也。"次日白虹贯山巅，师跏趺，书偈而化。停龛三日，颜益和悦，道俗奔集逾万，奉全身塔于寺西望江石。阅世六十一，坐夏三十七。明宗己巳赐谥，曰智觉禅师，塔曰法云。

元统甲戌，追尊为普应国师。乃以《广录》三十卷，颁入大藏。更命重臣，铭国师道行于碑。南诏五比丘，绘师顶相还国，四众迎相，入中庆城，相放五色异光。由是倾信禅宗，奉师为南诏第一祖。时皆曰：本公圆辩不闷，针砭多方。哀讲士之趋岐，伤禅流之混继。乃推大觉以嗣开先，接玄鉴而化南诏，允有大愚安龙潭信之高风。至于大功不宰，至让无名，杖履萧然，云行鹤举，视声名而若浼，甘肥遁以如饴，楷芙蓉讷圆通不足过之。以其瀚海余波烟屯雨骤，提凤阁之儒臣，醒天潢之贵戚，而永明寿明教嵩，庶可并驾云。

赞曰：人人抱荆山之璧，个个得赤水之珠，何难兄释迦而弟弥勒。及读本祖自叙之语，愧汗横流，俯仰无地矣。嗟乎！非真祖师心语不吐，非正嫡裔背汗不流。心语不吐者，昧后也。背汗不流者，欺先也。昧后欺先，互相哝哝，则本祖隐现堪忍世界，何日而休哉？

仰山佛智元熙禅师（南岳下十九世　临济宗）

禅师姓唐氏，豫章人也。称元熙者，西山明觉院得度之名也。晦机者，其师物初观和尚所赠之字也。号佛智者，御制也。临江通判从文丞相靖难死国唐元龄者，熙之胞兄也。庐山一山万禅师者，熙之益友也。大中大夫广智全悟释教宗主笑隐大欣禅师者，乃熙嗣法弟子也。

熙为人事亲以孝，事师以诚，昆仲之间以义，道友之间以直。训诲门弟，则严且慈。熙尝与一山万行脚，万不耐丛林，好讦诸方，熙每抑之。且曰："明眼衲子出言为丛林，轻重岂可易乎！"

物初观公时居玉几，公为浙人，每操乡音，昼夜批削学者，学者畏其口不敢近。熙强万上谒观公，观与熙语，大惊，默计曰："浇漓末世有此人也。"又指万问熙曰："此老为谁？"熙对曰："乃元熙同行某甲也。"观素闻万名，故深爱熙得友之正，乃留夏，朝夕警诲，熙辄深入玄奥。

久之出住百丈，万嗣东叟，住庐山开先寺，两山法席大振，衲子络绎西江。欣禅人尝掌开先内记，请益参究，达旦不卧。万每示之，欣不领。万曰："百丈熙堂头当能了子大事，亟行勿迟，但勿可言从开先来。"欣谒百丈，熙问曰："何来？"对曰："庐山。"曰："曾见万聱头否？"欣不语。熙指曰："果遭渠卖弄矣。"欣悚然，莫知所以。

熙居百丈十二载，迁净慈七载，迁双径。居双径未久，退隐南山之阳。江右丛林闻熙退闲，争启请之不已。熙领仰山，仰山久废之余，熙至，衲子不厌枯淡，从之者数百辈。其堂庑朽败不堪，主事僧历请充修造，熙历止不许。一夜雷雨暴作，方丈后壁忽崩塌。熙移绳床，就侍者房而卧，明晨命以草苫之。有富人入山，见熙坐草壁边说法，而禅者悠悠自若，富人乃大异，发意坚请新之，仰山遂成精舍。

延祐六年秋，仲手字别所知，复作偈别众而逝。时侍僧有失常度，语话声高。熙复张目正色曰："敢以吾死而堕吾规耶！"摈逐之，已而瞑目长往。世寿八十二，僧夏六十三。

熙四为住持，以策发为急务。然机不易施，施必中节。尝以百丈野狐话问欣书记，欣拟对，熙喝之，欣即悟旨。又举太原孚闻角悟道因缘，示常道者曰："卢生入沧海，太史游名山。从此杨州城外路，令严不许早开关。"常亦悟旨①。又以西湖山水问伦上人，伦曰："通身无影像，步步绝行踪。"熙厉声曰："未在，更道！"伦亦悟旨②。熙晚年久不上堂，四众坚请之。熙乃曰："云门道个普字，尽大地，人不奈何。殊不知云门四棱着地，当时若与震威一喝，待此老恶发，徐徐打个问讯道：'莫怪融忤好！'非但救取此老，亦能振起云门纲宗。"虽然口是祸门，有数禅者座下省发而去。

笑隐大欣禅师（南岳下二十世　临济宗）

禅师大欣者，字笑隐。世籍江州，为唐尚书陈操之裔。后徙居南昌，故为南昌陈氏也。母萧氏孕感异征日者，谶曰："生子当为法中龙、文中虎。"及娩，地为震动。父殁，母盛年修净业。

欣为童时，见佛相好，则恋慕如慈亲。年九岁，得依水陆院伯父云阇黎为大僧。遍阅大藏经文，欲扣明己躬，愿尽形寿以法为檀。

时一山万禅师开化匡庐之开先寺，欣竟走依之，不发，然欣

---

①原本夹注：常号梅屋，著《佛祖通载》行世。
②原本夹注：伦号仲方，后住保宁。

常于此切万指。往百丈，遂彻证于熙禅师拂下。熙曰："昔黄龙得旨泐潭，领徒游方，及见慈明，气索汗下。你道过在甚处？"欣对曰："千年桃核里，觅甚旧时仁。"熙以为类己，大然之。熙迁杭之净慈，命欣分座，欣以书记自任。

盖欣博学广知，加之辩才转变无方，尝题曹操读碑图，其略曰："碑阴八字非隐语，德祖有智如滑稽。岂是阿瞒不解此，感愧上马归路迷。"一时名辈称之。

又访中峰本禅师于天目山，坐语夜半，风雨大作，崖石欲裂，左右皆辟易，欣不少动。中峰曰："欣公慧定之力俱足，他日必大可观。"

至大四年，出住湖之乌回，次住杭城报国，又住中竺报国。中竺俱经火之余，欣至，任缘鼓舞，大厦俱成。僧徒相从者，垂千辈。首以竹篦子付之觉原昙，而妙喜门风又一振矣。

天历元年，朝旨改金陵潜邸为大龙翔集庆寺，以欣为开山第一代。明年诏入奎章阁，设高座，阐扬大法。出貂裘金衲赐之，欣终不以示人。然自奉俭薄，衾衣常十数载不易也。频躬烧香，浴以给众，身外之役，不以劳人。至于名教节义，则感励奋激，不知有己。明宗嘉其风范，亲书广智庵额，赐欣退居处。

至顺二年，疏谢归林下，不报，又辞。文宗敕台臣慰欣，安居龙翔终老，兼命较订《百丈清规》为缁门定式。盖百丈建立以来，年代数百，法久成毙。诸方丛席各杜绳规，俾律仪大典易式无闻。欣以百丈旧文，订列条章若干门，互换主宾，令法久住。书成，进上。敕诸丛林遵而一之。于是天下缁流，礼乐铿锵，进止有节，大智之风，俨然在矣。嗣后朝赐益隆，梵侣益众。其禅席之盛，自秀法云以来，未之有也。会中龙象，则有愚庵智，及季潭宗泐、清远怀渭辈，激扬旨要。

尝问僧："青州布衫重七斤，古人道了也，毕竟一归何处？"僧曰："东廊头，西廊下。"曰："甚么处见赵州？"僧拟对。欣曰："棒上不成龙。"又问："竖拂拈椎，古佛榜样。擎权舞剑，列祖条章。衲僧下一句，作么生道？"僧珍重便行。欣曰："不消一札。"又问："释迦、弥勒、文殊、普贤，从你脚下过去也。"僧顾左右，欣喝之。又问："无位真人落在甚处？"僧便作礼。欣曰："从门入者，不是家珍。"

至正四年五月朔日，退居广智庵。复与御史脱欢公话别，凡熟知，悉致辞柬，命弟子以两朝所赐资帛，营万佛阁，俾群生得所瞻仰。从容书偈，顺寂焉。阅世六十一，坐夏四十六。学士虞集为蒲室叙，叙状欣生平甚详。

盖欣之母，精修净业，感地生白莲。欣移居报国，时其母西往。欣常愧慕陈尊宿编蒲，以故志所居处，皆曰蒲室。《四会语录》外，文集若干卷，名《蒲室集》云。

赞曰：语云："天地无全功，圣人无全能。"若仰山父子之为人，庶其全矣。熙公至殁，犹教诫弟子，整其家法。欣公于殁前一日，召宗泐辈，孜孜以妙喜门庭为属。较二公之心，而往返阎浮百千次，尚未足其愿也。呜呼大哉！

雪窦无印大证禅师（青原下十九世　曹洞宗）

禅师名大证，号无印，鄱阳史氏子也。年十四，投昌国寺智节出家，以所习试优等，得度为大僧。乃焚膏继晷，研究秘典。节喜，资证游方。

首谒荆溪琬禅师于庐山之圆通寺。琬貌寒，寻常鼻涕沾衣。证易之，欲发去，复心计曰："逢人草草，安辨玄黄也？"因私入室，求说祖师心诀。琬换手槌胸，大叫曰："逼杀人！"证疑惧而退。

有宿衲思庵睿者，以年迈寓国通闲房晦养自怡，林下虽知名不得而亲之。证几欲就请，莫得其便。一日睿如厕归，证从后随入。睿曰："是谁？"证曰："欲求法耳。"睿大怒趁出，便掩户。证大惊疑。复乘间乞见睿，睿曰："佛法自有方丈，汝到此讨甚热碗？"证曰："大证初参，不蒙方丈和尚指示，但见其槌胸大叫而已。"睿曰："头上安头。"证恍然涕泣，礼谢曰："吾师婆心一至此乎？"睿曰："据子机智，不宜滞此。比来天童有云外岫禅师，提唱洞宗，昨见新录，巧譬傍引，奔逸绝尘，其绵密可观。子宜往事之。"

盖岫嗣直翁举，举嗣东谷光，光嗣华藏祚，祚嗣净慈晖，晖乃弘智觉之子也。证机投云外岫公，乃灯传弘智七世焉。

岫公一日上堂罢，厉声叫曰："天童今日大死去也，你作么生救？"证对曰："请和尚吃饭。"又曰："天童今日大死去也，你不要相救。"又对曰："作么，作么？"又曰："天童今日大死去也，阿谁与我同行？"证又对曰："和尚先行，大证随后。"岫公呵呵大笑而殁。

证乃备述岫公风度于中峰本和尚，峰喜而赞曰："太白峰为屏，二十里松为座，云影外藏身，几多人蹉过。不蹉过，元是隰州古佛再来，切忌机前说破。"于是诸方共称岫公，为弘智真传也。

丞相脱欢公，请证出世衢之南禅，而次地迁锡，六会说法。然所居之室如传舍，惟入草求人，不厌饥渴。尝曰："我当时错登圆通门，入思庵室，被渠哄到江浙，七上八落，至今没个合煞。若有代山僧鼻孔出气者，山僧两手分付。虽然，相逢没量汉，莫作假鸡声。"

晚居雪窦，示众曰："千说万说，不若觌面一见。昨日二十九，今朝七月一，报你参玄人，光阴如箭疾。娘生两只眼，个个黑如漆。急急急回头，看取天真佛。"良久云："是何面孔？"下座。巡堂吃茶，又曰："妙不妙，衲僧鼻孔无多窍。玄不玄，刹竿头上无青天。至士宁容袖手，良马岂待挥鞭。全超棒喝，不落蹄筌。百鸟不来春又去，岩房赢得日高眠。"

证老年退居定水之圆明庵，其示寂时，春秋六十有五。阇维有不坏者二，曰牙齿，曰数珠。舍利明莹，门人景云建窣堵于本庵。

赞曰：洞室宗旨绵密，弘智数传之下，弗克大鬯者。何也？盖学者卤莽，艰于入彀耳。至无印师资力挥鲁戈，顿返羲轮，猗欤杰也。若以临末舍利明莹而识其生平，则负圆通老衲不胜言矣。

断崖了义禅师（南岳下二十二世　临济宗）

　　断崖了义禅师者，湖州德清汤氏子也。六岁始言，言即入理。常随其母诵《法华经》。因牵母衣而问曰："佛放眉间白毫相光，照东方万八千土，靡不周遍。母曾见么？"母答曰："佛放瑞光，如优昙花，时一遇耳。"又问曰："因甚又道我见灯明佛本光瑞如此？"母良久，抚其顶而叹曰："儿有慧根乎，更宜广见高明，休自屈。"

　　年十七，闻举高峰妙公警策语，乃勃起曰："此大善知识也，我往从之。"其母甚喜。竟造狮子岩，谒妙公。公爱其挺特，俾提一归何处话，且授名曰"从一"。妙公每呼从一，一每应诺，公曰："牛过窗棂，头角四蹄都过了，因甚尾巴过不得？"一罔措。自是一归何处，与牛过窗棂话，结成一片，如碍铁围。或间求示，非拳则棒。一又疑拳棒与本参岂相干耶。偶过钵盂塘，见松梢雪坠有省，即举似公曰："不问南北与西东，大地山河一片雪。"声未已，又被痛棒打退，不觉陨身崖下。同学扪萝救之，一乃誓限七日，昼则椿立，夜则攀树，临崖露立达旦。未及期，大彻扣关，大呼曰："今日瞒我不得也。"公曰："作么？"曰："大地山河一片雪，太阳一照便无踪，自此不疑诸佛祖，更无南北与西东。"妙公乃上堂曰:"我布漫天大网,打凤罗龙,不曾遇得一虾一蟹。今日有个蟭螟虫撞入,三十年后向孤峰顶扬声大叫。且道叫个甚么?"举拂子云:"大地山河一片雪。"一便夺拂子云:"尽大地有一人发真归源,我悉知之。"公便下座。于是举扬料拣,词不少逊,而从一行者之名大显。

辞归德清,结茆武康,居以事母,名缁乐访之。又五载还天日,妙公曰:"大有人道,你拖泥带水在。"对曰:"两眼对两眼。"妙公乃为剃落,更从一,名了义,自号断崖。遂单瓢只杖,渡淮杨,历齐鲁,访燕赵,登五台。随所至处,辨论风生,海内丛席为之大震。

中峰本公状其生平曰:"撞漫天网,解狮子铃。情亡义断,石裂崖崩。夺庞老金珠,高挥大抹。将阿爷门户,竖柱横撑。这边那边,了无羁绊。问禅问道,不近人情。大地山河一片雪,话头流落至今行。"名刹争起之,不顾。逮本雍二禅师相继化去,义始住天目正宗寺,年已七十,道风益峻。众未尝登百辈半,受诸方付嘱者,就正请益,不敢生忽。

尝示众曰:"若要超凡入圣,永脱尘劳,直须去皮换骨,绝后再苏,如寒灰发焰,枯木重荣,岂可作容易想!我在老和尚处,多年每被大棒打彻骨髓,不曾有一念远离心。直至今日,才触着痛处,不觉泪流。岂是你欢喜踊跃,咬着些子苦味,便乃掉头不顾!殊不知,苦味能除百病。大凡功夫若到省力时,如顺水流舟,只要梢公牢牢把柁。才有丝毫异念生,管取丧身失命。若到纯一处,不可起一念精进心,不可起一念懈怠心,不可起一念求悟心,不可起一念得失心。才有念生,即被一切邪魔入你心腑，使你颠狂，胡说乱道，永作魔家眷属，佛也难救你。戒之！戒之！"

元统元年除夕，告众曰："有一件事天来大，还委悉么？"良久云："明日是元朝。"越六日，指法云塔西空地曰："更好立个无缝塔。"归与禅者谈笑自若，乃曰："老僧明日天台去也。"侍者曰："某甲相随得么。"曰："骑马趁不及。"次日跏趺而逝，世寿七十二，坐夏四十九。奉遗命，塔于所指之处。赐号佛慧圆明正觉普度大师。义初会葬中峰时，笑谓众曰："过后十二年，更为老僧一会及入灭。"时正符其谶。

赞曰：棒头觅落处，何如捞月水中。喝下越端倪，却似分胶膝里。师初扣关，见高峰孤硬，有上山推毂之难。自后立地，知此道平常，有顺水放舟之快。想其为人，烈丈夫也。故其问道出家之迹，颇与卢行者相若。说法写自心曲，以真实诲人。至今传其语，为禅关策要，宜矣。

南宋元明禅林僧宝传卷十

元叟行端禅师（南岳下十九世　临济宗）

　　禅师名行端，号元叟，生台之临海，何姓。何姓世以儒显，端母王氏，博释五经，章安子弟咸宗之，如汉之曹大家。

　　南宋宝祐乙卯岁生端。端生不茹荤，襁褓中见沙门遂喜。甫六岁，母王氏授以《论》《孟》，端咿唔成诵，乃至经子章句，悉不可难。每遇纷华杂，端则庄坐如在定。母因奇之曰："吾家千里驹也！然恐不为世用。"

　　端叔父茂上人者，早岁为僧，住余杭化城院，适归省故里，端竟从之剃染。遍游丛林，谒径山藏叟，临机悟旨，藏叟悦之。一日，藏叟问端曰："汝是台州人那？"对曰："台州。"叟便喝。端拜，叟又喝。端起叉手，叟曰："放汝三十棒。"端喏。藏叟又曰："还知我泉南无僧否？"端曰："和尚聻。"叟便棒。端按住曰："莫道无僧好。"叟大笑而起。

　　端既罢参，乃徜徉西湖山水间，自称寒拾里人。育王琪作偈招曰："夜半落霜花，日轮正卓午，寥寥天地间，只有寒山子。"端不答，乃典净慈书记。时净慈石林巩禅师居焉。

　　吴山石田林处士，久隐不与世接，乍见端篇翰，独以寺柬端，有"能吟天宝句，不废岭南禅"之语。

　　端又远访雪岩钦于仰山，钦曰："驾发何处？"端曰："两浙。"曰："因甚语音不同？"端曰："合取口。"曰："獭径桥高，集云峰峻，未识阇黎在。"端拍手曰："鸭吞螺蛳，眼睛突出。"钦顾侍者点好茶来。端曰："也不消得。"于是以上礼宾之。

元成宗大德初，为虎岩伏分座于径山。庚子，出住湖州翔凤，乃曰："大慧祖师道：'宁以此身代大地众生受地狱苦，终不将佛法作人情。'径山先师藏叟和尚，一生不肯四天下人。纵饶释迦老子达磨祖师到来，也须退身有分。山僧在侍者寮两年，弄尽机关，做尽伎俩，直是没凑泊它处。所以知其为大慧嫡孙，今有炷香供养它，也要大家证明。"

甲辰，诏主中天竺，并赐慧日正辨师号。皇庆壬子，迁灵隐。仁宗设无遮大会于金山，命端证之，又加号佛日，乃退居良渚西庵。

英宗至治壬戌间，起端居径山。端居径山，人才之盛，不减妙喜。其楚石琦辈，时称僧杰焉。虞公文靖以文献宗时，兼游诸禅宿之门，自称微笑居士。每方杨大年之为人，多剥啄诸家语录。而读端提唱，乃谓其子弟曰："元叟生平，谛理恢拓。广说略说，莫不弘伟。然关要隐而不发，以待其人。大慧之流风余韵，犹有如此者，不谓老夫复相识耳。"

其提唱曰："寂静中做工夫者，以寂静为究竟，他且不是你寂静中究竟底物。愦闹中做主宰者，以愦闹为得意，它且不是你愦闹中得意底物。经教中领览者，以经教为根本，它且不是你经教中领览得底物。师友中讲磨者，以师友为渊源，他且不是你师友中讲磨得底物。此无形段金刚大士，从尘点劫来，直至而今，如潜泉鱼鼓波而自跃，你拟向东边讨它，它向西边立地，你向南边讨它，它向北边立地。教它与一切人安名立字即得，一切人与它安名立字即不得。一切处一切时，与你万象为主，万法为师，此其是也。自非上根利智具杀人不眨眼底手段，将第八识断一刀，岂有成办时节！"

又曰："自家根蒂下，积生累劫，多诸恶习。若也照烛不破，剔脱不行，日用间岂免触途成滞。一切法中，或有所疑地，即碍杀了你。一切法中，或有所爱水，即淹杀了你。一切法中或有所瞋火，即烧杀了你。一切法中或有所喜风，即飘杀了你。四者既是五蕴、十二处、十八界、二十五有。明暗色空，森罗万象，到处粘作一团，如黐胶相似，驱你入驴胎，使你入马腹，总由它在。千佛出世，亦无如之何矣。"

端开化四十二年，三受金襕，密秘之，不以披搭。所赐金帛，悉赈贫乏。复多怒，老益甚。每据坐，竟日传餐诃骂。及入寝室，或窃问其故，乃左右顾视，欲举已忘。故道俗于怒骂中，得旨者甚多。

顺帝至正壬午秋，示微疾，问侍僧曰："呼之曾已休，吸之尚未舍，安同诸苦源，来者不来者。如何是来者不来者？"僧无语。端良久曰："后五日看。"至期，更衣趺坐曰："本无生灭，焉有去来。冰河发焰，铁树花开。"垂一足而化，世年八十八，僧腊七十六。所剪爪发舍利累然，闷全身于鹏抟峰北。谥曰普照，塔曰寂照。

端退居良阶日，忽有梵僧仗锡来征般若枢要，端示以狮王奋迅三昧。其僧稽首踊空而去，左右皆惊愕。端曰："掩鼻偷香，何足羡也。"

赞曰：大慧四传至端禅师，二百载矣。几如劲弓之末，其势不能穿鲁缟。师崛出珍公之门，而道被三朝，德迈九洲，源厚流长，不亦宜乎。或谓：师之后大抵说法朝廷，岂其家化以金马门为隐者耶！曰：否！不离菩提树下，而据吉祥座者，斯何人哉？

石屋清珙禅师（南岳下二十二世　临济宗）

石屋禅师者，讳清珙，虞山人也。宋咸淳壬申，生于温姓。生之夜，光贯北垣，其室异香，经旬不散。

珙幼断酒荤，素质清癯，而精神宥密。六经杂史，一览即不顾。于佛经如获故物，乃尽弃其所有，为大僧，翩然逸举，择人而见。

首参高峰妙禅师，妙公曰："新戒来须何事？"珙曰："生死事大，乞施大法。"公曰："我本无法，说甚小大。"珙乃服勤三年，不契。妙公曰："温有瞎驴，淮有及庵，宜往见之。"

珙直走见及庵，路闻及庵多慢侮，罢废参仪，不以禅流为事，大有名者辄遭删削。珙疑之。然心信妙公之指，如不相当，则走温未迟也。乃至建阳西峰，通谒及庵。及庵袒襟危坐，受珙展拜。遂问珙曰："区区逐日，何所用心？"珙对曰："以万法归一为本参。"及庵诃曰："甚么害热病底教你参者死句？"珙悚然罔措。及庵曰："有佛处不得住，无佛处急走过。作么生会？"珙拟对之。及庵蓦起厉声曰："者个亦是死句。"便入寝室。珙罔措,乃坚依座下。久之,及庵复理前话诘珙。珙对曰:"上马见路。"及庵又诃曰:"在此多年,犹作恁么见解。"珙愤以为及庵卖己,因背弃去。及庵笑曰:"珙即回也。"

珙于途中,忽见风亭,乃急趋回,举似及庵曰:"有佛处不得住,亦是死句。无佛处急走过,亦是死句。清珙今日会得活句了也。"及庵曰:"作么生会?"珙曰:"清明时节雨初晴,黄鹂枝上分明语。"及庵肯之。于是出入吴越,激扬禅社,广结般若缘。

偶登霞雾山,喜之,遂构草庵,号曰天湖。趋风者日众,珙频作山居偈颂示之。爱之者以为章句精丽,如岩泉夜响,玉磬晨鸣云。嘉禾当湖新创福源禅刹,尽礼致珙,珙不起。平山林禅师,作契聪排闼图柬珙。珙慨曰:"林兄不容吾高卧也。"于是自携竹笠,飘然而来福源。乃勇于临众,不期纲宗大振。围绕座下,多诸有道。六七年间,衲子为法忘躯,而丛林丰盛,如西天那烂陀寺。

有贵人入寺饭僧,见珙布衲萧萧,疑为矫饰。窃视方丈,棕拂道具外,空徒四壁而已。贵人大异,乃私问寺主曰:"和尚人天知识,何枯淡若此耶?殆非吾辈之所堪矣。"寺主曰:"然,吾师原俭于自奉,施者虽多,有即散之。常诫吾党,莫贪甘暖,免偿宿债。"贵人感悟,归散家财而隐。

有诏征珙,珙坚以疾辞。乃降金襕法衣赐之,人以为荣。珙叹曰:"吾少壮时,犹不如人。况今形之不逮矣,忍将名字劳倦人间世乎!"乃上堂曰:"卸却顶上铁枷,扬下手中木杓。合眼跳过黄河,腾身冲开碧落。狮子踢倒玉栏干,象王摆坏黄金索。白云兮,处处相逢。青山兮,步步踏着。"喝一喝,云:"举头天外看，谁是个般人？"便弃福源，归天湖。嘉禾公牍互至，珙作偈答之，有"老拙背时酬应懒，不能从命出烟霞"之句。

珙年八十有一，行不倚杖，坐不施褥。灯下书字如粟。尝与客夜话，将达旦，客谢息，珙笑曰："后生辈精神乃尔，安足谋道耶？"俄告寂，门人请命后事。珙引声曰："青山不着臭尸骸，死了何须堀土埋。顾我也无三昧火，光前绝后一堆柴。"已而吉祥化去。火后舍利，五色莫计，塔于天湖。时至正壬辰孟秋也。谥曰佛慈慧照禅师。高丽王仰珙德化，且感异梦，请旨移文江浙，分舍利归国祀之。

赞曰：瘦棱棱，却如碧海波心，涌起一座玉岩；硬剥剥，好似白云堆里，突出千寻石屋，乃珙公自状其微也。至于道倾彤室，德感异邦，置弗论矣。但历来三百余年，人诵其诗偈，读其语录，恨不尊公至夜摩睹史之天上。盖公不以虚言而欺世也，明矣。

径山虚舟普度禅师（南岳下二十世　临济宗）

禅师普度者，出史氏，刊江人也。刊俗浮华，度不乐家居。邀正信友，出入僧伽蓝，结出世缘。熏久机熟，竟斩发焉，自号虚舟。入讲肆，精贯《楞伽》《唯识》。昼倦凭几假寐，梦游于俗，俗境宛然。佥①有术士，相其面曰："公乃玉堂金马中客，何堕于僧数？"度唾之曰："我既登释谱，不受你辈雌黄也。"觉则汗流愧悚。于是废卷枯坐，不言者累日。

同学请入筵，度曰："此非究竟，听之何为？且诸佛涅槃之旨，岂言诠能及哉？"同学病其狂，度即负钵袋而去，遍走江南。诸有道名之社弗生怠忽，乃谒无得通禅师于常州之华藏寺，是日同谒者三十余人，通公独许度参堂。度得入通公之室，每求佛法大意，通每低声曰："佛法尽有，待无人处向你说。"度益心疑，夜静私抵通公榻下，哀求不已。通又低声曰："将谓无人那？"乃指度。复自点胸数下，则瞑目悄然。度惊趋出。于是参究愈切，坐立如木偶人。

会通公示众曰："破一微尘出大经，鸢飞鱼跃更分别。不将眼看将心看，已见重敲火里冰。"度脱然省发于座下。通乃召度曰："不与万法为侣者，是甚么人？"度对曰："金香炉下铁昆仑。"曰："将谓者矮子有甚长处，见解却只如此。"度拜曰："谢和尚证明。"通大喜之。度于是久侍华藏，师子相契，如水乳也。通公每勉度出世，度启曰："行道之日无穷，事师之期有限。师寿纵愈赵州，恐普度薄福，一旦填沟壑，再欲蒙师教诲，其可得乎？"通公为之俯首恻然。

公殁，度乃离华藏，经行石头城。夜宿袈裟院，适东西两房争法产构讼，数年不已。度释以片言，两僧悲泣悔过，俱以家业属度，度发笑而去。自此随方说法，或久或近，三十余年如

---

① 佥（qiān）：全部，所有。

一日。

尝示众曰："邪人说正法，正法悉皆邪。正人说邪法，邪法悉皆正。"卓拄杖云："正耶？邪耶？"又卓云："说邪不说邪，向者里拣辨得出。黄金为屋未为贵，玉食锦衣何足荣。"又曰："万法是心光，诸缘惟性晓。本无迷悟人，只要今日了。既无迷悟，了个甚么？千言万语无人会，又逐流莺过短墙。"

值径山毁，朝旨以度居之。度年八十，力图兴复，巨细行役，尚自董焉。其谦让不遑，待后进如先辈，从未以老自称。不二载，径山落成，时元世祖庚辰也。

度每逢通公忌日，必展真烧香，进食垂涕。门下感之，率白首亲依，故唱和妙叶，冠绝一时。竺西坦归省于度，度大书一偈委之。俄就匡床化去。其偈曰："八十二年，驾无底船，踏番归去，明月一天。"时坦居天童，天童及门复有怀信等，而大度公之声，盖怀信为松源岳五世之孙也。

孚中怀信禅师（南岳下二十二世　临济宗）

怀信禅师者，字孚中，为明州奉化江氏之子也。十岁求师于其亲，亲命抱本入乡塾。不二载，诸籍了然，竟罢读，乃谋《法华》而诵之。遂坚图出家，荷任大法。又三载，师事法华院子思沙门，以试经得度。

竺西坦禅师居天童，信往谒之。坦公瘦面如铁，寻常热棒如雨点。请益者,隆冬亦战栗挥汗。信虽年少,从容入问大冶,坦器重之。久经炉鞴,信乃道通。担垂问曰:"兴化打克宾,克宾还有吃棒分也无?"信出对曰:"俊哉狮子儿。"坦深肯之。未几坦公迁化,信鸣众请云外岫补居天童。信与击节酬唱,拍拍是令。岫每称之曰:"信公乃洞宗赤帜,济室白眉也。"

大定丙寅,出住观音寺。天历己巳,迁居普陀。至正改元,天童席虚,当事者必以致信。信曰:"天童自哲人相继化后,规制非旧观矣。今诸公不弃山野,山野惟据令而行。诸公若以为可,则山野以继述为志,岂敢坚逊而累诸公行李。如不便,诸公请更议之。"众皆稽颡曰:"诺!"于是信莅天童,积弊顿除,法席不期而再振,四方以贤誉归之。

当是时,南北兵荒,丛林多窘。天童食堂盈千众,安居不乏,尚有余粮,以赈饥贫。楚石琦公尝作偈与信曰:"长庚峰顶白云间,捧札西来笑展颜。几叠岩峦围丈室,万株松树绕禅关。当年金碧谁将去,今日天龙合送还。老我恰如窥豹者,管中时复见斑斑。"

江表大龙翔寺行御史,奉诏迎信,信欣然自来,时至正十四年甲午也。越二载,明太祖兵下金陵,寺众风散,信独趺坐不去。顷之兜鍪蚁集,信俨然在定,如不知也。及太祖入寺,信合爪相迎。太祖问曰:"众僧因甚不见?"信曰:"明眼难瞒。"太祖甚喜,乃命招僧还寺。太祖尝听信说法,归为近侍曰:"龙翔信僧,言行纯悫,真太平有道沙门也。"遂改龙翔为天界,命褒章而赐之。

信德腊虽高,未尝以声色加学者,学者自化。信日课《莲经》七卷，寒暑不间。有僧问曰："和尚诵经，还解义么？"信曰："清晨吃白粥，而今又觉饥。"僧曰："此语却与经文不合。"曰："明眼师僧灼然犹在。"僧呵呵大笑曰："和尚是甚么心行？"信曰："且喜信受奉行。"

丁酉元旦日食，太祖召信问之。对曰："食后自明。"太祖又深喜，复论古今符谶之理，信曰："圣哲以至公为心，不求符谶，而符谶自合矣。愚昧以私欲为念，虽凤麟昼现，仍成怪物，故曰在此不在彼。"太祖称善，尽欢而罢。

八月二十四晨起，沐浴更衣，召众告曰："吾行矣，汝等当以荷法自期。"瞑目而逝。侍僧撼且呼曰："和尚不留片语以示人乎？"信复展目索笔书曰："平生为人契戾，七十八年漏泄。今朝撒手便行，万里晴空片雪。"乃瞑目长往。

时太祖督戎江阴，前一日梦信告别，及还金陵，闻讣与梦合，太祖甚嗟悼，左右皆言前日梦金甲大人相报曰："天界古佛入灭矣。"太祖益惊异，赐帑金以资后事。举龛日，太祖临奠，依法阇维于聚宝山前，获舍利五色。命贺齐叔为卜牛首山建塔，又命儒臣铭之。天童所塔者，爪发衣履也。

初，信承诏，去龙翔天童。左右谏曰："当今扰攘兵戈，有志者求入山林不暇。师独受元主隆誉之名，某等似不取也。且天下事未知何若耳。"信答曰："我汝均为佛祖儿孙，力当撑拄佛祖家庭，任缘赴感，职宜然也。若俱以祸福撄心，埋身藏影，岂大慈旷济之道哉！且戈矛剑戟之场，独非安乐邦乎！"于是愿起从行者甚众。

赞曰：径山三代，门庭施设虽各不同，究其机要，皆道权达变之宗匠也。度公至老，尚力图兴复。信公至殁，犹示应明主。是其荷负祖道之任，真难释肩。如吴人游楚者，病中闻之，仍吴吟也。先辈之苦心若此，忽之可乎？

楚石、愚庵、梦堂三禅师（南岳下二十世　临济宗）

楚石禅师，名梵琦，乃径山元叟端禅师之高弟也。道弘海盐福臻，次则天宁，乃至杭州报国、嘉兴本觉。德风所被，声重九洲。当元文、顺二帝时，楚山南北，浙水东西，其有道尊宿，无不经锡徽号，琦独远引不与焉。至正间，帝师强赠师号"佛日普照慧辨"，琦亦不署也。暮年以门人景献，代主天宁法席，则别筑方斋于天宁院西。为休老计，自称西斋老人。

至正间，四方多事，士大夫逃禅海滨者众矣。从西斋游者，如宋公景濂辈，最称博物。入西斋之门，剧谈多北。或有问时势否臧，琦但唱休休歌，其声韵莫测。

癸卯，元帝师以手书微①琦，琦称病笃不赴。戊申，明高帝建极，以为折抱毁鼓之初，而殁于王事者无答焉。遂蒲车四出，征天下高行沙门，敕仪曹请琦升座于蒋山，使存亡者均沾法利。高帝见提唱语，大悦。

---

①微：疑为"征"。

明年春，召入宴文楼，以琦年迈，赐杖而行，留琦馆天界。又明年，复征天下有道禅师，均赴天界。其赴诏尊宿三十余员，出元叟之门者，三居一焉。惟国清昙噩、双径智及，并琦三人，频入宴文楼论道。高帝问鬼神幽玄不测之理，琦援据经论，剖释宸衷。然起居脱略，无异西斋时。高帝每叹曰："楚石真林下道人也。"

是年七月十六日，琦呼侍僧进墨池，大书一偈曰："真性圆明，本无生灭。木马夜鸣，西方日出。"即谓噩梦堂曰："师兄，我去也。"噩曰："何处去？"琦震声一喝而逝，年七十有五矣。

以遗偈闻高帝，帝命依法阇维。其不坏者二，齿如珂玉，舌如珊瑚，无数舍利，连缀其上，归塔天宁西斋。愚庵以偈哭曰："匡床谈笑坐跏趺，遗偈亲书若贯珠，木马夜鸣端的别，西方日出古今无。分身何啻居天界，弘法毋忘在帝都，白发弟兄空老大，刹竿倒却要人扶。"

愚庵禅师者，名智及，吴人也。年十七为僧，亦得法于元叟端，住后四迁名刹。元帝师锡号明辩正宗广慧禅师。及公长身山立昂然，如孤松在壑。法令严肃，其下无敢方命。所至百废俱兴，然能俯顺时宜，又如春风时雨之及物，使人不知。以其提唱语句达九重，撑大元叟家声。复喜纳言，见三尺童，理长则就之。虽工剩艺，自视若不逮。至于料除积弊，不出词色，力绝其原。故学士宋濂誉曰："元帝师以徽号加愚庵及公，不虚也。"暮年不得已，再赴明高帝诏抵京。抵京未几，会楚石迁化，由此得辞还穹窿山。时年六十八，亦书偈趋寂焉。火浴有香气袭人，如沉水香。所用数珠循环不坏，其遗骨绀泽，类青琉璃，设利罗积有光。复有梦堂噩禅师与及齐名。

禅师梦堂，名昙噩。与楚石琦，同籍明州。琦出象山朱氏，噩出慈溪王氏，同出元叟之门，同赴明君之诏。噩之祖父，以仕显家，贵且富，罗绮交错。噩生其间，为童时，喜衣布裘，喜餐蔬食，喜坐静舍，目不遍眨，如在定僧伽。然与世交，谈吐风云，变幻莫状也。于诸子史，一阅不再。因游郡城延庆讲堂，见《六祖坛经》，遂窃怀归翻读，连日夕不释手，乃至忘餐寝。竟辞脱发，父兄莫能阻之。

具戒，遍历禅丛，乃罢参于径山。噩事径山既久，名知林下。深圣禅寺请噩，噩则欣然肯来。居无何，迁开寿，谙熟典故，师僧皆从之。

噩画一规曰："僧堂内外有阅经书者，罚油若干。"一僧每逢朔望，纳油库司，读《梵网经》。一僧纳油，读《传灯录》。一僧纳油读《易》。噩笑而怜之曰："立法之弊，宁至此乎！"及移居天台国清寺，年垂七十矣，耳聪目察，敷扬宗旨，有道衲子趋焉。元顺帝赐号佛真文懿禅师。

年八十有八，赴明天子之诏，馆南都天界。天界金白庵，名驰当世，学冠诸老，与噩夜话，词气尽索，退而雅称曰："此翁齿牙带戟，不可与争衡也。"

噩南归，虚其名位，而规训门人，复说偈曰："吾有一物，无头无尾。要得分明，涅槃后看。"泊然示化，时洪武辛亥，其年八十九矣。

赞曰：楚石、愚庵、梦堂行道，际遇于离乱之秋，俱持风采，称为狂澜砥柱。暮年感有国者与交游，光鲜元叟家声。虽三公一时之方便，于法门则有力焉。经云："但以假名字而引导之。"此之谓也。

古梅正友禅师（南岳下二十三世　临济宗）

古梅禅师者，名正友，姓于氏，广信人也。住闽之高仰山，为绝学诚禅师入室之真子。诚得道于灵云定，定嗣雪岩钦，钦为友四世之祖也。

友为人，文而烈，不依违两可。好立言行，以洁白着声。初依末山本得度，本示以禅关节要，不领。因循住江淮两浙之间。归省本，本揭其所得，友罔措。本曰："你参病鹤禅耳，翥翼九天，未有日在。"友愧无所容。乃遍历宗庭，因小便触地，恍有所发。

又参绝学诚公于洪州之般若寺，诚曰："谛当甚谛当，敢保老兄未彻在。且道是许它语、未肯语？"对曰："言下委然。"诚大笑而起。次早友得上方丈，诚曰："夜来事作么生？"友以坐具便搋曰："灵云捉得贼，玄沙不放赃。即今赃贼一时断，还和尚了也。"曰："黄檗打临济意作么生？"友喝。诚曰："筑大愚三拳则且置，因甚又来掌黄檗？"友拟对，诚摇手曰："不是。"友曰："毕竟那个是？"诚击之曰："不是，不是。"

次早友又上方丈，诚厉声曰："抽袈裟。"友拟议，诚痛打三十。友连喝，复打六十。次早哀求挂搭①，诚公不许，且叱之。于是友浮沉岁月自爱也。

度夏雪岩，因读法昌语，豁然有新证，乃书颂古数则，寄呈般若诚公。诚曰："此人得我第三番竹篦，气力犹欠脱壳在。今兄弟家三年五载做工夫，无个入处。将从前话头抛却，不知行到中途而废。可惜前来许多心机有志之士，看众中柴干水便、僧堂温暖，发愿三年不出门，决定有个受用。有等才做工夫，但见境物现前，便成四句，将谓是大了当人。口快舌便，误了一生。三寸气消，将何保任。若欲出离，参须真参，悟须实悟。"友遥闻之，闺阁中物一时放下。

又三年赴斋，打动钵盂，乃彻法源，披伽黎焚香，向般若大展曰："非吾师大机大用，正友几成木强人耳。"住后上堂曰："慧剑单持，明行正令，拟议不来，丧身失命。还有当锋底么？"良久云："正好一帆风过海，个中不遇驾涛人。"喝一喝，又曰："月落山头惨，云横谷口阴，欲明生死事，直指本来心。且道如何是本来心？夜静不劳重借月，玉蟾常挂太虚中。"

至正壬辰深春，高仰山树不颖，泉忽涸，众惧。友曰："老僧向后自有嘉征。"五月初三，集众跏趺，垂训谆谆，奄然敛目而寂。仰山泉始涌，树始花。

友初住天心，掘地见藏金，友掩之。或曰："无主之物，方便纳之，以兴佛事，曷不可乎？"友曰："吾教以檀施为佛事，发

---

①搭：应为"搭"。

藏得物，未之载也。冒而容之，宁不惭乎。"其夜风雨暴作，巨石崩压其处，人名其山曰却金山。

赞曰：蒿枝之令，数百年来，丛林畏而不闻矣。是以驴乳十斛，杂滥人间，而端人正士，故有流涕长太息之感也。诚公滴桃源真乳于严霜巨冻之秋，而古梅之器琉璃也，自无迸裂之患，则雪岩横出一枝，灼可观焉。

南宋元明禅林僧宝传卷十一

伏龙千岩元长禅师（南岳下二十三世　临济宗）

千岩禅师，讳元长，越之萧山董氏子也。出天目中峰本和尚之门，开化乌伤伏龙山圣寿寺。其接物利人，灼①类于本。当元季时，其着我田衣者，无不借赖朝廷褒重，而高其声价。公居伏龙，惟力田博饭而已。君王三锡徽号，公终身不署焉。于是，识者以狂澜砥柱而称公。

公性英敏，初弃家，问戒于灵芝律主。时中峰本和尚，寓杭城云居兰若，会赴丞相府斋，公得拜见于斋筵。本曰："上人是何法讳？"对曰："元长。"曰："日逐何所用心？"公乃再拜请益，本以狗子无佛性示之。公即庐北高峰顶，琢磨己躬，屡走见本。本惟叱之，无他语。

灵隐雪庭傅禅师虚记室，以款公。公来往云居、灵隐，荏苒法缘，十载不发，乃私叹曰："饥虎望几上之肉，宁自甘耶？"遂禁足峰顶，闻雀声有省，急走质本。公呈所以，又被叱。愤归据关枯坐，简点所省处，竟不可得。徘徊中夜，或行或立，忽鼠翻猫器，堕地有声，乃彻见本公相为处，即弃庐归本。本云："赵州何故言无？"对曰："鼠食猫饭。"曰："未也。"对曰："饭器

---

①灼：疑或为"约"。

破矣。"曰:"破后如何?"对曰:"筑碎方甓。"曰:"善哉!此事非细,承当者须是其人。"于是,公服勤一十三载。别隐天龙东庵,垢衣粝食无剩语,人或鄙之。

石溪空禅师大建松云阁,绘三教圣贤影相,并藏其书,以资三教学者流览,征文于当世铭之,无敢命笔者。空素知公,乃邀游松云,叙其所以。公弗少辞逊,文成四百五十言,自书其壁。是时松云阁闲士多属名家子弟,读之大惊服。于是,冠盖博学者争游东庵。有传其文至中天竺,笑隐禅师曰:"中峰有子如此,临济宗风何虑哉!"即言于行省丞相,以名刹起之,而公已去东庵矣。其松云文曰:

"见到说到行到,犹是到到,未是不到到。虽是不到到,未是不到不到。何也?世尊四十九年,噇了现成闲饭,簸者两片皮,说是说非,说长说短,说出许多闲言长语满世间。狼狼藉藉,末后知非。无着惭惶处乃云:'始从鹿野苑,终至跋提河,我于二中间,未曾说一字。'败也败也!老子亦云:'道可道非常道,名可名非常名。'名亦言也,既非常名,言之何用?死也死也!孔子亦云:'乱之所由生,言语以为阶。'乃欲无言,谓天何言。露也露也!你看他者三个汉,如向一片净洁地上擦屎擦尿了。有底将灰土盖却,有底将粪箕笤帚扫却,有底将水洗却。任你如何,只是臭气还在,引得许多蝇蚋、蚤虻、蝼蚁、蚤虱之类,竞来咂啑,各成窠窟,头出头没,脱离无由。秦坑之,永平火之,三武灭之,愈炽愈盛。云门杀之,德山骂之,临济喝之。弥高弥大,树绕藤缠,至今无个合杀。石溪本空禅师,奋巨灵劈太华之手,用芥子纳须弥之机,建一阁,扁曰'松云',绘佛祖三教圣贤诸师形像于松云之上。及取三教之书，悉藏松云之中，无彼此之分，绝人我等见，真①显圆融广大法门耳。或谓辨魔拣异，宗门眼目，秤斤定两，向上钳锤，岂可雷同！事须甄别，曰：'会么？'瓶盘钗钏一金，毒药醍醐一味。其人不觉手舞足蹈，而歌曰："松云万朵兮，溪山盘盘。松风一曲兮，溪月团团。冰崖笋出，炎天雪寒。眼睛只在眉毛上，分付渠侬仔细看！"

乌伤伏龙山，古有圣寿寺，废久。公乃登伏龙，喜其涌泉如乳，奇峰争秀，就故址棘丛中而卓锡焉。次日，乡民集者数百人，俱言昨夜梦乘云圣僧至伏龙。及见公，与所梦无异，遂共开荒，为构草庐。久之崇成大厦，禅者接踵而问道，三十载如一日。

尝示禅者曰："当台明镜，鉴在何人？露刃吹毛，逢他敌者。从上的的相承以来，无有不因者。心肝五脏也同，眉毛鼻孔也同，眼睛舌头也同，三百六十骨节也同，八万四千毫窍也同。一处同，处处同。只有些子不同，诸人还简点得出么？阿呵呵，纵饶沧海变，终不与君通。"

士大夫闻其风，而开发者甚众。镇南王亦慕之，则锡号普应妙智弘辨禅师，帝师又加圆鉴大元普济禅师。东朝又赐金襕，并加师号曰"佛慧圆明广照无边普利"。其隆典虽经叠下，于题咏扁额中，并无其制号也。

晚年钵镶自涤，衣衾自补，侍僧屡窃为之，公屡不悦。至正丁酉六月示微疾，更衣集众，书偈曰："平生饶舌，今日败缺。

---

①真：疑为"直"。

一句轰天，正法眼灭。"掷笔而逝，世年七十四，坐五十六夏。宋公濂久参伏龙，乃述其道行以立石。

赞曰：却名易，忘名难，贞节易，忘节难。盖名节亦虚器也。长公入山，惟恐不深。重开伏龙，一住三十载。王公褒赠叠至，公恬若不知。至其生平说法，劳劳玉齿，如怒狮抉圆石于千仞之冈，莫之能御。呜呼！克嗣天目，以骏发临济于一时者，微公其谁与！

（补辑）龙池永宁禅师（南岳下二十一世　临济宗）

禅师出淮东通州朱氏宦族，名永宁，字一源。其先东山演公之下开福宁，宁七传至无用宽，宽乃永宁之师也。宽居舒州太湖，门士不满百，皆峣然自肯之辈。其得宁最晚，而宽特注之，以为可继开福，而阐东山法门。

初永宁在襁褓中，弄以金紫，即有戚容。九岁闻邻壁治丧啼哭声，辞亲弃俗。依禾州之广慧寺，寺为州之望刹，乃故淮海肇禅师说法处。前一夕，寺众同梦肇公来。次日独宁至，众欣然，疑为肇公再世也。

及为大僧，汗游禅社，走舒州见无用宽公。公问："何来？"对曰："通州。"曰："淮海近日盈虚若何？"对曰："沃日滔天，不存涓滴。"公使喝。宁拟进语，公又喝。宁拟退，公连喝之，宁大骇而趋出。自是罢游，坚依席下。

一日，公举云门答僧须弥山话，宁闻之脱然。公乃召曰："掣电飞来，全身不顾。拟议之间，圣凡无路。速道速道！"对曰："火逬星飞，有何拟议。觌面当机，不是不是。"公喝。宁曰："作么？"公曰："东瓜山前吞扁担。"宁曰："今日方知和尚用处。"久之辞去。公曰："逢龙即止，遇水即居。金鸡玉兔，鞭影长驱。"

至治癸亥，常州道俗以龙池致宁。宁以为符其师谶，欣就之。连三载，成丛林，南国高人以见晚为感，同曰龙池尊宿，不敢名之。

宁慕高峰之为人，别业高崖。至正间，紫书三至，不赴。诸方勉之，始受朝旨，号佛心了悟禅师，然足不越阃。顺帝嘉之，乃召璧峰金而问宁之行略，金对曰："不耘而秀，不扶而直。劈华岳迅烈风雷，吸淮海不留涓滴。演东山是其远祖，宽无用容其入室。虽经三诏下龙池，野老不知尧舜力。"

洪武元年，宁嘱制纸衣木龛。次年六月十七日，服衣居龛而化。有偈曰："七十八年守拙，明明一场败缺。泥牛海底翻身，六月炎炎飞雪。"

（补辑）宝金璧峰禅师（南岳下二十二世　临济宗）

禅师名宝金，乾州永寿人也，号璧峰。其父石氏，行善无子。有梵僧目普门大士相授之曰："善事之，奇男至矣。"期年果生金。金生时,红光盖室,牛马皆鸣。

六岁亲殁,往受净业于温法师。从温既久,通性相之旨,乃代座演法。有禅者遇而惜之,因谓金曰:"观君谈论,如望梅也,其能止渴乎。"金大惊,挽之不可。遂游方,谒缙云真禅师。与一源宁,同入真室,金辄有省。

一日,拮蔬园中,定坐不还。适真公至,抚金背曰:"汝定耶?"金起对曰:"动定不关。"曰:"谁是不关者①。"金向前叉手而立。真公奋揿其胸曰:"速道!速道!"金便喝。真曰:"尘劳暂息,向上政未得在。"金以拳筑真而趋去。

已而隐峨嵋,日咽松柏,胁不沾席者三年。闻伐木声大彻,再参真公。真于地画一圆相,金以袖拂去之。真又画一圆相,金于中增一画,又拂去之。真再画如前,金又增一画成十字,又拂去之。真复画如前,金于十字,加四隅成卍字,又拂去之。真乃总变三十圆相,金一一俱答。真曰:"汝今方知佛法宏胜如此,宜往朔方,大行吾道。"

金先于定中见一山,重楼杰阁,金碧烂绚。诸佛五十二菩萨,行道其中。有谓金曰:"此五台秘魔岩也,汝忘之乎?"至是游五台,道逢蓬首女子,披五彩敝衣,赤足徐行,一黑獒随其后。金问曰:"汝何之?"曰:"入山尔。"曰:"将何为?"曰:"一切不为。"金喝之。女子眴金曰:"将谓是狮子儿。"言讫不见。金惊喜曰:"吾于此山有宿缘乎!"就中结灵鹫庵居之,声光日溢无远近,负糇粮而献者,缤纷也。

───────────

① 原本夹注:一本云:动定不关,是甚磨人?

至正壬①子，授师号寂照圆明，住燕京之海印寺。寻称病辞，还旧隐。明高帝即真召金之南京，于内殿问佛法大意，遂设普济会。金莅其事，已而御制诗十二韵赐金。是时开福之后，惟金与龙池宁。宁好行古规，时流讳之。金自代州寓金陵，英才辐辏，开福余烈复振。

尝问僧："须弥纳于芥子，且道阿修罗王向何处伸脚？"僧应诺。金曰："恰是。"僧呵呵大笑。金曰："剑峡徒劳放木鹅。"又问僧："台山路向甚么处去？"曰："和尚是甚么心行？"金曰："今日被驴子扑。"僧作嘘声。金曰："消得龙王多少风。"

金年六十有五，召侍僧曰："三藏灵文乃是故纸，汝知之乎？"僧拟进语，金便脱去。阇维得五色舍利，牙齿数珠，坚润宛然。

赞曰：宁、金二禅师，以叔侄同时建大旗鼓于广漠之野。岂不三贤胆战，十地魂惊！或怪二公末后，一曰明明一场败缺，一曰三藏灵文乃是故纸。何敛锋垂手，一至此哉？然历考版图，自大觉拈花之后，莫不皆然。无乃草满法堂，不容不尔耶！抑历数有归其册命之词乎！

---

①壬：疑为"戊"。

（补辑）乌石世愚禅师（南岳下二十二世　临济宗）

禅师世愚者，号杰峰，衢州余姓子也。早岁历参知识一十余员，无所开发。抵杭州大慈，见止岩成公而得道焉。愚初至大慈，倦于请益，但随众听法而已。一夕成召之曰："愚阇黎，万古碧潭空界月，再三捞摝始应知。"愚瞥然趋去，于是精神逸举，穷极玄秘。

又常入元翁之室，机丝绵密，翁心喜之。翁即止岩之师也，室中常谓愚曰："暴长之竹，数载而枯。暴流之水，终夕而涸。此理人岂不知耶，但求速之病，入于膏肓，则神医拱手矣。"愚遂隐乌石山一十八载，衲子知名。正信长者，建广德石溪大伽蓝以居愚。愚居石溪，禅徒始大集。

开堂日，僧问："黄梅碓觜花开日，夜半传衣过岭南。此事还端的也无？"愚曰："一物本来无，两肩担不起。"曰："毕竟如何保任？"愚曰："不是诗人莫献诗。"乃曰："佛病祖病众生病，拈向一边。丹药妙药神仙药，除过一壁。离却四大幻身，且道那个是病，那个是药？若向者里荐得，许汝诸人具只眼。其或未然，山僧分明指出病源与诸人看。四大分散时，向何处安身立命，是有病无药底句。镇州萝卜，柏树子，干矢橛，麻三斤，是有药无病底句。青州布衫，是药病对治底句。不是心，不是佛，不是物，狗子佛性无，是药病双忘底句。为治众生心中五欲八风、烦恼尘劳、妄想执着一切病，一大藏教总是济世医方。一千七百祖师公案，尽是灵丹妙药。有病应服药，无病药还祛。众中还有个汉出来道，和尚自身不能治，何用治别人？只向他道，留得一双青白眼，笑看无限往来人。"

愚凡四坐道场，暮年退休乌石为逸老计。适有长者，携童子上谒愚。愚问："何来？"童对曰："虚空无向背。"愚大奇之。适悬钟次，愚曰："童子能言之乎？"童曰："百炼炉中滚出来，虚空原不惹尘埃。如今挂在人头上，撞着洪音遍九垓。"愚叹曰："此子如在壳迦陵也。"以大法度之，法名非幻。

洪武三年，诸山宿德咸赴钟山之会，有诏起愚，使者至，愚集众普说，已而高声唱灭，有偈曰："生本不生，灭本不灭。擦手便行，一天明月。"

继愚后事者，有二人焉。曰无涯幻，曰日本太初原。原归化本国。幻于永乐五年，奉文帝诏，证西僧哈立麻佛事有感。帝喜，特留幻主灵谷，以备顾问。每召对称旨。十七年，御制赞佛歌颂，并刊大藏颁行。是日庆云等瑞，种种不一，备载明纪。

其明年春，有敕再建会灵谷，如西僧例，幻不奉诏，亦唱灭。以故愚父子深得或庵之遗韵云，盖愚溯或庵体之八世也。

赞曰：或庵行护国之话于焦山，至中叶几微而复兴。譬犹一指之脉度陇穿峡，所谓节节皆原六秀。及杰峰父子一出，又若老干发嫩，支龙逶迤。而下为尖圆方正之星而入局，于戏！谁中十道天心之穴，则儿孙脚下可胜计耶！

(补辑)古鼎祖铭禅师(南岳下二十世 临济宗)

古鼎禅师,讳祖铭,出于四明应氏。风骨轩昂,谈论超人意表。

得道于元叟端公。出世谈禅之会有四,皆名山广泽之中,四众围绕。其升堂入室之鼓,日不停声。当是时,六宗之徒互相犯诤,铭著书千百言以解之。声达朝廷,朝廷赐铭号曰慧性文敏弘学普济禅师。丛林共美其功。楚石琦有语曰:"具眼宗师,超方哲匠。传列祖之灯,息六宗之抗。身非身,相非相,天教擎在千峰上。"

盖铭初与楚石同参元叟端,端公喜怒不测,所举者皆流俗鄙事,所诃者皆贤圣章句。铭大疑之,乃诣端公之室,端呵呵大笑。铭曰:"自远趋风,师何谑耶?"端公蓦起顿足曰:"山僧罪过不少。"铭瞠愕而却。

会书记寮虚职,林首座知铭,欲举铭补之。端曰:"见弹而求鸮炙,不亦早乎!"林曰:"何谓也?"曰:"待渠识得西来意方可耳,不然流成文字蠹鱼,何益哉。"铭闻大惭陨涕,自誓求决大事。一日参罢,铭复进曰:"黄龙南倾心请益于慈明,慈明屡诟骂之,何也?"端曰:"赵州道:'台山婆子被我勘破。'与慈明笑曰'是骂耶',为复肝胆相似,为复鼻孔不同?"铭曰:"一对无孔铁锤。"曰:"南立悟去,又且如何?"铭曰:"病眼见空花。"端曰:"金沙混杂,政未得在。"铭又拟进语,端震声喝之。铭失声笑曰:"祖铭此回做得书记也。"端公亦笑而许之。

住后僧问:"如何是佛?"铭曰:"秤锤蘸醋。"又曰:"如何是佛向上事?"铭曰:"仰面不见天。"僧曰:"云门干矢橛,又作么生?"曰:"不是好心。"僧曰:"干矢橛与秤锤蘸醋,相去多少?"曰:"镬汤里蹦跳。"僧又拟问,铭便喝。

铭言行平易,不以绳墨制学者。尝曰:"沧海有择流之心,则成牛迹。春日有偏照之意,仍似萤光。所以大冶烹金,不须九转。众生成佛,只在刹那。分之别之,远之弃之,岂大慈长者之心哉!"晚住径山,禅流益心归之。

恕中愠,早受业于元叟,既出游方,闻铭继径山之席,乃归访铭。铭请愠归蒙堂,间与商确古今,于是二公互相肯可焉。及愠出世灵岩,法嗣紫箨道公,铭复称之。或曰:"愠公向亲先老人,今其背德,承绍无名老衲,师反奖之,何也?"铭曰:"不然,当今吾老人之望,故重天下矣。禅贩之徒,往往承虚接响。愠公得意于紫箨,不以声名而忘其本,节操如此,岂可及哉!"

铭年垂耄,爱携衲子山游,不计远近,意得即到,归便高枕,鼻息如雷。

一日命侍者遍插香,声钟告寂,众趋绕之,铭则宴然侧身长往矣。有遗偈曰:"生死纯真,太虚纯满,七十九年,摇篮绳断。"

其门下继居径山者,象源淑也。居径山,百尔躬先率之,勤旧乃言,先老人弗以絮务劳贤者。淑曰:"安有贤者而弗劳乎?"于是冰风四峻,廉士大集。一日趋出门,大叫曰:"杀来了,杀来了。"众惊集,淑乃庄立蜕去。其次门人力金者主持天界。

天界力金禅师（南岳下二十一世　临济宗）

　　力金禅师,号白庵①,吴门姚氏子也。幼孤,楞伽寺道原衍公牧②金为沙弥。衍绝世交,筑碧山堂以自娱。因以白庵号金,且爱其姿,乃资金行脚。遂深入古鼎铭公之堂奥,已而归吴,垒土为孤云庵,以事其母,其母亦得悟焉。

　　元至正间,浙宣政以净慈请金,金不就,乃开法瑞光,次移嘉禾之天宁,南北英灵集如箕敛。元帝师大宝法王,赠金号曰圆通普济禅师,是时金之名日重矣。愚庵素倔强不肯可。诸方闻其名,常致书问于楚石,以为古鼎有子乎。楚石亦因褒之,其词曰:"道迈古今,学兼内外。白牙香象,蹴踏而截流。金毛狮子,哮吼而踞地。机用可谓逸群,文章乃其游戏。青天白日,放古佛之瑞光。闹市红尘,阐湖南之祖意。直得大海波翻,须弥粉碎,少林不识,曹溪不会。却净慈道愈高,笑诸方进为退。乃吾古鼎铭兄之的传,妙喜杲祖之六世者也。"愚庵以为然,作偈东金曰:"闻道湖南第一山,交参龙象杂官班,东头卖贵酒头贱,空手来时赤手还。顶颡一机犹掣电,语言三昧若连环,铁舡下载休轻举,老叔谈禅亦强颜。"

---

①原本夹注:有本名万金。
②牧:疑或为"收"。

明初，有诏主天界。高帝留神内典，而楚石、愚庵辈亦赴焉。金以犹子之列与之，援经据论，披诘玄理，共大元叟家声。

五年，敕集三宗二千人，建钟山法会。大驾临幸，命金升座，阐扬宗旨。复命儒臣，出众烧香，疏曰："无量太虚，因三才而建极。有涯沧海，会八德以朝宗。发含灵心里之花，至哉先觉。秉枢斗寰中之柄，久矣高人。则宝鉴当空，自合昆冈之璧，而玄珠在握，谁停赤水之车。化广无为，音宣大吕，岂非人天协赞、日月双悬！"金曰："皇风浩荡，即凡心而印佛心。慈泽弥漫，据圣智以开世智。"乃拈香鞠躬起立曰："会么？打面还他州土麦，唱歌须是帝乡人。"便下座。高帝大悦，万众称善。

金年暮欲谢退，不可。乃喟然曰："吾以虚名滥当圣代，每怀煨芋诸公，予不逮矣。"遂称病笃，解还旧隐，未久圆寂，塔于嘉兴环翠兰若。

初高帝诏选名宿，辅道诸藩，而蜀王椿师事见心复，复名溢都中。金叹曰："复公其不免耳。"复果罹难而终，故诸方嘉金靖退为丛林福云。

赞曰：水火相憎，铛居其中，则世味以调。邪正相反，智居其中，则精神俱化。而铭公之摄六宗，其智能过于调化者也。丹青虽异，文彩全施，贵其知宜也。天岸虽高，明舟不犯，贵其用意也。象源之继径山，乃良于知宜而用意焉。知退而不知进者，滞于寂也。知进而不知退者，伤于勇也。白庵其无滞伤之病，与师资鼎峙，俾风化有醍醐之纯，其流慈岂小小哉！

性原慧明禅师（南岳下二十世　临济宗）

禅师出夏氏，台州黄岩人也。讳慧明，字性原。居家不治生产，日游僧寺，父兄以不才子目之。父卒，明益无赖，尝贷餐亲里姑舅之家。或得斗米百钱归，又作饭僧佛事。

俄有长耳黄面病僧之门乞食于明，明以碗羹施之。复乞，明踌躇答曰："奈我无有何。"病僧曰："无有亦须施我。"明莫知其意。病僧指明内灶曰："那是甚么？"明回视，失僧所在，明乃大惊。即走乐清，依宝冠沙门，斩其发焉。

每遇禅者，则虚己请问。或有闻，即拜下风。久经岁月，而知有此事，即腰包行脚。上双径见元叟，叟曰："东岭来，西岭来？"明指草鞋曰："三文钱买的。"曰："未在，更道。"对曰："慧明只恁么，和尚作么生？"叟曰："念你新到，放你三十棒。"明退参，三月方罄其旨。

久之，出世宁波五峰寺。明既莅师首，以身先众，间有懦愞不振者，明亦委致起之。凡垂机即宿，倔傿者为之失色，于是湖江笑称五峰门庭为曝腮处。

洪武间，诏明主锺山法会，而天镜净、璧峰金、季潭泐，皆与焉。内翰宋危诸公，尝问道于诸禅师。一日间①咨国事，有答

---

①间：疑或作"问"。

曰:"扫腥膻,建礼乐,万代一时也,复何虑焉。"明曰:"不然,礼乐有三代之隔,人心无夷夏之分。敬天惧人,思危防安,天下平矣。"诸公悦服。

高帝闻明答语,以为有王佐略,欲留居都中。时辞还山,景濂宋公疏明居灵隐,明不就,乃荐同门天镜净禅师。明还山日,邻寺故老相讯,明乃萧然布衲藤杖而已。或问大内隆遇典故,明缄口无一语。惟审山问岁,节节俱至。

明退居无何,而灵隐天镜被流言坐忤时,流徙陕西,道经宝应,夜宿宁国寺,端坐而殁。以故灵隐席虚,师僧皆散。诸方不肯应,复请明。明叹曰:"时哉时哉,不可避乎!"明既任灵隐,年虽迈,接纳无少倦。

尝垂问曰:"莲花峰被蜉蝣食却半边,因甚不知?"僧进语曰:"不哑不聋,不作阿家翁。"明喜之。又问曰:"冷泉亭吞却壑雷亭即不问,南高峰与北高峰斗额,是第几机?"又僧进语曰:"和尚今日放参。"明亦喜之。于是禅子蚁从,元叟家声复大振。

阐提阴嫉之,明又被议逮捕。或劝明引去,明怒曰:"潜形苟免,岂道人所为乎?"适浴佛,明上堂曰:"者一个,那一个,一一从头俱浴过。药山布衲谩商量,仔细看来成话堕,成话堕,将諵讹。"拍禅床曰:"武林春色老,台榭绿阴多。"下座。直诣法司,从者如云,有感泣愿以身代,未鞠。明跏趺虎下,为众说偈。忽入灭,天立变瞑,雷雨暴作,拔木飘瓦。吏司惧而释之,丛席无恙。时洪武十九年也。

嗣明法者,正庵訚上座,訚有劲操,晚以衣拂授月江净。净主径山,大廓性原之风,殁时有偈曰:"祖师门下客,开口论无生,老我百不会,日午打三更。"

赞曰:南黄龙坐事抵狱,两月得释,皮骨仅存。真点胸迎于途,不自知泣下,南公吒之。明、净二尊宿不知狱吏之贵,而冷处抽身,可谓鑊铄矣。呜呼!风波亦丛林时所有也。标格如此,足验生平。然际时能表里叶赞,乃愿力也,岂偶然哉!

南宋元明禅林僧宝传卷十二

(补辑) 雪峰逆川智顺禅师（南岳下二十二世　临济宗）

逆川禅师，名智顺，又字澄垢，东瓯瑞安陈氏子也。顺母有懿德，谨于事佛，梦僧项有圆光，逆汪洋之流而招曰："烦为母我，莫辞劳也。"寤即有娠。

顺生七岁，神悟特异。永嘉实际院即空禅师牧为沙弥，诲以大法。顺信受顶戴，刻无惰容，耆老多器之。

顺为大僧，辞空行脚，见诸大有道者，入闽抵天宝，参铁关法枢禅师。枢署此庵元七世之传，寻常好问禅者："老僧舌头在么？"而禅者多被抑，不敢犯其锋。顺得参堂逾月，因如厕睹园中匏瓜有省。入室呈所得，枢公曰："乍入门耳，何足重哉！"曰："堂奥更有何法？乞师揭示。"公大笑而罢之。于是，顺括磨究竟，盥漱悉忘。夜深常入枢公之室，参请古德因缘，或至晨钟鸣乃趋出。枢心嘉之。

一夕徐问曰："曾闻和尚遍见湖江诸大老，未知于何机下得彻本源也？"枢公曰："我当时往华藏，受业竺西和尚，便知有此事。但胸中似有一物放不下，受具后，参中峰及庵诸老，诸老未常不以本色示我。我只不能领会，乃走石门，见我元翁先师。先师亦无长语，惟道：'不是心，不是佛，不是物，作么生会？'其时前后际断。一日斋后下床，忽踏着实地，急走方丈。先师遥见而笑曰：'作么？'我进曰：'南泉被我捉败了也。'先师曰：'南泉即今在甚么处？'我便喝。先师曰：'离却者一喝，南泉䢋。'我拂袖而出。自后执侍巾瓶一十五载。我事且置，你向何处见南泉？"顺词色俱丧，愧无所容。

又一夕，闻参钟拟离榻，豁然大悟。趋告枢公曰："南泉败缺，今已见矣。"枢曰："心佛物俱不是，是个甚么？"对曰："地上砖铺，屋上瓦覆。"曰："即今南泉在何处？"对曰："鹞子过新罗。"曰："错。"顺亦曰："错。"明日，枢命挝鼓勘验，顺扼腕上下，顾视曰："和尚眼在甚么处？"枢助喜曰："也要大家知。"

至正①六年庚辰秋，枢公迁化，顺继天宝之席，于是此庵之宗大振。自顺溯此庵元，其世有八。元得焦山体，体三传天竺有，有传天池元翁信。信之嗣二人，曰大慈成，曰铁关枢。顺既受枢公正印，号令人天，海内改观焉。从天宝迁报恩，又移居归原，而机用纵夺，益慎于居天宝时也。当是时，南北衲子骈集。朝廷知顺，乃赐衣，加号佛性圆辨禅师。

顺即退居东瓯之罗山，穴地为炉，折竹为箸，不设卧榻，不贮宿舂。或以矫世讥之，顺弗顾也。平章燕只不花镇闽，坚起顺住闽之东禅寺，又移雪峰。

顺之法政，善巧圆融，座下不规而肃。听顺说法，各有领解。雪峰数百年来，称顺为中兴矣。

明洪武初，诏顺升座于钟山。上临听法，悦如旧识。顺每对上，称僧而不臣，或忘而称我。上以真率美之。已而还南，南国

---

①至正：疑为"至元"。至元六年为庚辰年，而至正六年为丙戌年。

以净慈留顺。居无何，有司复以朝旨，强顺抵京。经四月，书偈而逝，时洪武十三年夏也。阇维，所获舍利，迸若明珠。其六坐名蓝之语录，盛著于世。但颇有异迹，人以为神，且又尊之为肉佛。愚不敢赘，惧亵也。

赞曰：顺公望隆两朝，其胸吞须弥，而舌倾沧海。在他人则天葩几满绳床耳，公却素履萧然，不忝嗣祖乞士，诚有坦然与世共。信者区区以生平异迹而颂，铢两其然，岂其然乎！

万峰时蔚禅师（南岳下二十四世　临济宗）

禅师时蔚者，号万峰，姓金氏，东瓯人也。机投伏龙千岩长，法弘邓尉，殁年七十有九。

师初生其里，瑞应不一，俱以征金氏，金氏恐，乃祝佛愿施为僧。年十三出家，具正知见，登坛受满分戒。

因诵《法华》至"诸法从本来，常自寂灭相"，有省。走参止岩，止岩示以三不是话。师别卓庵于达蓬山，褚衾草榻，杳若忘生。忽闻佛迹寺僧举沩山踢倒净瓶公案，大悟，乃曰："颠颠倒倒是南泉，累我工夫却半年。当下若能亲荐得，如何不进劈胸拳。"即弃庵入天台，登华顶，机触无见，左右震栗。无见善遇之，且勉师曰："子宜居山保守，他日支拄宗庭，非子而谁。"乃至伏龙。伏龙围绕数千指，皆一时俊杰。师土音长发，洋然进拜。千岩奇而问曰："将甚么与老僧相见？"师竖拳。千岩曰：

"不是心，不是佛，不是物，是个甚么？"师打圆相，叉手而立。岩曰："莫要请益么？"师掩耳而出，岩深喜之。一日，千岩据座命挝鼓。众方集，师震声一喝，拂袖便出。岩乃曰："郁郁黄花满目秋，白云端坐碧峰头。无宾主句轻拈出，一喝千江水逆流。"于是丛林知名。

出世嵩山，有示众曰："月头是初一，光明渐渐出。月尾是三十，光明何处觅？假饶老释迦，也道拈不出。拈得出，万事毕。若有人道得，出来道看！如无，嵩山与诸人露个消息。"舒两手云："我见灯明佛本光瑞如此。"又展掌云："大开方便门，便从者里入。"握拳云："闭却牢关说家里话，且道不开不闲一句作么生？"敛衣下座。

次迁平江邓尉，创大圣恩寺。当是时，世主称为佛心天子。有能禅者多随诸名德出入禁廷，温绎典故。其圣恩席下，抱道凫徒仅半千人，普持、胜学二阇黎为上首。师纯以本色提接之，海内禅风一正。士夫书札，通候于师者，除问道外，概不复缄。至有久从游者，求只字不可得。间或请之，但以老僧年迈而却焉。

侍御陆公书古德机缘驰问，师谓来使曰："汝主初选官时，可到京否？"使愕然曰："安有不朝天子而受职者！"师笑曰："奈选佛何？"师虽不假词色罗络当时，然宽大莫测之机，多如此。

洪武初，有旨采诸山名德。因议及师，景濂宋公固止曰："不可。此老吾浙人也，吾素知其为人。年且逮耄，性喜恬退，必不能奉命。且留此一老为林下标职，讵不美乎！若迫之，彼必蹈汾阳昭公之辙。"主议者令私探之。师早称病掩关矣。

师自壮至老，功课纤发不移。日理僧事，夜则跏趺，俨然达旦。侍僧间请息，师曰："汝正闹在，老僧息之久矣。"

洪武辛酉正月二十九日，集众说偈，奄然化去。偈曰："七十九年，一味杜田。悬崖擦手，杲日当天。"其继邓尉法席者，宝藏持公也。持之下，复出慧昷。

虚白慧昷禅师（南岳下二十六世　临济宗）

慧昷禅师者，楚人也，出王氏，字虚白。七岁知诵佛陀名号，寤寐不息。又七岁，礼妙觉寺湛然祝发。祝发之顷，忽祥光四际，皆成五色。湛惊喜曰："此沙弥他日定南针子也。"遂以慧昷名之。

师为人，奇伟方正，亲先敬后，犹如饥渴。然性刚不解软语，闻耳出口，若持券人，共称之曰楚直。至有难发之举，必激师发之，发俱中节。湛然每召师曰："浩浩光阴，切莫错过。"对曰："不错过。"湛每视而休去。

一日湛问曰："今日作甚么？"师曰："切萝卜。"曰："你只会切萝卜。"师曰："也会杀人。"湛蓦引颈。师曰："降将不斩。"湛吐舌而起。

湛迁疏山，师别参松隐于云间。因睹孤松，了然自许。遍历户庭，不受控勒。之平江，见果林。果林掷下蒲团曰："试说看！"对曰："只者消息，本无言说。破蒲团上，地迸天裂。"林爱其神骏，指往邓尉，拽杖门送，抚师背曰："登泰华之巅，始知宇宙之大。

投五犗之饵，可语沧溟之深。子往矣，毋迟！"师敬诺。

是时，宝藏持禅师继席邓尉，进者虽云涌，而去者亦川流，盖其慎也。师谒之，持公问曰："心不是佛，智不是道。你云何会？"师进步叉手而立。公大呵之，师乃愤疑，参堂，株立不寐，至二夜洞彻临济宗旨，遂师资道合矣。

持公迁化，师关隐安溪，三十载如一日。永乐年间，道风大播，名都会邑，重币交至，师俱却之。其节概严冷，一振风穴之风。

姚斯道以显望鸣当世，欲为师撰序，师亦却之。斯道叹曰："嗟乎！倒岳倾湫之际，卓立当阳，挥召不得者，若公也。至于跛鳖之行，飞龙之说，岂足恃哉！"识者皆多姚公之知人焉。

海舟永慈自出峡，负其知见，盛气加人，不肯挂搭诸方，灵谷堂头强慈首众。有禅者盛赞师之机略迥别，慈无可意，洎终期，即通谒于师。师擦其宝惜，绝其盖缠，慈乃归心，竟代师任持公之道。

正统五年，师无病示化。先有遗嘱偈曰："字付慈海舟，访我我无酬。明年之明日，西风笑点头。"更以衣钵遣白庵明长老送至东山，时海舟慈开化东山三载矣。

东山海舟永慈禅师（南岳下二十七世　临济宗）

禅师名永慈①，其法号海舟。明洪武二十七年甲戌，生于蜀

---

①原本夹注：讹作普慈。

之成都余氏①。弱龄，闻说生死事大，即蕴于膺，经旬不就寝，决志趋彭县之大隋山②景德寺，礼独照月禅师，坚求法要。月喜其端厚慎重，可为法门梁栋，遂度之。永乐癸巳，月殁。师竟入西山，庵隐八载。形影偶偕，忽觉相应，乃弃庵出谒大初和尚，时年二十有八矣。

初受师半展，遽问曰："向父母未生前，速道将来！"师从东过西。初曰："未在，更道！"师曰："两眼相对。"初正色瞚③师，师趋去之。复至东浦访无际，抵灵谷见雪峰。雪峰以师悟处谛当，延师为灵谷第一座。师竟自许，常与同辈蹴踏。峰窃骇之。然师无留意，解制拂衣至安溪，投机于虚白昰公。公以临济正脉，嘱师保任。师乃辞去，复陆沉牛首诸山。

正统丁巳，师年四十四，始领东山翼善禅寺。师晦养既久，且弘大化，四方宿艾，虚怀而仰风裁。然师虎视来机，故踪息未舒而神气先萎者多矣。

正统五年庚申六月，昰公化去，东南学众，惟归东山，王公贵人，虚己以礼致师，师未常以一言开凿智窦，故一时虽尽爱敬，莫得而亲疏焉。缁素为师预建身后之域，有范作头者失斧伤足，痛甚索酒。师谓之曰："范作头伤足犹可，假若斫去头时，有千石酒与作头，作头能吃否？"范于言下知归，即求为僧。师录之，乃充火头，刻意究竟，不觉被火燎面如刀刈，取镜照之欣舞，以偈呈师，师为肯可。

---

①原本夹注：讹作常熟钱氏。
②原本夹注：讹作破山。
③瞚（shùn）：同"瞬"，短暂注视。

当是时，出入东山，皆称俊杰。不无有望于师，师惟目送而已。至有已据高座而声驰国中者，求入筹室，师弗顾。或谓东山网漏于吞舟之鱼，师哂之。间有古溪澄禅师，常过东山，师与盘桓，喜其见处稳实，叹曰："真断桥之后也。"乃举澄以住高座寺。澄初出世，衲子不甚知名，师以澄法语缄达诸山，诸山始归重，兼仰师有卫法至公之德云。

天顺五年辛巳，师升座说法毕，一喝而逝。逝之日，白虹横贯，异鸟悲鸣。古溪澄哭之恸，挽之以诗，吊之以文。其略曰："道扬湖海，德播神州。慈济隆乎品汇，声名动乎王侯。来西蜀而全堤正令，坐东山而大阐玄猷。续高峰七世之灯，烁群昏而独照。绍昙祖百年之踵，吞众派以周流。将入涅槃现衰相，而白虹贯日。既归圆寂殓法身，而夜壑藏舟。"澄自后不上堂，亦趺坐迁化于香岩。香岩之众凄然，澄徐展目曰："不须如是。"复宴然长往。师之门人智瑄①，开法金陵。瑄传天奇本瑞，瑞之法嗣大振。瑄即范作头也。

赞曰：邓尉至东山，历传四世。孑孑乔松，其本孤矣。自宝峰㸑破面门，而得天奇瑞公。枝秀云峦，叶荫寰中。或疑其先净而后滥，殊不知我此世界大贤劫中小劫二十，当有千佛出兴，迄今劫过有九矣。自拘留孙至我释迦本师，才出四佛。弥勒师子后，仍有九百九十余尊，第十五小劫中，一齐出现，惟余楼至，设以盛衰净滥而较之，可乎？否耶？

---

①原本夹注：作明瑄讹也。

（补辑）福林智度禅师（南岳下二十三世　临济宗）

　　禅师名智度，号白云，处州丽水吴氏子也。初住普慈，终于福林。度居福林时，以无见睹公藤杖手卷嘱累古拙俊，是为断桥一脉，有克肖之者也。盖睹公法继方山宝，宝嗣断桥伦，故度望断桥为四叶之祖焉。

　　度为人沉默而旷达，初受业于郡之白云空中假禅师。假阴察度根器，使行卑劣行以挫之。每呼度名，度每应诺。假曰："将谓将谓。"度不领。乃使度南询，曰："善财是菩萨中行脚样子也，赵州是祖师中行脚样子也，庞蕴是居士中行脚样子也。今人行脚，不效此三老，则枉费芒鞋，徒自困耳。"

　　度即遍参南北禅席。已而归省，假公喜曰："你来也，吾事毕矣。"一日说偈曰："地水火风先佛记，掘地深埋第一义。一免檀那几片柴，二免人言无舍利。"乃端坐蜕去。度掩面哭曰："苍天！苍天！"或曰："君哭迟矣。"度乃大笑，遂庐于塔，日取《楞严》《圆觉》研究，悉能贯之。然于日用之际，又不能得大自在。叹曰："参禅不求大彻，痴禅也。吾师岂虚语哉！但怅游方时，未抵天台参无见睹。"

　　当是时，睹公称为宗门绣虎，居华顶，禅流惮之。度即趋华顶谒睹，以西来密意扣之。睹掀眉视曰："得娑罗峰点头，向汝道。"度以手摇曳，睹便喝。度悟旨曰："娑罗峰顶，白浪滔天。

花开芒种后，叶落立秋前。"睹曰："我家无残羹馊饭。"曰："即今亦不少。"睹欣而肯之曰："我四十年住此山，一老道者耳，别无甚奇特。惟先师未了公案，今以责汝，汝善保任。"睹便趋寂。度住后，以为先师遗嘱在躬，因时接物，随机开道，声重湖江，与梦堂愚庵诸老齐名。

明洪武二年，有诏赴京，即疏辞还。门下有以不耐事谏者，度怒责曰："汝不闻古德有言乎，纵饶弄到帝王家，也是一场干打哄，将来法门滥竽窃符之弊，必汝辈也。"

未几，迁化于福林。有遗偈曰："无世可辞，有众可别。太虚空中，何必钉橛。"火浴，收五色舍利，大如菽，塔于寺西。

度随所说法偈颂，弗许记录。禅者窃书其语，度乃嗔逐，曰："奴流敢裨贩吾语，作口头人事以炫丛林耶？"复有老宿以未见度语句为恨，潜探众中。值度入室，征判险要，如揭罥花。老宿大喜曰："不意断桥犹在。"

赞曰：睹公居山四十载，眈眈坐视，非白云解其项下之铃，几钝置耳。白云行道，垂手低眉，盖亦苍颉造书契而代结绳者耶！及暮年，仍袭睹公之风，翛然高枕。瞋责子弟有窃符滥竽之弊，又何异延恩安之笑法云秀也！语云："百花丛里过，一叶不沾身。"其白云乎！

瑞岩恕中无愠禅师（南岳下二十二世　临济宗）

恕中禅师，名无愠，台州人也，出陈氏。姿量隽瑰，秕糠世味。机契于竺元道禅师，说法瑞岩。日本国王慕愠道德，传译疏朝廷，迎愠化其国。愠坚谢不往，而终老林麓。南北闻其名，争愿见之。

愠初受业于元叟端，以已躬为急务。遍走丛林，不合，即背法堂而去。于净慈芝凤山灵，稍相流连。及还省元叟，元叟喜之，以择木寮居愠，愠仍不自许。又访天童砥公，因留阅藏，凡经十载，以博达著名。然于"狗子无佛性"话独疑之，乃私挽聪、兴二友，而谓之曰："汝我甘死祖师语下乎！"因假言游天台，拟再寻作者。

登华顶吊寒岩，迁延数月。闻天目礼下横川珙有嗣曰竺元道禅师，住仙居之紫箨垂四十年矣，行脚人以古匈惮之。愠偕聪、兴，进登焉。远见老僧坐隔溪磐石，又一白发僧侍立，风度萧然，如吴处士所画阿罗汉。三人知是道公，乃合爪进讯。道曰："山路崎险，阇黎到来不易。"聪进曰："和尚住此久近？"道曰："石穿新竹笋，壁挂古藤萝。"聪曰："毕竟如何接人？"曰："百二奇峰朝凤岭，一条坦道下仙居。"兴又进曰："如何是佛法的的大意？"道公曰："烧畲种芋子。"兴曰："如何是佛法向上事？"曰："接竹割松枝。"兴拟进语，道公指愠曰："那位上座因甚不问话?"兴辄悟旨。已而具威仪,上方丈人事。愠才申问,被一喝顿消积滞,即献一颂,道公深肯之。其颂曰:"狗子佛性无,春色满皇都。赵州东院里,壁上挂葫芦。"三人相庆曰:"我等若以耳作眼,几赚一生。"于是三人俱嗣道公。

聪、兴乃服勤于紫箨,愠辞应明州灵岩。道公谓之曰:"汝知瓦乎,联之千百,则有盖覆之功。汝知玉乎,露之径寸,却贻偷窃之患。与其碎玉以矫世,不若全瓦以济时。今古至人,惟得此而已矣。"愠既出世。而元叟下知识噩梦堂、铭古鼎辈,以为愠必酬元叟之香,俱遣使灵岩,厚为愠寿。

愠开堂日,拈香曰:"古人出世拈香,酬法乳也。今人出世拈香,酬世恩也。愠上座总不然,昔年行脚,到紫箨山中,参个老布衲。彼亦无法可授,我亦无法可受。只向无授受中拈出,供养竺元道和尚。不图报德酬恩,只要大家知委。"梦堂与径山旧法侣,闻之大惊,唯唯而已。

愠居灵岩三载,迁居瑞岩,乃设三问勘禅流,不合即逐出,当时谓之瑞岩三关。其问曰:"稳坐家堂,因甚主人翁不识?掀翻大海,捆碎须弥,平地上因甚抬脚不起?眼光烁破四天下,自家眉毛落尽,因甚不见?三句内,一句外,不涉两头,有人道得,拄杖子两手分付。"

又谓众曰:"我者里一切只是寻常,你若来弄机关、夸好手,向毒蛇头上揩痒,猛虎项下解铃,拄杖未打汝在。何故?有盘根错节,方可显利器。有银山铁壁,方可整钳锤。"

又曰:"灵山奥旨,少室真传,日月不足喻其明,虚空不足喻其广。巍巍独运,荡荡无私,思之则差,议之则错。五千四十八卷，说食向人。一千七百葛藤，持蠡测海。在今诸方莫不尽谓驱其耕、夺其食，贵图宗风不坠。殊不知，正是救汤进火，御寒赠冰。山僧与么道，岂是压良为贱，取笑大家？臂三折而知医，人多阅而晓相。灵俐底不用如何若何，便请单刀直入，扫荡搀抢，坐享太平，岂不快哉！少涉迟疑，白云万里。"

又曰："三教圣人，总在拂子头上牵枝引蔓，说妙谈玄。儒者曰：'吾道一以贯之。'老者曰：'圣人抱一为天下式。'佛者曰：'惟此一事实，余二则非真。'既各说有来由，未免称强称弱。且作么判断，使其声和向顺，形直影端，剖破人我藩篱，塞却无明窟穴？"击拂云："二由一有，一亦莫守。日午打三更，面南看北斗。"

愠居瑞岩，道价日高。湖江英俊，趋台者不绝。当是时，元主崇尚我宗，凡林下染衣之叟，多受隆誉。愠独体其师住山本色之操，尝作书与了堂一公。其书深切时弊，凡千百言。盖一与愠同师竺元也。

一日上堂曰："我此一宗，难为荷负。自非有驱耕夺食手段，放行把住机关，至于一进一退之间，未免贻笑作者。瑞岩在今，两序进退，各得其宜。其进也，如耀世明灯，烛破历劫昏衢之暗。其退也，如潜渊老蚌，孕成不夜照乘之珠。毗岚猛风，吹之不灭。五浊秽泥，汩之不昏。大众荷负既已得人，山怀正堪放下。且放下底事作么生？栵栗横担不顾人，直入千峰万峰去。"拽杖独登松岩之顶，上有老屋数楹，为秋江禅师休老处，愠爱居焉。

洪武七年，愠至京，固辞日本之请。帝喜之，留馆天界。朝士宋公濂辈，时称有道。每洗沐日，即至天界，击节道要。至不惬处，愠庄色曰："我家衲子，磨肩擦脚数十载，尚不奈何，公辈安得草草图作口头人事耶？"宋公叹服。

是冬辞还，门人居顶结翠山草堂迎愠。是时，大宗兴住持径山，知愠退休，以偈柬曰："万叠山牵一杖云，清流何处觅相分。漫拈紫篛冰风柄，笑里长飞虎豹群。"愚庵亦以三偈柬曰："惺惺石上主人翁，一室高居太白峰，靖退只今非小节，知心未许石门聪。千里同风各暮年，任教沧海变桑田，独怜熊耳峰头月，昨夜虾蟆食半边。徒夸锦瑟与瑶琴，妙指方能发妙音，却忆鳌山深雪夜，弟兄倾尽岁寒心。"

宋公濂尝遣书问，亦致偈曰："参禅第一要知宗，四海惟闻老恕中。白日青天轰霹雳，孽狐妖魅尽潜踪。"愠亦喜宋公留心吾道，以偈答曰："语言浑不涉离微，抹过云门顾鉴咦。伸出玉堂挥翰手，倒拈秃帚画蛾眉。"

洪武十九年七月，说偈曰："七十八年，无法可说。末后一句，露挂饶舌。咄！"端坐而化。日前遗嘱屏世礼，以骨灰散水竹间，用表无常。门人不敢守命，乃于翠山唐岙之原建窣堵，以龛瘗焉。

未久，大宗兴禅师亦坐化于径山，有遗偈曰："夫三十，妇六龄，毕竟偶不成。"其木庵聪后住紫篛，晚应天童。

赞曰：温公出世，而径山法侣觊其必嗣元叟。元叟辈最尊风最盛，公终不就。何也？盖得处非易，故守之益坚。正当与感铁面之却佛印元，并案焉。聪、兴二老，互相砥砺，而胜友渊源各行其道，又当与岩头雪峰等之。嗟乎！末法垄断，名位货殖，师友读公行实，能不形消而骨愧乎！

(补辑) 松隐小茂禅师 (南岳下二十二世　临济宗)

禅师松隐小茂者,出明州郑氏,为古林大茂之嗣。开法郡之清凉,晚则高枕此轩,湖海莫得而亲疏之,共称为此轩铁老人。老人常捋须笑曰:"释迦老子,塞井为臼。达磨大师,以油益薪。临济、德山瀅。"自点胸曰:"还较此轩百步。"复呵呵大笑。是时所归仰者,必指大茂小茂云。

小茂,少时常终日不言,夜则趺坐。其母恶之,推使仆,辄达旦,目不少瞑。年十六,依杭州传法寺希颜落发。颜以寺务属小茂,小茂私叹曰:"以道故弃家,胡为复入其家耶?"乃弃去孤游。

时云居有南涧泉禅师,茂泛鄱湖而谒之。泉频为饶舌,茂益不领,乃疑宗师有密语,故曰祖祖相授。既有授受,则教外别传之旨复安在哉?于是不离南涧左右,哀求不已。南涧悯之,乃谓茂曰:"子缘不在此,当今有茂古林者,乃横川之仲子,现住饶州永福,去此不远,子宜往之,或可发子之机。如不相契,紧抱一经一咒,以待来生参禅可也。"

小茂奋走永福,见古林。古林问曰:"道者来何所图?"对曰:"生死事大,求出离耳。"曰:"你明知四大五蕴是生死根本,何缘撞入此革囊中?"茂又拟对,古林击之,茂辄证于棒下。乃趋出,急搭伽黎向云居,展拜曰:"禹力若不到,河声流向西。"久之,辞还两浙。古林曰:"教育英材,贵顺时宜。你以古而行今，吾恐你与时违耳。时违而欲唱道，不亦难乎！"茂对曰："以古而行今者，俭也。顺今而非古者，奢也。俭之病也，不过无人，然是其人亦至矣。奢之弊也，则狮虫出焉。狮虫既出，必成厉阶。故传云，与其奢也宁俭。其今日之谓与？"古林贤之。

小茂既还浙，游道峰，分月江印之座，印于法门轻重。茂不阿其意，每以事拂印。印不怿，印良久曰："首座乃人天眼目，所见甚当。"识者两贤之。

至正壬午，出世清凉，剷绝枝蔓，纯以真实接人。有僧才申问，便以手拍地而笑。茂曰："滞货何劳拈出。"僧乃嘘，茂便喝，僧彻旨而去。茂每疾时弊，架声名罗禅者。又疾禅者乏正因，上他勾当，互相热瞒。上者以为一期佛事毕，下者以为多生事足。故燕坐常失声曰："痛哉！痛哉！虽胡僧再来，无复奈何。"遂退隐东堂，屏绝人事。

天童元明良建朝元阁，阁外更筑此轩而迎茂，茂喜就之。良父事茂公，茂常勖良住持，莫取先名，须责晚效。

茂老且耄矣，忽与侍者约期而死。侍者请留偈，茂曰："此中廓然，何偈为哉？"遂端坐凭几，握右手为拳，枕额而逝。越七日，色明顶温，引龛阇维于太白峰前。炬方举，空中有物，飘洒缤纷，非雨非雪，盘旋烈焰上，火灭乃已。识者曰天花也。获舍利如珠者不胜计。塔于瑞云山，谥曰佛光普照禅师。

赞曰：丹沙出神龛，啖之鸡犬，鸡犬立化麟凤，验实效也。考松隐生平语句味之者，岂独为麟为凤而已哉！则其实效更当何如也？或惊公之作略，别有一壶风月。嗟乎！曹溪波浪相似，而人被陆沉。公之有补于当时，古今孰得而浅深之。

南宋元明禅林僧宝传卷十三

（补辑）斗峰正璋禅师（南岳下二十二世　临济宗）

　　禅师名正璋，字大圭，闽之福清人也。福清风习贾利，璋弗染也，独以圣贤理学为务。久之，企慕禅宗，走湖南，依绝听沙门，试经得度。有禅者寄宿偶诵云："水乡水阔地多湿，六月花蚊嘴似铁，夜半起来恼不彻。恼不彻，床头一柄扇，无端又打折。"璋惊喜曰："是谁之语也？正璋愿见其人。"禅者熟视久之曰："其人往矣，当今东屿禅师是其嫡传也。然不契其语者，难入其室。即契其语者亦然。"璋心疑曰："奇哉！语既相契，而室复不容入耶？"即趋武林，见东屿海于灵隐，投心请益。海曰："深深无底，高高绝攀。思之转远，寻之复难。上座作么生会？"璋栗执不敢犯。良久，拟再礼，忽心地开通，乃厉声曰："古今成现事，何必待思惟。"海微哂曰："思惟既不涉，来此欲何为？"璋曰："将谓无人证明。"便趋出。海公喟然曰："鼓角动也。"乃挝鼓集众曰："山僧三十年举狗子无佛性话，鲜有善别机宜者。今晚不用如何若何，速道将来！若也相应，有条断贯索子，亲手分付。"璋出对曰："狗子佛性无，觑着眼睛枯。瞥地翻身去，唵室利苏卢。"于是璋得承记莂。机锋莫御，即素知名者皆左袒之。

　　海公举璋以应吴人之请，璋坚辞曰："正璋应世之才，固不如人。但平居简点，触境逢缘，设有一念不与古圣相合，欲为人师范，则其患害可胜言哉！正璋知为人师之患，实不敢居也。"海叹美。

间闽有豪客，游飞来峰，见璋端伟非常，询知同里，因请曰："能复我故土乎？愿为师治装南行。"师笑肯之，遂买舟载与同归。至建宁，游斗峰，璋爱而居之。斗峰老屋数楹，仅蔽风雨，客倾囊金欲为整葺。璋曰："不可。吾本假公舟以入山耳。建置之举，非初约也。且役役土木，有妨道业。公欲如此求福，其福鲜矣。"于是衲子闻风而聚，渐成法席。

乡曲贵人，劝请开堂。乃升座拈香罢，良久曰："黄金虽贵，入眼成尘。"便下座。耆宿惊喜，以为天目再见，盖璋乃天目礼四世之孙也。又曰："玉宇霜清，琼林叶落。一句全提，万机寝削，作者好求无病药。"又曰："昨夜三更里，雨打虚空湿。狸奴知不知，倒上树梢立。"璋说法峻峭，约多类此。然室中不以声色拒人，入室者自失其度。故常叹曰："若是真战将，百万壁中如入无人之境。稍有较强弱，顾矢石之心则屈矣。"

四方疏请，不出，竟终老于斗峰。告寂，有偈曰："生本不生，灭亦无灭。幻化去来，何用分别。大众珍重，不在言说。"便合掌入灭。

赞曰：为师之患，甚于为国。为国之失，乱居一时；为师之失，毒流万世。盲类交引，可胜述哉。大圭寥寥数语，真龟镜也。故其开辟斗峰，恰与谭神鼎相类。至今瘖寐间，犹喜遇其白发婆娑，机语噢人也。

天界慧昙禅师（南岳下二十一世　临济宗）

慧昙禅师，字觉原，出天台杨氏。少信佛僧，及得度，于绍兴之法果寺具足律仪，去就秘重，游泳止观，华严义坛特称之。

当尔时，元刺嘛为帝者师，独尚禅宗，诸山禅席大振。昙阴疑焉，乃展阅禅册，难入理解，不觉心惭，而起曰："一言有碍，万劫羁锁。"遂抵武林，谒笑隐欣禅师，发明旨要。欣公居中竺，从游者皆一时名贤，互争识昙，昙之望遂显。未发，开法牛首，次迁清凉，其临众寂静，虽数千指经营内外，而终岁不闻笑詈之声。以故风倾都下，而保宁蒋山二刹皆归于昙。

昙常谓众曰："一句子黑漆黑，无把柄有准则。还会么？碓捣东南，磨推西北。"又曰："威音王以前，弥勒佛以后，有个现成公案，未敢与汝说破。何故？心不负人，面无惭色。"于是有道之流益亲朋。

初，高帝改金陵龙翔寺为天界，采有德禅宿主之画院。因图诸山禅师顶相进于上，上独喜昙相，曰："太平隆运沙门也。"遂以昙居天界。上常易服携近臣私幸天界，见昙跏趺丈室，俨然在定，上顾良久，叹美而去。僧问曰："驾至，师何不迎？"昙曰："驾至乎？"曰："然。"昙屈指曰："山僧持五戒。"僧罔措其语。朝旨赐昙号曰演梵善逝利国崇教大禅师。

上堂曰："只个现成公案，众中领解者极多，错会者不少。

所以金鍮不辨，玉石不分，龙河者里直要分辨去也。张上座，李上座，一个手臂长，一个眼睛大。总似今日达磨一宗教甚么人担荷？"嘘一声，下座。

洪武三年，高帝择有志沙门通诚佛国。昙应诏。夏六月御饯都门，从行者二十余人，道经高昌素叶诸国，诸国俱尊礼之，以象马传送。达僧伽罗国，国王并群臣迎昙公于佛山精舍。师事之，膝行求法，敬留休息。昙示微疾，乃呼左右曰："吾不复进矣。"又与僧伽王言别。复书遗表并示诸国法语。至夜半问曰："日出否？"对曰："未。"问至再三，侍者曰："日出矣。"乃趺坐向西而寂，时洪武四年九月也。其国老臣，以辟支弗①塔悬记而白王，王遂奉昙禅师祔葬焉。

明年，尚书回奏，高帝览遗表而嘉惜曰："中原有僧，万国之光。"敕建浮屠于雨花台之左，瘗其所遗衣履，表崇德也。继而奉诏西行，有宗泐禅师。

季潭宗泐禅师（南岳下二十一世　临济宗）

宗泐禅师，姓周氏，台之临海人，号季潭，别称全室，为笑隐欣公之望子。历坐名坊，而赴明高帝之诏，兼领天界住持。化周大宇，机契宸衷。应旨涉流沙，度葱岭，遍游西天通诚佛域，

---

①弗：疑为"佛"。

往返十有四万余程,皓首还朝,天子嘉其高行,自唐贞观以来,未之有也。

泐生族甚微,父母俱早卒,寄食贫里,贫里不能善之。甫八岁,宿根不昧,趋本郡天宁寺,求佛为师。时笑隐欣公说法其间。泐跪拜于欣公膝下,公爱而异之,试以《心经》,脱口成诵。公大喜曰:"昏途慧炬也。"得度数载,藏文世典咸贯通焉。欣公屡易名刹,泐皆从侍。公尝问曰:"国师三唤侍者,侍者三应。且道是平实商量,是格外提持?"泐遽对曰:"何得剜肉作疮?"曰:"将谓你奇特。"泐便喝。公拈棒,泐拂袖趋去。

欣公告寂,乃召怀渭曰:"吾据者床四十余年,尚遗望也。然不尽之案,惟你与宗泐任之耳。"泐既还台,寓云峰,隐紫箨,领天宁,俱以诚悫淳厚之风,化本生之郡。郡人倾信,如葵日也。又侨隐双径,时渭禅师居越之宝相寺,遣使迎泐,泐笑却之。使再至,仅得遗简,踪迹杳然。

元末,武林名贤强泐出居中天竺,虽当烽燧四警之际,而施为壮阔,交接从容。无少长贵贱,皆得而瞻礼之,不减欣公说法时也。盖以中竺经毁,昔由欣公而新,故泐之光阐前绩,湖江称美焉。

明初,诏主天界。高帝以慧昙西往之迹未终,欲修之,难其人。泐应旨,于洪武丁巳西行,壬戌还朝,复居天界。常入大内,开襟论道。泐留京既久,朝臣党立,间有嫉之者,泐遂退居凤阳之槎槎峰。

丙寅,帝思泐见,诏归天界。于是,来往禁廷不容已。廷士建议,以泐于内圣外王之略,无不毕备,请以中顺大夫禄而旌泐。泐引去，至江浦石佛寺，示疾，乃唤侍者曰："者个瀷！"侍者茫然。泐厉声曰："苦。"竟入灭。年七十有四，坐夏六十六。龛归天界，火浴得设利，光润明灿者三十颗，建塔于欣公之后。

泐之宿愿弘深，辨才无碍。际遇乎佛心天子，常于慈明殿设榻，召问《心经》枢要。泐穷理显性，彻果该因，深浅开遮，无机不被。

天子默以神会，乃敕笺语流行。爰有御制序文，冠于经首，其词曰："二仪久判，万物备周，子民者君，育民者法。其法也，三纲五常以示天下，亦以五刑辅弼之。有等凶顽不循教者，往往有趋火赴渊之为，终不自省。是凶顽者，非特中国之有，尽天下莫不亦然。俄西域生佛，号曰释迦。其为佛也，行深愿重，始终不二。于是出世间，脱苦趣。其为教也，仁慈忍辱，务明心以立命。执此道而为之，意在人皆如此，利济群生。今时之人，罔知佛之所以，每云法空虚而不实，何以道君子引小人。以朕言之，则不然。佛之教，实而不虚，正欲去愚迷之虚，立本性之实。特挺身苦行，外其教而异其名，脱苦有情。昔佛在时，侍从听法者，皆聪明之士。演说者，三纲五常之性理也，既闻之后，人各获福。自佛入灭，其法流入中国。间有聪明者，动演人天小果，犹能化凶顽为善，何况聪明者知大乘而识宗旨者乎。如《心经》每言空，不言实，所言之空乃相空耳。除空之外，所存者本性也。所谓空相有六，谓：口空说相，眼空色相，耳空听相，鼻空嗅相，舌空味相，身空乐相。其六空之相，又非真相之空，乃妄想之相，谓之空相。是空相愚及世人，祸及古今，往往愈坠弥深，不知其几斯空相。前代帝王被所惑而几丧天下者，周之穆王,汉之武帝,唐之玄宗,萧梁武帝,元魏主焘,李后主,宋徽宗。此数帝废国忘政,惟萧梁武帝、宋之徽宗,以及杀身,皆由妄想飞升。及入佛天之地,其佛天之地,未尝渺茫。此等快乐,世常有之,为人性贪而不觉,而又取其乐,人世有之者何?且佛天之地,如为国君及王侯者,若不作非为善,能保守此境,非佛天者何?如不能保守而伪,为用妄想之心,即入空虚之境,故有如是斯空相。富者被缠,则淫欲并生丧富矣。贫者被缠,则诸恶并作殒身矣。其将贤未贤之人被缠,则非仁人君子也。其僧道被缠,则不能立本性而见宗旨者也。所以本经题云《心经》者,正欲去心之邪念,以归正道,岂教之妄耶!朕特述此,使聪明者观二仪之覆载、日月之循环、虚实之孰取。保命者何?如若取有道、保有方,岂不佛法之良哉,色空之妙乎!"

　　高帝自登极来,潜心性理,与诸禅宿盘桓,无虚岁月也。然于昙、泐二公,尤追惜之,盖嘉其壮志西行,大光圣化云。

　　赞曰:昙、泐二禅师,望重龙河,道钦有国者,可谓一时能事矣。况其利物多方,言言合辙,法法随根,又以道余名振他邦,亦空谷而分声也。昔大觉氏记像法有从地涌出无数菩萨,顺逆行道,护持法藏,人天莫测。今观二师之踪迹,无乃是其数乎。

(补辑) 海门惟则禅师 (南岳下二十三世　临济宗)

　　禅师名惟则,字天真,祖姓费,湖州人也。慕禅宗而脱白焉，即跋涉谋道，不计得失。历见一十八员知识，俱不契。千岩禅师以则为大器，乃谓之曰："当今佛法大有子知见迥别，不能了悟。无极源老人者，隐西江匡庐，将六十年矣。虽腊高百岁，未将此道易赚于人。子宜见之，或缘在彼，亦不孤负子行脚苦心也。"则往谒之，见源枯坐木龛，常达旦不卧，霜眉如戟，威德逼人，惟三五白发侍僧同居。则展拜足下，拟请益，弗能申词而出。私问侍者曰："和尚座下有禅者来往否？"侍者曰："来者多矣，奈老汉煞不近情，率以孤寂引去。纵有求住者，难受龛前曲折。"则曰："我求依栖可乎？"曰："住即得，只是不可问佛法。"则闻说大惊。

居三月余，果不蒙一言启发。一日值源如厕，则遂问曰："如何是祖师西来意？"源公擒住曰："道！道！"则气索不能对。源托开，则失脚倒地，大悟，失声发笑。源曰："子有得耶？"则便连摇其手。源曰："黄河三千年一度清。"于是服勤久之。源公乃谓曰："当时雪岩先师言：'我福薄不宜出世，只可山边水边，觅一个半个足矣。'今住此山，不意子来。然子缘十倍于我，时至矣，宜东行。"

则既受命，遂应嘉禾海门之请，上堂曰："三三三，九九九，海门潮音似雷吼，香浮菊圃献金钱，灵感杞堤呈玉狗。你也有，我也有，捩转南辰看北斗。"忽涌身作修罗擎日月势，便下座。

有僧问："如何是日面佛？"则曰："今日云生。""如何是月面佛？"曰："夜来再看。"僧又问："作么是佛祖为人处？"则曰："狗舐热油铛。""只如和尚还有为人处也无？"曰："猛虎当路坐。"问："吃茶去，意旨如何？"曰："舌头不出口。"进云：

"便是向上事否?"曰:"掩鼻偷香。"

洪武初,蒲车征则赴皇都法会,则因足疾疏辞。高帝手敕曰:"无心野鹤,不忘霄汉翱翔。跛脚老僧,可任山云自在。"乃赐还山。

示众曰:"菊绽东篱香正浮,海天空阔月华秋。当阳拈出吹毛利,剿绝纵横六不收。"又诫其门人智安曰①:"镜非不明也,盲者持之以盖卮。琴非不高也,聋者用之以拄户。有此境界,方得自在。否则总被高明二病侵入膏肓,妄为人师,自招罪犯。故吾无极老人,一生不为高明所买,所以人天莫奈渠何。"

癸酉二月,则有捐座意。弟子请遗语,则笑曰:"平常说底不是耶?"遂奄化。

初,胡秋碧欲写则顶相千幅,流施人间。将半,适日本人至,见之,皆罗拜曰:"吾国祖师也,安在此乎!"竟以金贸之东归。

赞曰:凡读史至精神相贯处,惟恐其欲尽,盖今古之同心也。余读天真行状,至参无极老人。老人一段威德,犹在纸上逼人。恨不展日为年,使老人绪余广满人间,饶益浇漓之俗,可胜幸哉!然天真操履,酷肖其师,岂非蟠桃有核乎!或谓,丹山羽王,不容伪矣。

---

①原本夹注:安号懒云。

云居呆庵普庄禅师（南岳下二十三世　临济宗）

禅师普庄者，字敬中，台之仙居袁氏子也，家人见梵僧入舍而生。三岁解跏趺，喜学梵音。九岁而梵呗，皆有律度。其族爱而呼之曰佛童。

年十三，从季父子鄞，依天童左庵良禅师为沙弥。左庵亦爱之，仍呼曰佛童。久之秉戒，参禅不悟。适了堂一禅师，自紫箨山来天宁。庄童时素闻其名，私喜曰："此吾故山善知识也。"趋谒之，而得道焉。归省左庵，左庵卒，了堂来居天童。会恕中愠禅师应诏退休于翠山，了堂命庄为翠山使。庄与愠语，愠大奇之曰："天童法兄，得人如此，不负紫箨先和尚矣。"

庄向以呆庵自称，汇杂稿为《呆庵集》呈愠。愠读之，大喜曰："吾侄当有大名于当世。惜吾老耳，然兰以幽而香，松以曲而寿，惟吾侄勉之。"乃引长偈为赠，偈曰："烛龙吐火烧虚空，处处江河尽枯竭，方士神僧世已无，谁倒天瓢洗炎热。柴门日高关未抽，岂为一口生闲愁，南村北村青稻死，上田下田黄埃流。竹外忽然闻剥啄，侄也何为到林壑，油黄卷子手持来，玉润珠辉见新作。载舒载读心眼开，便如饮我甘露杯，老怀从此顿苏豁，末运不畏宗纲颓。我有一句须听取，无智人前莫轻举，山前石虎咬烟菟，吒沙猎颔九条尾。"

洪武十年，有敕天下僧伦演《心经》《楞伽》《金刚》三经。

庄与性原禅师，提纲于金山大会。次年至金陵，馆天界。位望最尊者满庵辈，庄与辨论，机穷底蕴。学士周公维修，时亦在坐，乃问三禅师曰："儒有儒师，禅有禅师，经有经师。一切百工伎艺，俱有所师。何是无师智？"庄答曰："七情五欲。"修骇曰："如是，则无师之智，非极则也①。"庄舒右脚曰："山僧自到京，跛却一只脚。"满庵笑曰："须是者呆汉始得。"

又明年，领江西抚州之北禅寺。历元以来，禅道多兴吴越，而西江马祖、百丈之威仪，大都弛废。庄至北禅，勃然中兴，如多宝塔幢从空涌出。复怜云居荒久，携数十禅徒，结茅于旧址，叠柴为床，庄登座，示众曰："昨日开荒地，请诸人铲去荆棘，除去瓦砾。本来基址，已见分明，只有中间树子，无人拔得。山僧今日未免别行方便，利刀剪去繁枝叶，钝钁深锄邪倒根，实地工夫成一片，住山鉏斧了无痕。"于是，云居殿阁堂庑而幻出焉。衲子闻风如归，时称天下云居。

洪武十四年秋，高帝制碑于庐山。有手诏，命庄主其事。灵瑞多种，荡眩山川，草疏复命，帝甚悦之。

庄暮年奉诏主持径山，竺元之风，复振东南。尝问僧曰："近奉公文，务要打点。"僧曰："学人不是奸细。"曰："也须勘过。"僧曰："和尚莫得倚势欺人。"庄展手曰："把将公验来。"僧拟议，庄便掌之。又尝厉声曰："尽十方世界是毗卢心印，且道印纽落在甚么人手里？"有僧拟进对，庄曰："且去，别时来。"庄有敏裁，无宿事，所遇不忘。虽万众蹁跹，一目了然。且好提

---

①原本夹注：一本云：安称极则。

奖，人有小善，庄每誉之竟日，丛林因称曰呆庵舌风掩叶。

永乐改元，庄年五十八，命挝鼓告寂。适江右二道者至，庄挽其归方丈，相叙甚欢，坐谈夜半，庄精神倍胜。二道者相视叹曰："此事甚难，不可得而拟议。"庄曰："难，难，万种千般，不拟议，亦瞒顸。晴天霹雳，平地波澜。无说是真说，它观非正观。沉沦枉经巨劫，契悟只在毫端。莫教坐却含元殿，逢人只管觅长安。"一曰："此事甚易，但自不能承当耳。"庄又曰："易，易，多方一致，绝承当，忘此喻，耀古腾今，经天纬地。知有亦无知，利它还自利。明明般若真乘，念念尘劳杂事。拔却多年若瓠根，释迦不受然灯记。"适晨钟动，庄怡然化去。阇维，烟焰所至，悉得舍利，更有素珠不坏，塔于凌霄峰之阳。

赞曰：余观历祖代兴法道者，其风骨必凛然特异。呆庵既出了堂之门，遂将折拄杖，拨动湖海英灵。向乌有之云居，幻出莫大梵场。名歆天子，德被含灵，僧中之龙，不谬矣。然及时说法，乃上池之水也。

楚山绍琦禅师（南岳下二十六世　临济宗）

楚山禅师，唐安人也，名绍琦，姓雷氏。八岁入乡校，不假师授而知诵。次载失父，遂弃业，而学出世法于玄极通禅师。通爱之，与语辄终日。每至节要处，不敢犯其词，乃跪请益。通叹曰："子根性太利，难于入道。但有疑在，庶可疗耳。"琦愕然曰:"木偶人可入道耶?"通笑曰:"入道须是木偶人始得。"琦愤而趋出,益疑之。经昼夜,遂振衣起曰:"吾师岂欺我哉!"复入,剖于通前,通独以掌反覆示之,不领,遂背去。

遍参知识,俱不得意。闻无际悟和尚居普州之东林,东林禅风,腰包到者即受,曲折流辈窃非之,琦故往扣焉。曰:"上座何住?"对曰:"廓然无定。"曰:"有何所得?"对曰:"本来无失,何得之有"。曰:"学将来底,堪作甚么?"对曰:"一法不有,学自何来?"曰:"汝落空耶?"对曰:"我尚非我,谁落谁空?"曰:"毕竟如何?"琦曰:"水浅石出,雨霁云收。"悟公笑曰:"纵汝横吞藏教,现百千神通,其如老赵州无字公案,怎生消缴?"琦又拟对,悟公连叱退之。琦大惭,数日不敢仰视。忽闻净板鸣,豁然荡尽廉纤,急披衣礼谢。悟肯之,遂以断桥源流嘱琦行化。

当是之时,断桥之脉微矣。及悟公继响,而得法者仅七人,惟琦出世最晚。初领天柱,迁皖山。又投子后主成都之天成寺,裔叶翻茂,为大振焉。得其法者,又十六人。

有祖玠侍者,齿最少,号圭庵,事琦甚谨。丛林惮其严厉,敬其慧识,以香林远方之。一日,童子进茶,琦啜罢,顾童子曰:"人道汝憨耶。"玠曰:"它亦有乖处。"琦曰:"何以见得?"玠呼接盏,童子近前。琦曰:"道得即还你。"无对。琦乃顾玠,玠曰:"只者无言语处,不隔纤毫。"琦曰:"因甚道不得?"玠呼童子:"何不问讯?"童子问讯,琦度盏,童子接之,珍重而去。玠曰:"道他无语得么?"琦曰:"只如者童子怎么端的,是无明使然耶?法性如是耶?"曰:"迷则积劫无明,了则本来佛性。"

琦曰：" 怎么他是知有，是不知有？" 曰：" 他若知有，则不为迷因，不知有，番为隔碍。" 琦曰：" 子还有知也无？" 曰：" 祖玠不知有。" 曰：" 既不知有，何以知宗？" 玠曰：" 圣人若知，即同凡夫。凡夫若知，则同圣人。" 曰：" 子看老僧是知不否？" 玠曰：" 临机大用，举必全真，说甚知有不知有。" 曰：" 只如老僧，即今一语一默，剖析是非，分别名相处，与适来童子见识是同是别？" 玠曰：" 择法智眼，无作妙用。体性虽同，用处县隔。" 曰：" 既云择法，安能无作乎？" 玠曰：" 智照非识，妙用非有。用既非用，作亦非作。虽分别，实无分别之能也。" 曰：" 今对万法，境相差殊，一一明了，不具分别可乎？" 玠曰：" 教不云乎，如我按指，海印发光。圆明了知，不由心念。" 琦曰：" 善哉！可谓鹅王择乳矣。"

未几，玠膺疾，琦下视之，值心上座在侧，琦因问曰：" 如何是心？" 玠曰：" 开口不容情。" 曰：" 未在。" 玠顾心曰：" 何不作礼？" 心便珍重。玠曰：" 呈似了也。" 曰：" 子既如是，还能觌体颂出乎？" 玠对曰：" 祖师心印若为传，有语分明不在言，能向机前亲领得，海门撑出钓鱼船。" 琦曰：" 珍调四大，饶益将来。"

一日玠疾革，作呻吟声。琦问曰：" 子平日得力句，到此还用得着么？" 对曰：" 用得着。" 曰：" 既用得着，叫苦作么？" 曰：" 痛则叫，痒则笑。" 琦曰：" 叫与笑者，复是阿谁？" 曰：" 四大无我，叫者亦非真，寂体中实无受者。" 琦曰：" 主人公即今在甚么处？" 曰：" 秋风不扇，桂蕊飘香。" 琦曰：" 怎么则遍界绝遮藏也。" 曰：" 有眼觑不见。" 琦曰：" 只如三寸气消时，向甚处安身立命？" 对曰：" 雨过天晴，青山依旧。" 曰：" 从今别后，再得相见否？"对曰："旷劫不违，今何有间。"曰："子不病耶？"对曰："病与不病，总不相干。"琦执玠手曰："此是甚么？"玠曰："是祖玠手。"曰："祖玠是谁？"曰："玠固非我，亦不离我。"琦乃叹曰："善哉！妙契无生，彻证真常。子虽妙年，死亦何憾。"玠遂合爪谢曰："与祖玠趱将龛子来。"琦命舁龛至。玠顾左右曰："吾当行矣。"整衣龛坐化去。玠化后，天成之话大行。

时蜀多义学，互以胜劣相比量。琦一以心宗揭之，而小六俱圆。有问祖师西来意，则答曰："海神撒出夜明珠。"又问祖师西来意，曰："雪消山顶露，风过树头摇。"又问如何是直指事，答曰："玉栏杆上石狮子，红藕花间白鹭鸶。"又问如何是摩醯正眼，琦喝之。又问不涉寒暑是甚么人，琦亦喝之。

琦爱以无字问僧，有对曰："风吹秋月冷，雪压老梅寒。"又僧对曰："出匣吹毛剑，寒光射斗牛。"又对曰："无孔铁锤当面掷。"琦皆喜之。后示疾，诸山讯候，有进曰："和尚还有不了公案么？"琦展掌曰："会么？"拟对。琦喝住曰："今年今日，推车挂壁。撞倒虚空，青天霹雳。阿呵呵，泥牛吞却老龙珠，澄澄性海沤花息。"瞑目而寂，时成化九年三月望日也。

赞曰：楚山行化，当明运昌隆之际，纯以心性禅，应接群机。以故，门下一时龙蟠凤翥焉。乃至祖玠辈，风鬯春枝节节是，令见者闻者莫不神往。但不再传，其绪俱寝，岂慈父欲子食药而愈疾，遂称没于他方也耶。

南宋元明禅林僧宝传卷十四

随州龙泉明聪禅师（南岳下三十一世　临济宗）

　　禅师讳明聪，字无闻，邵武光泽奚氏子也。宗传临济，师事天奇。天奇之盛化也，联芳授受，龙象数百员，而师拔其萃。然师不就疏请，不借檀脂，卓立当阳，开创禅社。爰以剧务绳学者，重振百丈之规，或不堪其劳而去，未期月复来归之。以故升其堂者，皆挺特有志之士。且函丈之室如旅泊，中夜跏趺，四壁凛然，榻下咄咄之声，常惊达旦。是以杨歧之令，至师又行焉。

　　师初受业于讲肆，精研性相有声。同辈惮其锋，以英邵武嘲之。师独阴疑"大通智胜佛，十劫坐道场，佛法不现前，不能成佛道。"乃与义学浩浩盘桓。有曰："既是佛矣，何须更成？"或曰："为度众生故，所以不成佛。"师默叹曰："审如是乎。"遂尽弃其所好，坚扣禅宗不契，忽闻马嘶，廓然自惊，趋见天奇瑞禅师，瑞嗔目叱出①。同行者曰："君与和尚无缘耶？"师笑曰："真个那！"是晚，瑞公问曰："今日我骂底僧在否？"有对曰："是必在。"公即曳杖下旦过寮，师迎作礼，公便击之。师进曰："适来草草，触忤和尚。"公按杖曰："老僧今日被上座勘破。"师又进曰："和尚是在世忘世，在念忘念，岂被人勘破②。"公曰：

---

①原本夹注：一本：才礼拜瑞便打。
②原本夹注：一本云：岂能勘破。

"在世忘世是如何？"对曰："了物非物。"曰："在念忘念是如何？"对曰："于心无心。"曰："心物俱忘时如何？"对曰："华山高突太行峨。"公休去。未几，以化柄属焉，且诫师曰："从上真宗有子担荷，何忧哉？但百兽虽潜踪于狮子声中，然千花却发艳于象王影里，子其勉之。"

师既受嘱，独入光州山居六年，六安山又六年，复还光州旧隐。又五年，始出随州关子岭，建立龙泉寺以安来学，而学者集焉。常谓众曰："吾师天奇老人，每惧后学外著文义，内生情见。故有语云：'文义者法也，情见者人也。非人何以有其见，非法何以有其文。是以文义情见，通属人法。人之不空，情见难绝。法之不空，文义难灭。文若不尽，见奚能尽。义若不尽，情何能绝。如是奔竞，展转无穷。发之乎，文生于见，义生于情。返之乎，见生于文，情生于义。先乃所引生能，后乃能追生所，总名曰生。文灭则见灭，义绝则情亡。情不自忘，因乎义忘而情忘。见不自泯，因乎文泯而见泯。统名曰死，死死生生，实可哀哉。'此吾老人防微杜渐，切实至极。汝辈有志于吾宗，宁可忽诸！然食饭不咬米，行地不踏土，又作么生委悉？"

是时也，师之同门诸尊宿或隐或现，往来衲子独推尊龙泉。为人剿绝枝蔓，不涉离微，惟月心宝得入龙泉之室。师尝召宝曰："玄沙不肯灵云，意作么生？"对曰："贼入空房。"曰："不得草草。"宝喝，师诺。宝乃辞去，历载还待师。又召曰："人人有个本来父母，子之父母今在何处？"对曰："佛眼觑不见。"曰："子还见否？"对曰："某亦不见。"师曰："子何不见？"曰："若见，则非真父母。"师曰："如何是真父母？"对曰："本来真父母，历劫不曾离，起坐承他力，寒温亦共知。相逢不相见，相见不相识。为问今何在，分明举似师。"师深肯之。

僧问本来面目，师答曰："石香亭。"曰："便怎么去时如何？"师曰："丧却了也。"宝曰："放去较危，收来太速。"

又僧问："今朝天下皆庆佛诞，未审佛于何处降生？"师画圆相示之，僧无语。宝代僧作礼云："尽界普瞻。"

师以大法有所倚重，遂隐去，经二载还龙泉。龙泉床历益慎，班白者半满其间。间有二三妙龄披田服者，皆格守律度。参请如救眉然，但师有辞世意矣。

一日师升座说法，已而掷下拄杖，俨然化去，塔于龙泉寺右。

笑岩德宝禅师（南岳下三十二世　临济宗）

笑岩禅师，名德宝，字月心，生于正德壬申腊之望日。其父吴氏，乃金台世袭锦衣也。

师以父卒，锐自立，不乐嗣职。爱游佛地，因听《华严》，恍如破梦，乃卸世籍，为大比丘。历参南北知识三十余人。然访隐者于西山，质单丁于破院，又莫计也。卒得道于龙泉聪禅师，出世，高座牛首圆通诸处。

当是时，义学纷纭，禅宗落寞。而少室一枝，流入评唱。断桥一派，几及平沉。虽南方刹竿相望，率皆半生半灭。佛祖慧命,殆且素矣。师力弘法柄,随方建立,可行则行,否则默之。然铲邪劈胶,间不容发。即据室匡徒之辈,雕龙吐凤之俦,始与师抗,次与师游,终乃俯首。入煅死尽偷心,至于盘根固执三隅不反者,师不少假词色,图为孽生种草也。

有庐阜五禅客请曰:"窃闻和尚阐化多年,而得人未见其广。况今禅社萧然,异知殊见,茅塞宇内矣。师掌珠不展,其晚近何由得入?伏冀曲以垂慈,入草求人,以为何如?昔船子不得夹山,而药山宗风不几扫土乎!"师曰:"诸公之言,不无可采。但无上佛祖心印力荷者,毕世一人足矣。下迄曹溪,时英竞发,不得已而印可,亦不由不如是而然也。山僧只是任分,未敢越理穿凿,待彼自化,虽无人,未为多罪也。"

故师法幢所树,不定何所。有龙象八人,常随师游,时号八杰。师尝于楚汉两间寓夏。新秋二日,衲子随侍,于金沙滩头地坐,四顾无人,忽有庞眉沙门逼前庄立,朗声问曰:"仁者可识从上相承密论密义否?"师从容答曰:"善来仁者,密则非论,论则非义。"

沙门乃以锡横肩,翘一足曰:"是甚么义?"师于地书"更"字酬之。

又以锡画地,阔两胫立画上,复以锡横按,亚身而视曰:"者是甚么义?"师书"嘉"字酬之。

又卓锡于地,两手叉腰翘一足,切齿怒目,作降魔势曰:"是甚么义?"师书"之"字酬之。

又分手指天地,周行一匝曰:"是甚么义?"师书"尤"字酬之。

又复进前一步，作女人拜，分手指两衲子曰："是甚么义？"师书"蚕"字酬之。

又绕师三匝作礼，立于师右。师书"佛魔"字示之曰："会么？"沙门拟对，师止曰："设到此地。"复书"佛魔"字曰："更须知有者个始得。"沙门欢喜合爪，面师叹曰："咦！真摩诃衍萨婆若上士。"振锡而去。二衲子惊喜曰："彼是何沙门，所为复是何义？"师良久曰："还识么？"俱对曰："不识。"师曰："此乃应真圣贤，所呈金刚王变相三昧及三昧王三昧，用来勘吾。然彼亦将有新证耳。"

又过潼关，礼熊耳祖塔。寺僧叱曰："憨拜空塔奚为？"师指曰："空塔乎？"曰："然。"师曰："祖师覃！"曰："携履西逝久矣。"师曰："苍天，苍天！"

师尝倒握拂柄以示僧曰："会么？"曰："某已识和尚做处也。"师曰："你道荆州黄四娘礼佛求个甚么？"又僧问："打破镜，未审作么生相见？"师曰："惭愧杀人。"僧顿领旨①。于是，江湖闻而慕之者虽切，然构之者益稀矣。

万历丁丑，燕京缁素建精舍，挽师归隐。师既谢游，辙门无杂宾，乃整齐先觉经纶，提掇古德纲目，或征或赞，或判或颂，高巘晓霜，千江秋月也。

又五年，悬衣大寂。阅世七十一，坐夏四十八，塔于京城西直门外高浪桥之北郊。

署师正宗南行者，幻有传禅师也。代师阐化北之东台者，瑞

---

①原本夹注：即昙芝上座。

峰和尚也。其卧隐于优昙苑者，幻也，老宿也。识者谓："济宗鼎峙，则师不负于龙泉矣。"师前后所参尊宿，约出天奇之门，独于襄西得谒大觉圆。圆为海舟慈公之四叶，其腊高貌硕，词如截铁。因历举古公案以诘师，师对无滞响。圆曰："若以诸方，子当绝类，为不可测人。老僧却不然，再将烂熟底一则机缘问你：外道问佛，不问有言，不问无言。世尊良久，外道大悟。且既不涉有无，良久亦是闲名。正恁么时，外道悟去，悟个甚么？"师拟对，圆急掩师口曰："止，止！"师顿契其机，即以偈献圆。圆大喜曰："奇哉！斯乃从上果地人语也。"师住后，常道圆公之为人。

（补辑）龙池幻有正传禅师（南岳下三十二世 临济宗）

禅师名正传，字幻有，应天溧阳吕氏子也。根器宏远，慧语惊人。

年二十二，荆溪沙门乐庵度之，即示师心法。师辄感奋，闻灯花爆，有省。乐庵殁，师计阅晚近禅门方死绳墨，乃北抵神京，谒笑岩宝禅师，倾心具述所以。宝阴异之，忽趯出只履，变色厉声曰："向者里速道一句！"师愕然无对，宝公便起，师俯首而退，中夜彷徨。公晨出，见师犹立檐下，颜如槁木，蓦唤师，师回顾公。公翘足作修罗障日月势，师豁然，深达堂奥矣。久之辞去。公以一笠与师曰："覆之，勿露圭角。"

师径往五台，栖息秘魔岩一十三载。会太常唐公鹤征问道台山，见师如夙契，且约师还南。师以乐庵未塔听之。至荆溪，征以龙池延师。龙池，故一源禅师道场也。嘉隆以来，先德物故，东南法社，例如灰冷。师至，怆然念百丈大智之风。有徒数辈，一如万指临之。于是志士咸集，槌拂下，多颖脱而去。

仅六载谢事，复游燕都，居普照寺。时缙绅辈，留神空宗，日夕从师质证。师尝举扇示诸大夫曰："当时孔子还知有者个么？"皆曰："不知。"师置扇曰："以我为隐乎？吾无隐乎？"尔众跃然称谢，其揭示多类此。

以故，笑岩道化，复振于燕赵。虽南北异势，而冲寒冒暑之士不绝足下，围绕皆大器也。师据坐顾众曰："是大尽，是小尽？"有对曰："大尽。"有曰："小尽。"小师从傍进曰："敢保不在历本上论量。"师哂而休去。其征勘，又多类此。

法师月川者，与师同参宝公。川左袒清凉，以非肇公《物不迁论》，当世莫能抗其说。师乃反覆剖析，累万言。川卒毁板以谢。其整顿纲宗，又能类此。

京中有为妖书诋上者，诏捕弗获。当事人借口桑门，时紫柏可公逮系矣。一时名德引去驰师。师笑曰："学道期了生死，生死了顾反畏祸耶。"高卧如故。事寝，乃赴唐公再住龙池之命。其处境安详，又多类此。

师前后京都二十余年。当是时，两宫奉我田服之徒方借以有为。师独无所事，生平如饥如渴，一以宗旨为己任。故终师之世，升堂入室无虚日。每以"门前冷落车马稀，老大嫁作商人妇"话问士大夫，"般若无知，靡所不知"问学者，鲜有契其机者。师曰："今时人多有说得，尽是者恰像个脍子手。何也？任他佛头来、魔头来、狮子头来、象头来，牛头、马头、人头、狗头、羊头、鹅鸭头，到汝案上，一一尽汝破除，打发一边去。只恐把个死猫头来，便茫然罔措，于此打发得开去，才是好脍子手。"

有僧进曰："请将死猫头来。"师笑曰："果然不识。"师处躬应物，严慈等之。故开遮如如，为不可测。卒以大机得人，而大振浡沱之宗。

示寂之年，六十有六矣。先一日，有僧自台山来。师欣然与剧谈山中宿昔，抵暮索浴，浴出而示微疾，众惊疑环拥之。师举所著帽者三，众弗敢对，师乃拍膝宴然矣。盖明神宗万历甲寅年二月十二日子夜也，塔建本山之左。

赞曰：语云，重雷发响，百里飞声，无事之者，愕然而惊，空闻其响，不见其形。吾浡沱一宗，自元明叔季盖冰霜之际矣。笑岩父子公孙，震匝地法雷于严冷之首，下开万汇之蒙，上正千秋之统，猗欤休哉！至有觅形镜里，寻声谷中，亦独何哉！

（补辑）幻也佛慧禅师（南岳下三十二世　临济宗）

禅师名佛慧，字幻也，会稽人，其先史氏。慧初生，出家行脚，俱有奇征。乃与幻有禅师同出笑岩宝公之门。泊住嘉禾之优昙苑，自号懒石叟，著《懒石语》累万千言。格尽物情，时共珍之。

又疾当世学者走声便软暖，一澄之以枯淡，数十年门无宿宾，惟一能明侍者，终身料理巾瓶而已。及其法鼓乍鸣，有道缁素争集如云。慧曰："四大之躯孰不有，五味之食孰能无。白玉体个个分明，紫金身人人可得。争奈食之不常而食，衣之不常而衣，八万种魔，宁教易晓，四百四病，以何遣除。诸仁者不是祝发了叫做出家，披金襕叫作出家，识文达理叫作出家，能行苦行叫作出家，避喧求静叫做出家，有人缘叫作出家，感天供叫作出家。紧要在着草鞋，入释迦腹里，屙屎放尿。跨大步，穿达磨心中，戴角披毛。枯草拈来，直得百花相斗，鼓动含灵，唤起维摩寂默。十方如来，密付汝印。一切天魔，自然倾胆。咦！鸟啼春昼闲弥勒，花发东风见故人。"

又曰："一番相见一番新，好看钵盂添柄。几处行来，几处险密。奇艇内藏轮海，不顾山头月白，一任浮沉空，无奈雨脚风清。大家和会，参方衲子讲席。高流居士宰官，天仙魔梵，有情无情，生一乾坤，死一乾坤，圣一法界，凡一法界，何曾谩得诸人！若也谩得，便讨说个是非好恶。贤善才能，尊卑异类，灼然些子。谩不得，欠不得，你道是甚么境界？会么？满目尘埃千圣眼，半身落魄五宗心。"

晚移燕京多宝庵，重修笑岩之令。足不越阃者，复十余载。缁素餐风而过，从者多不堪其啸唾而去，朝廷知而敬之。老且耄矣，忽思南归，复止优昙。俄示疾，简历谓小师曰："后二日可。"小师涕泣固留，慧笑诺为迟三日，恳再留，不许。远近从游者闻之，趋置龛室，适工报竣，而跏趺示寂。阅世九十一，坐七十有八夏。

赞曰：明之中叶，象教崇隆之际，公则阒然一室，嗒然一我。虽德重大内，弗居也。以故，追随于公者，皆一时贤君子，受公面折，欣如获宝。于其鬻声都市，驾誉权门之流，得非天壤与！公语音如钟，足有轮纹，皤皤黄发，齿落更生，共疑为果地人再世，岂苟然哉！

法舟道济禅师（南岳下二十九世　临济宗）

禅师名道济，字法舟，嘉兴人也。受业于东禅昂，以向上宗乘，走叩吉庵祚禅师，遂得道焉。是济为无际悟之五世也。

初悟以断桥正脉付广善潭，潭付默庵宣，宣付吉庵祚。由潭至祚，垂百年来，其家声几不振矣。济承之，出世金陵安隐，而俎豆先人于名贤之间，恢述其志，刻如履冰，每以隔宿挂上堂牌，衲子阴笑之。

尝举拂子召众曰："见么？"又击曰："闻么？既是举起便见，击着便闻。妙真如藏，应用全彰。是汝诸人自不丈夫，故乃傍人门户，求知求见，韬晦家珍，甘为寒乞。将谓诸圣别有奇特事，广额屠儿扬下屠刀，便云我是千佛一数。岂有曲折作知见耶？丈夫子！何不恁么担荷去？"于是，学流爱慕而亲之。

吏部陆公光祖，邀济还里，以天宁居之。祖既笃于真乘，常游天宁，恨见济之晚，因问曰："画前元有《易》否？"济曰：

"若无庖牺氏,将甚么画?"曰:"画后如何?"济曰:"元无一画。"曰:"现有六十四卦,何得言无?"济曰:"莫著文字。"曰:"请师离文字发一爻看。"济召公,公应诺。济曰:"者一爻从何处起?"公大笑而谢,自称五台居士,遂多出入丛林而击节焉。

又别驾熊公南沙问曰:"设有将剑来取师头,师还避否?"济曰:"若有杀人不眨眼地将军,便有不怕死和尚。"沙作挥剑势,济放身便倒。沙曰:"好个师僧,死在剑下。"济起,呵呵大笑曰:"作么,作么?"

济任缘挥尘,惟津津焉,提唱纲宗而已,稍不如意,飘然去之。或舟或廛,或破寺村庵,前后凡迁居二十余所。但其为人真率闲雅,胸无隐事,耳目交接,使人忘其名势。以故,贤彦追崇之。其于院务,凡百阔略。知友常以书勉济,济笑曰:"牙筹算计,俗尚为讥,况道人乎!古制不立烟爨,草衣树宿,闻道益广,行道益多。今人动以规法相绳,礼乐铿锵,举一狗子无佛性话,求其不惑者鲜矣。尤云我能据守祖庭,利其徒属,能作能为,破律丧行,恣彼陷溺,是何益也?"

济晚年闲着异迹,机不厌繁。有道人拈拄杖问曰:"者是谁底?"济曰:"是山僧底。"曰:"既是师底,因甚在我手里?"济呼曰:"度拄杖来!"道人度杖与济,济曰:"汝底在甚么处?"道人整冠,济曰:"似则也似,是则未是。"道人大笑,又指吉祥草问傍僧曰:"是甚么?"曰:"吉祥草。"曰:"更有吉祥者否?"僧以足按地。道人曰:"狮子窟中,果无异兽。"济摈僧出院。

又僧问:"得何三昧,便乃随波逐浪?"济曰:"两岸春风香不断,一溪流水落花新。"曰:"怎奈学人不会。"济曰:"蜻蜓飞尚缓,蛱蝶舞偏忙。"曰:"和尚莫将境示人。"济喝,僧便作礼。济曰:"啼得血流无用处,不如缄口过残春。"

济二十二出家,殁年七十有四矣。众知济有厌世意,请留偈。济以手摇曳曰:"何多事也?"乃趋寂,时嘉靖庚戌之秋也。得法者二人,一居胥山,曰云谷会。一居精严寺,曰冬溪泽。俱以严标行话于世。

赞曰:济公近继无际,远续断桥。历观其始末,机智毫忽不爽。然前后居无定相,惟激励学者为要务。诸庄旱损,略不干怀,可谓救时之明哲者也。尚有以不事事短之,所谓盲人问豹,与语奇斑哉!

(补辑) 敬畏如空禅师(南岳下三十世 临济宗)

无趣禅师,讳如空。其先施姓,嘉兴秀水人也。早岁留神内典,浮沉于理路文言。过僧舍,览《传灯录》,心目茫然,乃执卷求老僧解。老僧曰:"此历祖真参实悟之要妙也,非意识可能至耳。"空奋发弃家,裹幞巾,同济法舟,遍访诸方耆宿。

抵杭城,见封自然。值封檐坐补破衲,空进问曰:"和尚补者个,遮寒即是,遮热即是?"封停针,熟视空曰:"道甚么?"空即礼拜。封曰:"点茶来。"空作舞而出。如是经行八载,克志劳躬,此中尚未廓邕。既归秀水,不复居家,东寻西讨,如游峰逐，世人多笑之。

适野翁晓禅师来东塔，空大喜，即走请益。晓以本色示空，空罔措其指。复经三年，闻鸡鸣始获庆快，乃机投晓公。晓以断桥真脉许空焉。盖晓溯嗣宝芳进，进嗣月溪澄，澄乃福林度之三世也，故晓为断桥七世之苗裔。晓又嘱空曰："昔六祖能大师自传衣法，潜隐猎队一十六载，方大露布。汝宜慎之。"

空即就秀水掩关，乃说法曰："三十余年，参礼请益十方宗匠，问法皆云无说，问佛皆云无相。幸得无相无说，不觉顿空伎俩。追昔脚跟，失却便宜。今喜眉毛生在眼上，从斯丢去草鞋，即便拗折拄杖，拍双空手入玄关，坐看阴阳消长。复有一偈：'穷子还归长者宅，善财参遍杂花林。大千收拾毫端内，推出虚空掩上门。'"

于是，嘉禾有道之士，争游空之门。会正信长者经营敬畏庵，请空弘持祖道。空乃启关曰："自结玄关自活埋，自吾闭也自吾开。一拳打破虚空窍，放出从前者汉来。"始会名宿，就庵披剃，受满分戒。主持庵事，名倾缁素。选部陆光祖，常访道要于空。空蓦头生按祖叹曰："澄之不清，淆之不浊，趣公之谓与！"

一日小参，众方集，空喝曰："祸出私门。"便下座。乃谓性冲曰："有件不了公案，来岁中秋，汝为我来。"冲应期而至，空大悦，说偈俄化。偈曰："生来死去空花，死去生来一梦。皮囊付与丙丁公，白骨断桥随众。呵呵！明月清风吟弄。"时万历庚辰也。

赞曰：无趣脱略墨绳，真断桥之后也。然竟以一木而支大厦，其得不危者，幸也欤，幸也欤！

寿昌慧经禅师（青原下三十四世　曹洞宗）

禅师名慧经，字无明，抚州仁和裴氏子也。九岁诵孔孟章句，即究其义。每问："浩然之气是个甚么？"或有笑者，或有讶者。公皆一举手而去之。遂潜心内典，如获故物。

年二十一，父事廪山忠老宿，求忠斩发。忠曰："着急作么，待汝瞥地，我为汝师。"公乃刻志苦行三载。因见《双林颂》有省，辄遁迹峨峰。又三载，读《传灯》，至"僧问兴善如何是道，善曰大好山"，又深疑之。因力撼巨石，得达其旨，乃曰："欲参无上菩提道，急急疏通大好山。知道始知山不好，翻身跳出祖师关。"趋呈于忠，忠笑曰："吾不汝欺。"为公圆顶，时年二十有七。复还旧隐，不下山者二十四载，远近贤之。

万历甲午，出住宝方，有道者过访曰："师住此山，曾见何人？"公曰："总未行脚。"曰："宁以一隅而小天下乎？"公敬诺，即杖笠观方，诸尊宿皆珍誉之。

登五台参瑞峰和尚，峰出笑岩禅师之门。公请曰："某甲于古德机缘不尽余疑，且虽遍历门墙，如窥罗縠之月，乞慈垂悯，下剖愚蒙。"语毕，殷勤作礼。峰叹曰："善哉上座，以英伟之姿，锐于入道，而胸中尚有芥蒂耶。如不弃山野，试举将来。"公曰："临济道'佛法无多子'，毕竟是个甚么？"曰："向道佛法无多子，又是个甚么？"公曰："玄沙谓灵云未彻，那里是它未彻处？"曰："大是玄沙未彻。"公曰："赵州勘破婆子，未审甚处遭他勘破？"曰："却是婆子勘破赵州。"公释然，再拜谢之，复献颂曰："暗藏春色，明露秋光。有眼莫见，纵智难量。到家不上长安道，一任风花雪月扬。"峰深肯公语叶洞上宗旨，而公亦以绍续洞宗自任。

南还，初住董岩，迁寿昌，中兴曹洞。其时像教相尚，公独不攀外护，尝诫知事曰："万般存此道，一味信前缘。"每同众耕耘，耆年不息。学侣参寻，每将钁柄为禅杖。尊宾顾访，且就蓑衣准布袍，故有寿昌古佛之称。

益王向公赍香修敬，公漠然不答。知事惧丛林所系，请稍循时宜。公曰："吾佛制，不臣天子，不友诸侯。为佛儿孙，而违佛制，是叛佛也。吾岂作叛佛之人哉！"王闻而叹曰："去圣时遥，幸遗此老。"

公三坐道场，殿宇禅坊，焕然鼎新，别建兰若二十余所，从未只字干及檀信，檀信自归。有引修忏佛事于山中，公重诟之曰："汝邀一时之利，开晚近流毙之端，使禅坊流为应院，岂非巨罪之魁也？"以故，公之名号所及，而古风习习，其规绳不整而自肃。

尝上堂曰："诸佛时常说法，不须拟议猜详。是何法？天地玄黄，宇宙洪荒。不论通宗透教，只贵直下承当。承当个甚么？云腾致雨，露结为霜。蛟龙不宿死水，猛虎岂行路傍。透得者些关棙，何须愿化西方。不问先佛后祖，鼻孔一样放光。化被草木，赖及万方。释迦不肯泄破，达磨九年覆藏。峨峰不惜口业，一下为众宣扬。且道作么生宣扬？"挥几云："罔谈彼短，靡恃己长。"

又曰："宗乘中事，难以措辞。大道门庭，争容拟议。等闲垂一句，如大阿锋离匣，逢之者则死不移时，似涂毒鼓受椎，闻之者则丧不旋踵。所谓妙峰峻刈，野兽难藏，宝树晶光，灵禽莫泊。其用也，单趁金毛归野窟，直追铁额入深山。扫天下之搀抢，拂世间之孽屑。提堕坑落堑之类，揭迷封滞壳之流。其功也，使法界、世界、虚空界，一体同观；佛道、人道、地狱道，万法融会。虽然如是，犹未为向上事，须知更有出格在。噫！正令不行先斩首，大机一发圣贤悲。"

又曰："抽筋不动皮，换骨不见血。筋骨一齐空，游行不倒跌。达磨大师，解灭而不解生。释迦老人，解生而不解灭。要知生灭不相干，除是当年干矢橛。"

万历丁巳腊之七日，公田务归，顾众曰："老僧自此不复作矣。"除夕上堂曰："今年只有兹时在，请问诸人知也无？那事未曾亲磕着，切须绵密作工夫。"越三日告寂，众悲惶不已。公复展目，说偈慰之。为留旬余，裁书遍辞邻壁道俗，更自作偈，令侍僧举火。至十七日，晨起盥漱拭身曰："不必再浴矣。"乃大书："今日分明指示。"掷笔而逝。其年七十有一，依命阇维。侍僧宣公所遗之偈曰："无量劫来只者个，今日依然又者个。复将者个了那个，者个那个同安乐。"

火光忽成五色，诸牙顶髻不坏，就寝堂建塔藏之。其门人无异来，已开化博山矣。

南宋元明禅林僧宝传卷十五

博山元来禅师（青原下三十五世　曹洞宗）

无异禅师者，名元来，庐州舒城人也，姓沙氏。胎乳绝荤，耳目不涉尘垢。

年十六，游石头城听《法华》。自信佛法不从人得，乃礼五台静庵沙门，着垢衣五年，精核教观。振锡南还，上峨峰，谒无明经公，自负人无我，及辄辞行，经公敛目危坐而已。师不测，竟去入闽，寓白云峰，阅古尊宿语，忽有所得。再谒经公，陈其见处。公曰："蚁子解寻腥处走，苍蝇偏向臭边飞。是君边事，臣边事？"对曰："臣边事。"曰："大有人笑你在。"师愕然曰："到者里，因甚不是？"公曰："此不是，彼皆然。"师乃倾心哀请，公惟敛目，师益不测。一日闻泥神倒地声，不觉踊跃，呈偈于公。公仍敛目，命以宗乘堂别居之。居年余，每呈偈颂，公敛目如前。师因感泣，以为依公决择，不蒙指示，岁序推迁，何了日耶。偶登厕，睹上树人，乃明大旨，叹曰："今日方知师不我欺也。"

万历壬寅，师年二十有八。出住博山，而持重端严，笃行古德之风，入其门者，心容俱肃。寻应闽之董岩鼓山大仰，复还博山，参徒大集。是时，经公已迁寿昌。父子道价，喧腾宇内。

僧问："如何是功？"师曰："一人同一春。""如何共功？"

师曰:"力士舁杖鼓。""如何是功功?"师曰:"猢狲上露柱。"曰:"不得敲唱双举,请示正中妙叶。"师曰:"高底云绕树,远近鸟衔花。""如何是君?"师曰:"水有筋山有骨。""如何是臣?"师曰:"鹁鸪鸟鸣似哭。""如何是君视臣?"师曰:"千年老树挂枯藤。""如何是臣视君?"师曰:"楼头画鼓正三更。""如何是君臣道合?"师曰:"金阙凤衔丹诏去,边陲人唱凯歌归。"僧作礼。师曰:"君位中事作么生?"对曰:"虚突兀。"师复打。

时慧台镜禅师早得旨于经公,儵儵瓢笠,剥啄诸方,诸方以矮师叔类之。过访于师,适师升座,镜出震威一喝曰:"百丈闻喝,三日耳聋。且道是那三日?"师曰:"秋风多带杀,秋露愈加寒。"镜拂袖归众,师便下座。镜后隐于武夷石屏岩,相随者樵汲数辈,禅衲寻风求之,镜悉指归博山。

崇祯二年,魏国公徐弘基请师说法南京天界,使符三至。师始一出,象龙沸集,大廓曹洞宗风。上堂曰:"达磨大师航海而来,直指人心,见性成佛。虽则门庭万仞,壁立千层,只演一心之法,更无余事。乃至六代传衣,五宗竞出,运无碍轮,化无缘众,只演一心之法,更无余事。沩山大师,敲唱同行,暗机圆合,倾瓶以辨超方,撼茶而彰妙用,只演一心法,更无余事。云门大师,箭锋相拄,函盖乾坤,扬眉落臼,顾盼犹迟,如流云翔鹤,湛水晴空,只演一心之法,更无余事。法眼大师,拈现前石,塞虚空口,一切处现成,六根互用,六用齐施,只演一心之法,更无余事。临济大师,一语中具三玄,一玄中具三要,驱耕夫牛,夺饥人食,电光石火,开眼犹迷,只演一心之法,更无余事。洞山大师，混不得类不齐，立《宝镜三昧》，照学人肺肝，分五湖玉石，雪盛银碗，月照金沙，只演一心之法，更无余事。乃至博山今日远承诸祖慈荫，循规蹈矩，借路还家，驾轻就熟，只演一心之法，更无余事。诸昆仲含灵具此一心之法，学人学此一心之法。三世诸佛，历代祖师，示此一心之法。故《楞伽》云：'佛语心为宗。'诸昆仲，那个台无月？谁家树不春！"卓柱杖下座。

师毅辞还山，倾都遮留，篮舆不得，前乃宵迈，缁素追攀，望江而立。徐公岁序存问不间也。

师既大弘洞宗，常随侍者万余指，如临一人。僧问："如何是不声色堕？"师曰："断桥分野水。""如何是类堕？"师曰："孤棹举平原。""如何是尊贵堕？"师曰："裂破几层清世界，倒骑玉象趁麒麟。""银碗盛雪，明月藏鹭，意旨如何？"师曰："露骨瘦上环紫雾，塞流小涧长青苔。"

师开化几三十载，未易肯诺。或请入草求人，广绍先泽。师太息曰："吾宗贵得真脉，妙叶玄机。苟不然，仍瓦解耳。吾何忍哉！"语毕泣下。自后遂不上堂。

示疾于崇禎①庚午之秋。闉首座问曰："和尚尊体如何？"曰："尽有些子受用。"闉曰："还有不病者么？"曰："热大作么？"闉曰："去来自由，请道一句。"师书"历历分明"四字。跏趺而寂，塔于博山。坐三十九夏，其年仅五十六也。

赞曰：投子世大阳之代，须凭秀圆通协而成之，其道始着。

---

①禎：当为"祯"。

真歇禀丹霞之嗣，还借照长芦荐而褒之，此话方行。博山父子，远绍少室之宗，不叨余力，大衍新丰之调，本自天然。其说法则横空凤舞，激扬则掷地金声。至其慎重真脉，常自下涕。语云："猛虎生儿，势不能食牛者，辄废之。"其博山之山之谓与。

湛然圆澄禅师（青原下三十五世　曹洞宗）

禅师湛然者，讳圆澄，别号散木，出会稽夏氏。母梦梵僧入室而娠，娠十四月而生。师生，大目昂鼻，哆唇露齿。直肠信口，不肯从事于学。亲殁窭①甚，充邮卒以传符，逾期亡去，径投隐峰。峰示念佛谁是，令师究竟，三昼夜辄有省，时年二十矣。

入天荒山，礼妙峰斩发，择最苦行行之。间闻傅大士《法身偈》，一切经义，便能记持。寻乞满分戒于云栖宏公，征以毗尼节要，师悉达其指。返越，掩关宝林兰若。因忆乾峰"举一不得举二"话，乃大通玄旨。有颂曰："举一举二别端倪，个里元无是与非。雪曲调高人会少，独许韶阳和得齐。二老何曾动舌，诸方浪自攒眉。拟议鹞过新罗，刻舟求剑元迷。"再谒云栖，呈见于宏公。会入室，宏举海底泥牛衔月，赴语未竟。师推出一僧曰："大众证明。"宏深器之。于是，激扬法席，倾一众焉。

---

①窭（jù）：贫穷，贫寒。

万历辛卯,适大觉念公南游,师趋谒之。念曰:"止风涂向青山近,越王城傍沧海遥时如何?"曰:"月穿潭底破,波斯不展眉。"念又问洞上宗旨,师曰:"五位君臣切要知,个中何必待思惟。石女贯弄无针线,木偶能提化外机。井底红尘腾蔼蔼,山头白浪滚飞飞。诞生本是无功用,不觉天然得帝畿。"念欣然,书偈印之。未几,出住云门,次迁径山,历禾之东塔,乃至显圣天华,前后垂二十载,法席为之大震。

其上堂曰:"老侬不识元字脚,强出人前要说法。错认曾参作鲁参,合堂大众皆笑杀。这一笑中有妙,若还悟得其中意,点破当天者一窍。大众,如何是这一窍?"良久云:"动容扬古路,不堕悄然机。"

小参云:"烟雨盗将山色去,溪风送得水声来。本来法法皆如此,莫教心识强安排。众中若作境会,许你具一只眼。若作佛法会,打碎你头。何故?我王库内无如是刀。"

又提纲云:"唤二作一,指七为八。手秉太阿,圣凡尽杀。却忆东村王大姐,倒戴西村李公袜。无论贫富贵贱,见者闻者皆笑杀。且道山僧今日解何宗?噫嘻嘘,阿喇喇。"师之提唱,率多如此。

僧问:"如何是圆相?"师曰:"大烧饼。""如何是暗机?"师曰:"凌霄峰。""如何是义海?"师曰:"半山亭。""如何是意证?"师曰:"哑子咒人。""如何是默论?"师曰:"温伯见孔子。""如何是回互?"师曰:"孝子讳爷名。"诸方珍之。为师法续洞室机类,云门临济,其伯仲也。

又师初在京,会达观禅师于嘉熙寺,月川座主、太史陶石箕、黄慎轩，同玩月次。慎轩卧问马祖玩月因缘，师曰："汝卧我坐，不得为公说耳。"轩亟起谢。月川笑曰："内翰错过了也。"观云："我下语，不及此公一筹。"

又过武林，闻谷、慧闻等属望一方。会诸绅遣使崇迎，及启慧闻札曰："今日大家欲与和尚作家相见。若来，已堕情识。不来，犹缺慈悲。"师扯破札，正色曰："者些客作汉，敢于老僧纳败缺也。"至即升堂正立，慧闻进曰："和尚莫要班门弄斧。"师把住曰："速道，速道！"慧面赤无语。师把开曰："死汉。"闻谷遂率众作礼。

苏巡漕问曰："鸳鸯绣出从君看，不把金针度与人。如何是金针？"师曰："我在京都走一遭，不曾遇着一个人。"苏拟议，师曰："古佛过去久矣。"

无念有禅师居黄檗，独持风节，呵骂诸方，特访之。师曰："古人道，如红炉上飞片雪柏似。且道，古人还具透关眼也未？"有曰："我不见有甚么古人。"师急指曰："背后蕈。"念休去。师之勘辨，约此类。

又尝叹末流谬惑大乘，遂著说若干篇，曰：《宗门或问》《慨古录》《楞严臆说》《涅槃会疏》《法华意语》《金刚三昧经注》《思益梵天经解谛》。理迈伦，一时所宗焉。

天启丙寅季冬，书显圣遗嘱，即至天华辞众。复夜话至丑，乃右胁长往。阅世六十六，坐三十八腊。得法者九人。编《殖机录》八卷，流通于世。

赞曰：余初过会稽，师谢世未久。观其遗风，谡谡①然尚在，山中耆德，序师之妙韵。为法苦心求人之概，私心窃向往之。续读师集，至题《无趣录》云："夫祖道不可绝继，风穴于法堂痛哭，克家之子难逢。仰山自记再来，莫不以诸佛慧命为怀，以度生为急务者也。"嗟乎！师之心，至矣尽矣，以度生为务矣。然非夙承愿力者，欲窃符以存国，余亦深知其不可也。

天童密云圆悟禅师（南岳下三十三世　临济宗）

禅师讳圆悟，字觉初，自号密云，宜兴人也。明嘉靖丙寅，生于蒋氏。

师生八岁，知世相无常。年二十六，发宿慧。二十七，负薪有省。三十弃家。又四岁为僧。四十桐棺悟道。又六岁，得受记莂。五十二，开化龙池。于是，六建法幢。示寂之年，七十有七。然生不为家，四海归之。老不奉诏，朝廷慕之。及不忘慈，今古戴之。窣堵不虚尊，人天共享之。实为龙池之真乳，溯溽沱而拓曹溪，远绍鸡足之正裔也。

师初弃家，赤手空肩，走事幻有传禅师，传嘉其志节，喜而度之为大沙门。当机辄不爽旨，众皆惊异。师终不自肯，心苦神劳，且代众役，不知有己。偶过桐棺山顶，豁然大悟。情与无

---

①谡谡（sù sù）：挺拔的样子。

情，焕然等现，觅纤毫过患不可得。时传公已居燕都，师即趋省传公。公见乃大喜，喜师可倚，以支我临济也。经二载辞还，南上天台探禹穴。因与周公汝登、陶公望龄、王公舜鼎，本色相见，脱略窠臼，三公甚敬服。越之，有道缁素，争识师焉。传公还龙池，师因归省，公问："你到诸方，会见甚么人？"师顿脚拍膝以对公。公笑曰："许多时一些气息也无。"师曰："和尚疑则别参。"公挝鼓集众，付师衣拂。复召入杨前，以扶持佛法，勉师力行，以报先宗师。即呈偈曰："若据某甲扶佛法，任他○○○○○。都来总与三十棒，莫道分明为赏罚。"时年四十有六矣。

三载，传公迁化。又三载，众请继席龙池。自是意缘移徙，酬香之会有六。计二十六年，掀翻露布，洞示真元，座下蹴踏，常足万余指。师则当轩据座，威震狮猊，海内英灵，饮气自失。凡刹竿树对，成大宝坊，不许门下干倚王公。尝语学者："贞观响道，欲瞻风彩，上表逊谢，往返三四，引颈就刃，神色俨然，吾敬道信大师。茅茨石室，累烦圣主，且请前行，吾从别道，澡身净发，结跏趺逝，吾敬汾阳无业。休心息念，断绝攀援，赐紫及号，力陈昔誓，收付有司，恬然受刑，吾敬芙蓉道揩。牢着草鞋，腰包住院，去就之间，轻同学子，不为蚯蛇恋彼窟穴，吾敬应庵华祖。"

故师生平，意有不可，撩衣即行。首住龙池五载，一日因事上堂曰："者里无人证明，且向别处寻讨。"下座，便去。

次住天台古通玄寺，茅堂草座，法政冰霜，晨暮参请，间不容发，虽三载而日新。海盐金粟，使符至再，师悯其迫切，曳杖赴之。居六载，无作无为，崇成大厦，床历几满千辈，名卿达士一目相遇，狞拳辣掌之下，掉臂而去者伙矣。

有挟贵而问道者，师辄掌之。贵人曰："和尚独不欲获法乎？"师曰："山僧法也无，护个甚么？"又连掌之。断际故山曰黄檗者，鼓寂钟沉，闽人来请，师不忍先迹零落，篮舆度岭，仅五阅月又拂衣。则明州黄司理端伯，以鄮峰育王寺而待驾焉。黄公又考太白名山为历祖庭，废之已久，遂与有道绅士俱怆然先以意容，恐师腊高。师慨然移锡，至天童古佛殿基，曰："虚空作殿，日月为灯。且道是甚么人境界？还会么？设或未会，且看新长老。"撒开坐具，大展三拜。于是十一载，天龙失守之区，历祖藏身之处，无不斩新扶起，壮甲东南，翼集鳞宗，蔚为僧海。其得髓之子一十二人。然点胸自许，招手横趋者，不可胜计。

崇祯辛巳，天子命外戚田公弘遇赍香赐紫，征住金陵报恩寺。师固以老辞，退卧通玄峰顶。天下图其顶相，书其名号而亲之。

壬午七月七日辰，犹巡寮视务，午刻宴然示化，塔于天童南山。缁素奔送者万人，临圹恸而失声，声震山谷。清顺治庚子，住天童门人弘觉禅师道忞，编师《六会语录》，进颁大藏。

赞曰：斗柄东指，鼓腹讴歌。于不识不知之中，即释氏儒童，难赞辞焉。独今之薄海内外，据大宝坊，横说竖说者，操鉏斧于山边水边者，皆师法会中人也。历考少林至杨岐，其世十七。杨岐二十有三世，以得师。其间法利之普如师者，几何人哉？今丛林公论，以曹溪、高峰、永明、大慧等，类师始末。呜呼！虽实录也，无乃琼枝析玉与。

磐山天隐圆修禅师（南岳下三十三世　临济宗）

天隐禅师者，讳圆修，出荆溪闵氏。说法磐山报恩，初与天童悟禅师同出龙池传之门，是师为笑岩真孙也。

师幼明敏，生知佛乘，常以心斋报母。然留连俗谛，几失前因。一日过讲肆，闻《楞严经》云：一切众生"皆由不知常住真心、性净明体，用诸妄想，此想不真，故有轮转"。师惕然惊畏，择龙池幻有传和尚而依止焉。传示赵州"无"字话头，师参之半载不发，改看本来面目，提撕猛切。一日普请出窑次，有党所道者云："闻常多菩萨，出现于四大名山，神通广大。"传公厉声曰："我者里亦不少。"师佥曰："如何是神通？"传曰："快度砖来着！"师染指法味，心不外缘。经百余日，偶阅《楞严》佛咄阿难云："此非汝心。"师脱然庆快，如善财入弥勒大阁，了释前疑。及侍传公，入城被喝，便契临济主宾照用之句。于是，上天界访云松，过能仁谒文斋，出没奇机，不无可纪。

万历辛丑，传合掩关于龙池曰："汝既有新入处，不妨更加精进。他日利道有情，则吾望足矣。"未几，传公北行，师怅然消遣关中，惟拈颂而已，于其古德公案，如庖丁之解牛，而无碍刃游也。独疑乾峰"十方薄伽梵，一路涅槃门"话，复枯坐蒲团二载，忍闻驴鸣，大悟差别玄旨，有偈曰："忍闻驴子叫，惊起当人笑。万别与千差，非声非色闹。"

甲辰，北省传公于燕京之普照寺，而师资深契合焉。仍涉猎讲庭，澜翻藏海，探竿禅席，料拣权宜。住后常曰："山僧南北往还，亲近知识一十八载，跋涉劳碌为己躬，切无少怠也。呜呼！师之入道，诚异今时，故得处真实，用处谛当。"

常以虚空扑落地语，酬僧理藏锋之问；以湖州萝卜宣州姜，酬事藏锋之问；以有水皆涵月，无山不带春，酬理事藏锋之问；以无手人行拳，酬不涉理事藏锋之问。

又僧问："如何句到意不到？"师曰："言言见谛，步步迷踪。""如何意到句不到？"师曰："只在舌尖头，尽力道不出。""如何是意句俱到？"师曰："有时独倚庭栏上，闲看梅花四五枝。""如何是意句俱不到？"师曰："落花流水去，空负浪游人。"

师暮年，从石磬山迁湖之报恩寺。示众曰："老僧住个破院子，不能时时为众提持佛法。赖土木瓦砾与诸人转大法轮，发诸人大机大用。诸人切不得当面蹉过，若蹉过，只知事逐眼前去，不觉老从头上来。"

一日俄集众谆诫，复以后事付嘱及门上首，趺坐俨然而寂，瘗全身于报恩之左。顺治戊戌，大觉琇禅师应北诏时，大会诸山，移塔于宜兴之白云庵。

初师居石磬，诸方有以临济玄要配合教乘，作奇特商量者，师愍其惑，常著书复问之，并颂示诸识者。其颂曰："第一玄，一字不加画，分明是个贼。咄咄咄，咄处且最毒。第二玄，快手何曾先，撒沙并撒土。露露露，露出娘生裤。第三玄，一曲江村岸，风月随时看。收收收，收去个中流。第一要，蓦地忽一笑，笑倒须菩提,搋起迦叶老。第二要,袖里个金圈,拈出是茎草,瞬目牛吞了。第三要,伸缩谁能照,只手握双拳,打得虚空叫。"师之提唱精奥,大率如此。其门贤箬庵问禅师,编师《全录》流通,与天童悟齐名于世。

赞曰:世传,曹溪下惟青原南岳应谶。殊不知嫩桂者,代不乏人也。而石霜下,有杨岐积翠也。次出佛果之门者,大慧虎丘也。次无准下,复出雪岩断桥也。师既出龙池,又与天童并驾,化周宇内,其久昌二桂,凡五抽嫩矣,其根芽悬谶于少林,有以也夫!

雪峤圆信禅师(南岳下三十三世 临济宗)

雪峤圆信禅师者,四明人,姓朱氏。出龙池传禅师之门,首住径山,终于会稽云门。诸方服其神骏,推尊之曰信公。高怀无我,至性不羁,笑骂自由,人天罔测。卸胜劣之戈甲,劈今古之藩篱。纵饶一问十答,而紫罗帐里不撒真珠。假使未闻先怗,而千丈岩门尤遭点额。大有伤弓之鸟,见形高飞。所以短贩之徒,望风栗足。故虽独据胡床,不啻冲霄野鹤,以至屡迁名刹,仍然本色山翁也。

公生九岁,闻《弥陀经》,即知有出世法,于是读书常诺诺而罢之。然词语绝尘,风仪潇洒,犹王谢之玉壶冰映。又爱与方客游,游必领益。

年二十九，竟去家矣。遂访妙祯禅宿于秦望峰下，祯举古激之，公反覆研究，连七日不知寝食。忽仆于石，前后际断，如日轮进空，天地一色，冲口得偈，势不自禁。

欲往天台寻印证者，度若耶溪，忽翘首，见"古云门"三字，得大休歇。乃曰："一上天台云更深，脚跟踏断草鞋绳，比丘五百无踪迹，见得他时打断筋。"遂别策，入双髻峰萝龛石室，灰世忘缘，间发新声，豪吟达旦，而刀斧无痕，诸方景焉。

时有云栖高弟闻谷者，雅相敬善。一日谷行脚回，举幻有传和尚相见机缘，且称传公葆重，有类明教嵩，枯淡过于余杭政，其接人真西河狮子也。公乃三诣龙池，契其机，与悟修二禅师为雁行焉。后悟主天童、修主磬山，公独庵居垂三十载。

黄公端伯、余公大成，请就径山祖庭升座，拈提临济宗旨。端伯还西江，于崇祯庚辰以庐山开先寺迎公。诸山宿衲俱集，公一以胎风簌雨之舌，振其拈花落草之机，或不耐公笑詈而去，或经公指唤而心旷神怡。公忽拽杖还旧隐，众惊，遮挽之，不可。

时往来衲子传天童规制宏壮，条令斩新，乃至运瓦搬石，伺杵负薪，无不彻底为人。公独骂之。逮天童讣至，公又恸之。侍僧曰："大师昔何骂，今何恸也？"公良久，抚膝而起曰："噫！我掌宁独鸣乎！"遂躬至天童，书挽章而奠之。词曰："同出龙池入路长，吴兴分袂过钱塘。多年挂锡玲珑石，今已藏身寂寞乡。云面揭开红日眼，山眉愁断白花香。离离一片苦心事，且道何人在影堂。"

北还，又入龙池，于传公塔前拈香曰："桐棺山下养龙池，步入凉风觅我师。当户娑罗空腹树，迎阶芳草昔人眉。追思滴血曾留偈，会写传灯嗣法诗。今日塔前成九顿，流源千载继孙儿。"耆旧乃请示众，公曰："我昔第三度登龙池。先师曰：'你草鞋犹未脱也。'我道：'何处见草鞋来。'先师微笑而止。我即呈偈曰：'数载龙池三度登，重重问话舌生冰。草鞋分付虎狼去，双髻峰头一个僧。'又思当初在山阴看《云门语录》，得他的力。又在云栖，亦有机录，岂可忘却。所以云门、云栖一齐拈香供养。诸方便道径山遥嗣云门，径山以为不然。瓜有根，树有叶，树高千尺，叶落归根，岂可孤负禹门先师，断断无此理也。然宗门事，把住也由我，放行也由我。有时作宾，有时作主，有时宾主齐彰，有时宾主双忘。此乃临济家机用，人天莫测，庸人岂得知也。"

还双径禾城，道俗以东塔禅林坚致于公，公为笑留，名缁贵素日绕枝藜。公眼幻青白，众益心惊。晚住云门，公年七十有六矣，机用益峻，精神益劲，尝自号曰青狮翁，或称语风老人，又曰迦那尊者。每携童子山游，人见访，或打筋斗，人拟议，叱退之。雏禅窃论公弗恤也。

顺治丁亥中秋，谓弟子曰："古人立化的也有了，坐亡的也有了，至倚杖倒卓都有了。毕竟老人怎生去好？"语讫大笑。书片纸曰："小儿曹生死，路上须逍遥。皎月冰霜，晓吃杯茶，坐脱去了。"乃入寝室，憨卧数日。忽起坐，索茶而啜，连唱雪花飞之句，擎杯脱去。世龄七十七，瘗全身于云门。

庚子，朝廷慕之，赐帑全五百，并委书弘觉忞禅师而新公之塔，又临公顶相于宫中而事焉。公居开先时，弘觉为西堂。洎嗣天童，而公独钟爱之，故弘觉禅师以犹子纪公千秋之纲目甚详也。

赞曰：整齐法运，临渊履冰，爰师笃慎其心也。蠡测者，谓师跅弛①自了则优，为人则寡。盖明之中叶，少室宗风循规蹈矩，如喑若聋，非师濯之以清泉，激之以霜钟，则天②方梦梦耳。

（拾遗）忠州聚云吹万广真大师传（南岳下二十八世临济宗）

大师广真者，字吹万，西蜀僰道③宜宾人，姓李氏，父祖世籍婆罗门。师生惟慕事佛，得法于月明和尚。万历戊午年，说法于潇湘之湖东禅院。次迁忠州聚云、夔州宝峰及云来兴龙巴台诸刹，阐扬大慧宗风。

崇祯己卯七月三十日，唱灭于本山。嗣法门人曰慧机、慧芝、慧丽等。依法阇维，阇维时，遍地荷香袭人，烟至松幂④，结为五彩。火后收舍利三百余颗，复得黄金锁子骨三茎，当门二齿变为紫色。建塔于三目山之阳，属四川观察使田华国为塔上之铭，署师为大慧十四世之孙、懒庵鼎需禅师之裔。

盖大慧初开法于洋屿庵，时需得法为第十三位。今《灯谱》载大慧下法嗣共九十四人，讹列需为第三十五位。需既得旨，韬

---

①跅（tuò）弛：放荡不受拘束。
②天：疑为"大"。
③僰（bó）道：古县名，为西南地区一少数民族僰人所居，故名，在今四川宜宾。
④幂（mì）：覆盖，古代遮蔽脸部的巾。

光于福唐山水之间。及大慧从梅阳生还时，始开法于西禅。入室之子，仅得安永、南雅、志清、安分四人。分于元至正间庵居剑门，志清住天王，南雅住龙翔，安永说法于鼓山，是为鼓山永。永付悟明、法坚二人。坚住承天。明住净慈，纂修《联灯会要》。座下衲子虽众，独以大法嘱太原苦口益，益付筏渡慈。当益、慈之时，约在明之中叶，丛林先德物故，禅门死于绳规。凡我行道之士，无不藉赖中贵给札住持慈公辈。或不忍视，而恬退于山边水边，保任乃事，随方接纳一个半个，尚以笃实承继祖宗命脉。慈得一言显，显付小庵密，密出二仰钦，钦出无念有。已上俱有语录机缘。有付荆山宝，宝付铁牛远，远付月明池。此三代，惟述相见之语，并付嘱之偈。月明池公，以源流大法付与真公大师。至师崛起中兴，光显大慧之宗。

师初出世楚之湖南潇湘小院，衲子相传上堂示众入室机缘。丛林识者，惊为大慧再来。

崇祯辛未腊八日，布金檀越内卿田素庵诸师，居忠州聚云禅院，拈香毕，竖拂云："从上古人，只为者个东西，颠顶了许多英雄豪杰，赚陷了许多高人达士，抛撒了许多油盐酱醋。今日老僧不徇人情，向汝诸人道破。只要汝等于日用二六时中，行住坐卧处，穿衣吃饭处，运水搬柴处承当。若承当得来，英雄豪杰也颠顶他不得，高人达士也赚陷他不得，油盐酱醋也抛撒他不得。且问大众如何是者个东西？参！"

东吴有居士刘墨仙，久游玄墓之门，持《圣恩问道录》访师。论及杨岐九峰之语，师征云："正恁么时，杨岐在前？九峰在前？"仙良久云："和尚又作么生？"师便喝。仙云："者一喝是前是后？"师翘一足，仙礼拜。玄墓汉月藏禅师书至，师以为千里同风，即挝鼓升堂，说妙法语，语见《聚云全录》。命维那对众宣读其书，曰："大慧禅师说尽人间禅病，四百年内望之，如渴人求井，不料一枝埋没。向三峡锦江之上，前得来书，语录已见，作略过人。第未得从容谈三月于水流石上，为恨不浅。兹闻已返峡中，略伸四问，万乞答。我更欲禅师起已坠之禅于今日，令后辈重见天日于座下，断不令山野遗恨耳。"书尾复致四问，曰："正睡着时，与死了烧了心之与性，牙齿打不着，须向者里希取大用始得。如何是此处底大用？"师答云："宁向太阳妆罗刹，不来黑暗扮睹音。"二问："沿流不止，绝却真照，照不到处，如河是吹毛用了急须磨？且道磨个甚么？"师答："折脚铛里淡黄齑。"三问："明处既已脱却心性，切莫在离心性处躲跟。除此二途，如何相见？"师答："才过驴胎，又闯马腹。"四问："近世野狐，都说心性禅，不知姓张始李。请禅师代答一转语，贵图天下衲僧脱却腥臭。"师答："夺者老贼头，拄杖拗折，莫言不道。"

已而，师于回书之尾，亦致四问，以问汉师作相。问："用水一碗，贮米七粒，架茅草十字在上。请道是甚么义？"二问："沩仰九十六种圆相，收尽六义，问有个收在那一义？"三问："古人道，八角磨盘空里走。不知是空走磨，磨走空？"四问："老鼠吞大象，虾蟆口咬着，吞不入，拖不出，苍头老儿跳一步。请下一转语。"汉师或有答，斯未载焉。师之说法，垂机勘辨，约类如此。

有《正录》十卷、《广录》三十种，共六十六卷。属水部尚书郎熊汝学捐俸刊行，板存忠州治平禅院，系法孙灯来编次。来住高峰，铁壁慧机之子也。

赞曰：真师既出世于万历之间，我禅门正当肇兴之时。至天、崇间，诸方有大名称者，俱有书问交通往来，未见一言表出大慧宗系之名。何也？无乃各阐己宗为急务，未暇轻重之耶！然亦是吴越燕赵众生鲜福，未获沾师法雨耳。康熙丙寅冬，余为天童封龛佛事经四明，过寿昌禅林访旧，遇师之玄孙统公别庵禅师，始悉真师三代全录，不得不为之传，补入《僧宝》，否则阙典之责，其在余乎！①

---

①原本夹注：有《正录》三卷，并师下三世《语录》若干卷，属四川向化侯谭养元涓俸梓板，附嘉兴楞严藏流通。

南宋元明僧宝传后叙

性 磊

祖师云："佛者心清净是，法者心光明是，道者处处无碍净光是。三即一，皆空而无实有。"旨哉言矣。是以入祖室登祖位者，彻其渊底，提大机用，剪诸见林，截异端网，如滴狮乳，如鼓师弦，圣凡莫得描摹而浅深之，良以此也。

吾师幻津融和尚，以承先启后为念，出缮本一帙，授磊曰："此乃山僧出匡庐时二十载江湖所集，南宋元明诸尊宿大机大用之实录也，汝盍勉之。"磊退而珍诵，彻见吾师为道为法，良匠苦心。历溯二十世，至虎丘隆祖，乃至大慧洞下诸宗，计五十三人。妙唱嘉猷，师师道合。一代时教，眼目俱备，郁乎文哉！所谓一月临江，千江之月俱映，一佛出世，三世诸佛齐彰。信不诬也。或曰："此《传》始自三佛之下佛灯真际，而至博山云门、天童悟祖辈而止者，何耶？且方今之世，垂慈展拂，遍溢支那，岂其是非未定而止之者欤！"曰："否，否。"盖顺治至康熙年间，诸老宿顺阐逆化，行解相应者，不无其人，率皆属吾师翁弘觉忞老人为之碑铭，状其生平最详，业已流通宇内，称不朽矣。当今天下公论，以吾师翁之眼目，料拣五宗，不爽毫发，虽大慧、中峰莫能右之，磊小子敢复浪赘蛇足哉！兹不揣荒谬，承吾师命，补收洞、济两宗五百年中大有相关法化者又四十一人，参吾师所撰，共订十有五卷。属会稽王公大俍较而成集，宁供将来之贤圣。经云："诸供养中，法供为最。"乃俾教外别传之心法，弘通流布，则古今十世大机大用之旨炽无间矣。

康熙甲辰年佛成道日，门弟子性磊拜题。

重刻《僧宝传》记

　　康熙丁未孟夏日，紫篛草堂夜煌，百物俱烬，监院真发见其《传》稿在东山竹园，竟不知谁何将出。深异祖师光明真言妙行，入火不坏。即走问诸山有道知识，诸山乐助就梓，印行于离乱之世。然山路遥僻，剞劂①氏非名手，俗而且拙，部属点画，不无讹舛。其板蛀朽十将有二，不堪再用。今得四明王生世雄番板于瑞云精舍，书记明慧对字，成于乙丑季秋。是为记。

---

①剞劂（jī jué）：雕琢刻镂，雕版刻印。剞，曲刀；劂，曲凿。

附编

清超永编《五灯全书》卷第七十三
《临济宗　南岳下三十五世随录　广润巨灵自融禅师》

新安程氏子，自作《幻津头陀传》。十八脱白，二十圆戒。初参金粟，宗《阿含》义。谭入大乘，学侣嗤之。乃遍历诸禅席，后谒山翁忞得法。

示众。"凡学道者流，应须透脱机境，机境透脱，出言吐气，自然圆活。苟不如此，眼目未曾定动，鼻孔早落他人手里。所以山僧有时笑，有时骂，有时拈椎竖拂，有时白昼打眠，无不与道流相见了也。只是你等不作佛法商量，便作情境理会。既不恁么会去，更须知山僧行履处始得。"良久曰："三十年后。"

晚参。"山僧坐者床子以来，不是同庄主督农，便是与直岁雇工，乃至照管监收、副寺税租、出纳有无，并无一刻闲工夫。今日侍者要请山僧与众兄弟说些佛法。大众且道，佛法作么生说？"击禅床曰："会么？知恩者少，负恩者多。"

晚参。"古者道，迷者也只迷得者个，悟者也只悟得者个。广润要且不然，迷时不曾迷着者个，悟时不曾悟着者个。大众，迷悟则置，唤甚么作者个？"良久曰："会么？青松栽夹道，白石耸长风。"

晚参。"大家特特上来，山僧没甚闲说。"卓拄杖曰："惟者木上座，浑似一条铁，动著伊一丝毫，驴腰打折。且道与各袈裟下钵盂内底，是同是别？"擿拄杖喝曰："又成多说。"

晚参。"才见季春回，不觉仲夏了。禾黍穗争新，野地迷芳草。殿角间熏风，说个甚么好。"沈吟曰："诺！梵志身死去，魂魄见阎老。读尽百王书，未免受捶拷。"擿拄杖曰："见弹求鸮炙，何其计太早。"

示众。"诸方开炉向火，广润开炉向壁。诸方暖暖烘烘，广润冷冷寂寂。虽然冷暖不同，要且据令条直。若更商量佛法主宾元要句，山僧没有闲气力。何故？不图豆爆冷灰，只贵石中迸出。"卓拄杖。

示众。"淡云啼破鹧鸪天，雨后平塘湿柳烟。珍重往来行脚士，莫将元妙污心田。"

因僧请益狗子无佛性话，示众，以手空中扶曰："会么？狗子佛性，因甚道无？苏噜悉唎，悉唎苏嚧。翘首莫贪天上月，应须照顾掌中珠。"

中秋晚参。提拄杖曰："久默斯要，不务速说。即今风清气爽，露湛月圆。"遂喝住，良久曰："山僧终不为小智人说如是法要。"便归方丈。

示众。"参禅不悟道，出言生做造。江西马簸箕，不识渊栲栲。学者流莫草草，北郁单越正黄昏，南阎浮提日出卯。"

岁除小参。"大众，正怎么时，在天苻曰除岁，在直苻曰除月，在传苻曰除日，在衲僧分上。且道除个甚么？"监院礼拜曰："即日天气熙和，恭惟和尚尊候起居多福。"师以如意挥几曰：

"点石化为金玉易，劝人除却爱憎难。"

灯节晚参。问："古德因僧问：'如何是室内一盏灯？'德曰：'三人证龟成鳖。'意旨如何？"师曰："见事不真，唤钟作瓮。"曰："或有问和尚，又作么生对他？"师曰："钟作钟鸣，鼓作鼓响。"僧沉吟，师叱退。乃曰："古人以三人证龟成鳖语，答室内一盏灯。大似西施戴箬笠，不令人见转风流。可谓事存函盖，理应箭锋矣。然则从长料拣将来，不无眼目瞒睖，设有问广度，只向道：'钟作钟鸣，鼓作鼓响。'意旨如何？童子烧香，比丘合掌。咄咄！三十年后，且莫妄想。"

示众。僧问："昔日瑞云弥布，今朝紫箨重开，紫箨山中境，请师揭示看！"师曰："烟壑总非尘世界，林泉莫大佛乾坤。"曰："如何是境中人？"师曰："蓑衣不脱迎佳客，镬柄何尝款俗流。"曰："正恁么时，别展风规一句，又如何举扬？"师以拂竖曰："石笋暗抽春色外，灵枝遍覆月明中。"曰："学人专为流通去也。"师曰："飞龙点未到，跛鳖出头来。"曰："不惭所抱璞，刖足岂为忧。"师曰："从门入者，不是家珍。"僧拟进语，师弹指曰："吽吽！"乃曰："屋头山涧中水，青松百尺高，绿竹万千苇，公案一重重，达士如何委？如何委，急荐取。陈抟大睡几多年，怎似神仙铁拐李，炼得九还不死丹，洞游上天之九野，亲遍九千九百九十九隅。去地五亿万里，将他八风太府、紫宫太微、轩辕咸池、四守天阿，一切星宿，收入葫芦里。咦！止止不须说。我法不思议。"

晚参。"广度者里，法式迥别于诸方，长年惟与镬头亲密，亦懒去下山打供。每日两时普请，未免两番喊骂。诸道流，内有一骂具向上提持，一骂不作一骂用。若缁素得分明，许你家堂稳坐，否则钩刀扁担未放你在，虽然也是赵州道底。"

劝农示众。"春雨深，春冻解。正恁么时，农务斯举分付西堂知事，将禅道元妙好生收起。有等不识好恶底，闻此说话，便道：'务农即是元妙，元妙即是务农。'与么见解，只可挑破畚箕，拣牛粪团，无有了日在。或有曰：'佛法阐扬，各有时节因缘，亦只可唤牧童子，烧大麦粥，煮九心芥，与他噇眠去，待禾熟登场，唤他起来，好做个饭袋子。'然虽如是，正到恁么田地，大用现前一句，作么生道？"拈拄杖起座曰："泥牛耕岁月，大地长灵苗。"

士问："如何是清净法身？"师曰："开口不容情。"曰："那个是圆满报身？"师曰："寰中天子敕群臣。"曰："作么生是千百亿化身？"师曰："屠父烧香诵梵经。"

问："如何是三教？"师曰："耕种耘苗并割稻。"曰："三教之义，何者为最？"师曰："波斯鼻孔下头粗。"曰："宗此得能了道否？"师曰："脑后见腮，莫与往来。"曰："某甲莫解其旨。"师曰："山僧自幼少学。"

《续僧宝传序》①：祖道东来，不历文字，正法眼藏，以心印心，如一灯传，灯灯续焰，世俗未免有起而疑之。仲灵嵩禅师不获已，乃撰《定祖图》《传法正宗记》。上千有国者，辄颁信于天下。由此，综集传灯之书，亹亹间出，其文不一且繁。譬犹西竺分律部之为五，合而元之本乎一。禅师大川者，撮诸纲领，灯会

---

① 应为《南宋元明禅林僧宝传》序，所录序文中与本传前置序文有几处字句不一。

其元。《会元》之出也，灯史定矣。而天皇天王，尚俟后人考纪载碑碣而更定之，著作讵易事乎哉！又觉范洪禅师，尝述《僧宝传》，以为载之空言，莫如见其始终行事而深切着明也。自嘉祐至政和，据师座者垂千辈，仅八十一人入其章次。其文核而精，其质圆而劲。合撒诵之，则诸纲目无有弗备。所备者，祖师大统不易之道也。逮洪公之后，建炎以来，唯济、洞二宗法化于世。适明季，英灵一时杰出，复有继、续、统灯三刻出焉。三刻出，其近古之参差疑滞，似又莫能释而定之。何也？岂亦等川之纂缉，未及洪之核实乎！否则犹有所待而后定之乎！如近刻，以海舟慈先参万峰，暮龄方谒东明昱。盖万峰谢世于洪武六年，慈于洪武二十七年始生蜀之成都余氏，投大隋山出家，名永慈。年二十八，谒昱得法。后陆沉牛首，晦迹全焦。四十四岁，开法东山，阅三载昱公殁。近刻以海舟名普慈，出常熟钱姓，脱白破山，年七十余，方见昱。讹哉明矣。或字经三写，乌焉成马与。或别有所出，同其名号者耶。余尝以此质诸大方，俱以近刻为然。复请天童吾师弘觉忞老人。吾师出智瑄智玺所立海舟永慈禅师道行碑示予，予疑始决。第不敏，因采考宋建炎以至明末五百岁尊宿，不可唐捐之实录。将成帙，付弟子性磊，令拾遗补辑，共若干人，目之《续僧宝传》。有俟命世贤明，削而定之，余何敢专焉。

台之紫箨山沙门自融，谨序①。

---

①原文夹注：山翁忞嗣。

清潘耒《遂初堂别集》
卷二《广润巨灵禅师塔铭》

临济之道至天童而中兴，一时门下英灵龙腾象蹴，而弘觉国师遭逢当宁转大法轮，光明尤为烜赫。余行江楚岭南，见坐大刹有盛名者，多弘觉儿孙。顷至台，闻广润巨灵禅师道风孤峻，为弘觉最先得法弟子。

未及造访，比返自东瓯，而师已示寂，其门人元化以状来请塔铭，坚辞不获，乃按状而叙之曰：

禅师讳自融，字巨灵，一字幻津，新安程氏子。生半岁，父辛元没，母吴鞠以长成。弱冠知有佛乘，辄思脱俗。母强之婚，不可，投庐山圆觉沙门落发，仍归里结庵。母卒，既葬，尽散家财，诣回峰寺受具戒。因留听讲，辨难惊人，讲师骇曰："子非吾宗人也！"勉以参方。道至夹山，依林皋和尚，参"万法归一"。每被痛棒不发。走天童，参密翁，昼则力务，夜不帖席。疑情猛切，几欲申问，到方丈辄开口不得。一日晚参罢，师随至寝门，挽衣跪泣曰："某甲有个疑处，求指决。"翁瞑目扭住曰："将疑来，与汝决！"师无对，即被拳仆地。才起，又拳，口出血，有省，失声："阿哪！"翁低头拈杖，师大笑而出。

又晚参，诸禅者问话，翁一一答毕，师进曰："有问则有答，某甲无问,请和尚答。"翁拈棒,师拂袖便行。翁追棒之头破。师回身作礼曰:"适来触忤和尚。"翁休去。

密翁顺世,弘觉继席天童,师乃侪座下,胸次犹未洒然。一日,弘觉举贯休东林偈曰:"白苢葡花露滴滴,碧芯刍草雨蒙蒙,田地更无尘一点,是何人合住其中?"乃征曰:"毕竟何人合住?"众下语不契,复代云:"若是陶渊明,攒眉便归去。"师闻,顿豁疑滞。然弥自韬晦,不露丰采。同学或易之。一日送亡僧,命师秉炬,师初不知,临时乃白,冲口成偈,警快绝伦,众始敬服。

弘觉退居五磊,师乃随侍。旋游匡庐武陵,阅藏鹿城,闭关虞山。顺治戊子,弘觉居广润,召师还为西堂。已而应虞山胜法之请,时牧云和尚住兴福,尝扁舟过访,欲付以白拂,师念受恩有处,坚辞之。云更嘉叹,赠偈而别。

弘觉住绍兴大能仁,召师首众,寻题画像授师,有"伸出巨灵神半臂,太华分作玉芙蓉"之语。

辛卯春命继席广润,广润在宁海之瑞云山,是晋县猷尊者道场。宋慈云忏主、明裘圣僧递居之,后浸芜废。弘觉来居,稍稍整理,继遭兵燹,禅徒星散。师率高弟十余人,束篾坚守,虽风鹤时惊,而晨暮放参,孜孜不倦,远迩向风。不数载,顿成巨刹,甫落成而一笠飘然,就东平退休焉。仙居紫箨山广度寺为历代祖庭,久毁于兵,有一僧守故墟,欲弃去,梦神止之,言将有大德来兴此山。已而师至,僧以梦告,遂留居之。编蓬缚树,采蕨燃松,不堪寒苦,而提唱钳锤,为人益切,道价弥重。

复应会稽安隐之请,旋还紫箨。时犹茅居,火作皆烬,唯师卧室一茅不焦。所辑《南宋元明僧宝传》拨煨烬得之,竟完好。

师曰："佛法僧三宝无恙，天其欲易茅为瓦乎！"渐营土木，遂成宝坊。时沿海郡县有迁遣之役，广润在迁界中，废不旋踵。弘觉每念之兴叹。比弘觉化后，迁地渐展。师毅然以兴复为己任。平阳天童虚席待师，辄举贤自代，就广润故址剪棘开荒。寅卯之交，兵戈鼎沸，师坚竖法幢，学徒辐辏，诸大帅及郡县吏敬其标范，争相弘护，三四年间，殿宇复完，壮丽有加于昔。师于广润凡两度开山，亦希有事也。

师见地稳密，践履真纯，领院事无大小，以身先之。生平不衣蚕口之服，老犹随堂粥饭，晨昏定课不亏，镘头锃畔，拈提勘辨，无虚日。棒痕掌血，务令学人死尽偷心，盖以真实心行真实行、说真实法。

余虽未获识师，读其幻津语录，言句斩截，寸铁杀人。《僧宝传》简择精严，断制高老，想见其人清苦劲直，法门砥柱也。

康熙辛未闰七月示寂，预嘱院事，遗书别檀护，修净业三日，说《辞世偈》曰："人死一七月，我今两七月，泥牛斗入海，啮破半边缺。"复自说封龛法语，奄然入灭。阇维，顶骨心齿不坏。世寿七十七，僧腊六十五，得法弟子性磊、性化等十余人，塔于紫箨山之凤亭冈，铭曰：

大法传人，如乳出酪，渐远牧牛，味转漓薄。浩浩洪流，鱼龙纷错，白拂如麻，真风寥落。俊哉幻叟，一鹘摩天，初参天童，痛彻毒拳。卒师弘觉，底脱桶穿，顶门有眼，烁破大千。旃檀逆风，囊藏不住，一笠一锄，潭涔鱼聚。夺食驱牛，有句无句，顽铁精金，一炉镕铸。漠漠瑞云，兵燹频仍，荒荒紫箨，狐潜兔凭。道风所扇，再废再兴，天开宝刹，地涌金绳。法运凌秋，耆英凋丧，憖遗一老，岿然宗匠。如何不留，山愁海怆，大树无阴，么弦绝唱。来时无口，去时无门，水流月落，不亡者存。造无缝塔，藏不动尊，灯灯不坠，视此刻文。

陈垣《中国佛教史籍概论》（摘录）

《南宋元明禅林僧宝传》十五卷

清释自融　释性磊同撰

《四库·释家类》附存目，有影印续藏经本。自融字巨灵，一字幻津，木陈忞弟子，康熙三十年卒，年七十七，潘耒为撰《塔铭》，见《遂初堂别集》二。

此书志在续惠洪《僧宝传》。融自序称九十七人，今本实得九十四人，然性磊后序言融所集者五十三人，磊所补者四十一人，则融序字之误也。九十四人中，目录明标为补辑者仅二十七人，又与磊序不合，则目有漏标，不复知谁为融集，谁为磊补矣。

惠洪书之后，本有石室祖琇撰《僧宝正续传》，止于南宋初，凡二十八人，曹洞、临济各一人，黄龙、杨岐各十三人，为六卷，另寓言二人，为第七卷。顾祖琇之名不甚显，其所著《佛运统纪》，为莹仲温所讥，今不传；其所著《佛教编年通论》，为《佛祖通载》所盗袭，《释氏稽古略》又误认为紫芝祖秀之书；其所著《僧宝正续传》，今虽传，然自来罕见。故融书卷一之竹庵圭，卷二之此庵元、文殊道，卷三之大慧杲，卷五之白杨顺，皆与《正续传》重出，知融师弟撰此传时，尚未见祖琇之书也。

此《传》九十四人外，卷末有拾遗一人，曰吹万广真。真，蜀人，即著《释教三字经》者，亦大慧之裔，与破山明同时，而早卒，两雄不并立，破山曾著《佛道声价》以非之，破山弟子丈雪醉辑《锦江禅灯》，摈吹万派于锦江之外。此书《吹万传》赞曰："真师既出世于万历之间，我禅门正当肇兴之时，至天、崇间，诸方有大名称者，俱有书问往来，未见一言表出大慧宗系之名，何也？无乃各阐己宗为急务，未暇轻重之耶！康熙丙寅冬，余为天童封龛事经四明，过寿昌禅林访旧，遇师之玄孙统公别庵禅师，始悉真师三代全录，不得不为之补传，否则阙典之责，其在余乎！"

所谓余者，应为性磊，然康熙二十五年丙寅，自融尚未卒也。统公者，普陀性统，吹万三传，康熙三十年撰《续灯正统》四十卷，附《嘉兴藏》以行，吹万之名始著。当天童派披靡一时之际，吹万派乃异军苍头特起，与之并驱中原，平揖不让，亦宗门豪杰之士矣。自融师弟为补传，有以哉！

主要参阅书目

［宋］惠洪著，吕有祥点校：《禅林僧宝传》，郑州：中州古籍出版社。

［宋］宗杲撰，吕有祥、吴隆升校注：《大慧书》，郑州：中州古籍出版社。

［宋］大慧宗杲著，董群点校：《正法眼藏》，郑州：中州古籍出版社。

［宋］颐藏主编集，萧萐父、吕有祥点校：《古尊宿语录》，北京：中华书局。

［宋］道原撰：《景德传灯录》，《大正藏》第 51 册。

［宋］李遵勖编：《天圣广灯录》，《卍续藏》第 78 册。

［宋］惟白编：《建中靖国续灯录》，《卍续藏》第 78 册。

［南宋］悟明撰：《联灯会要》，《卍续藏》第 79 册。

［南宋］正受撰：《嘉泰普灯录》，《卍续藏》第 79 册。

［南宋］普济著，苏渊雷点校：《五灯会元》，北京：中华书局。

［明］净柱撰：《五灯会元续略》，《卍续藏》第 80 册。

［明］圆极居顶编：《续传灯录》，《大正藏》第 51 册。

［明］瞿汝稷辑：《指月录》，《卍续藏》第 83 册。

［明］通容撰：《五灯严统》，《卍续藏》第 80 册。

［明］明河撰：《补续高僧传》，《卍续藏》第 77 册。

［明］如惺撰：《大明高僧传》，《大正藏》第50册。

［清］聂先撰：《续指月录》，《卍续藏》第84册。

［清］超永编：《五灯全书》，《卍续藏》第81册至82册。

［清］性统编：《续灯正统》，《卍续藏》第84册。

杨曾文著：《唐五代禅宗史》，北京：中国社会科学出版社。

杨曾文著：《宋元禅宗史》，北京：中国社会科学出版社。

毛忠贤著：《中国曹洞宗史》，广州：花城出版社。

徐文明著：《杨岐派史》，北京：中国社会科学出版社。

杜继文、魏道儒著：《中国禅宗通史》，南京：江苏人民出版社。

陈垣撰：《中国佛教史籍概论》，北京：中华书局。